比嘉加津夫追悼集

走る馬

「MODEL」より

「翔べる会」との旅行のスナップから

槐彫刻研究会の記念撮影。

光鮮会展記念（1965. 10. 10）

光鮮会展示会場。

光鮮会展示会場

1961年。沖縄高校時代。
「絵を描くのは真面目そのもの。見よこの不恰好なシセイ!!」とある。

1963年。沖縄高校時代。「授業サボって美術部部屋で原稿の整理むなしく、書いている(文学青年の独言)は出版できなかった」とある。

熊本にて。車窓。

撮影年不詳。机の上に「キルケゴール著作集」がある。

撮影年不詳。

写真裏書に 1967. 3. 16、新聞部部員とある。

「沖縄建設新聞労働組合」のメンバー及び友人と渡嘉敷島でのキャンプスナップ。渡嘉敷小中校正門前。1973.5.5 ～ 6。

『脈』４期末あたり。同人会の流れで居酒屋。

1986 年 11 月 30 日。名護市での同人会。
左より西銘郁和、比嘉加津夫、仲本瑩、山入端信子、又吉洋士

1986 年 11 月 30 日。名護市での同人会。
左より山入端信子、比嘉加津夫、西銘郁和、又吉洋士、仲本瑩

1990 年 7 月 14 日。同人会を中心とした交流会。
前列左、ひとりおいて佐々木薫、比嘉加津夫、仲本瑩、原里海
後列左、西銘郁和、平良重雄、仲地豊一（サザンプレス）、山入端信子
最後列、照屋全芳らと

1992 年 11 月。奄美の名瀬市（同人での奄美の旅）でミホさんを囲んで。
左より山入端信子、佐々木薫、島尾ミホ、比嘉加津夫、仲本瑩、西銘郁和

1986 年 9 月 17 日。「比嘉加津夫作品展」(於：茶絵羅)。
前列中央、比嘉加津夫、後列中央、勝連敏男

1992 年。島尾敏雄 7 回忌の集い (那覇市)。
左より、比嘉加津夫、上原生男、上間常道

1989 年 4 月 14 日。「翔べる会」台北ツアー。

1995 年 8 月 18 日。「翔べる会」那覇市、料亭「那覇」。前列左より三人目。

沖縄建設新聞記者として親泊康晴市長にインタビューする比嘉加津夫氏。

沖縄建設新聞社内にて。

沖縄建設新聞 2004 年 12 月打ち上げ式。左から大久勝、生盛孫保、比嘉加津夫、宮良洋祥、仲本瑩、喜久里睦

2009 年、(株) 沖縄建設新聞、(株) 沖縄テレコン、(株) 建設新聞出版の三社合併調印式。前列左より長嶺有修、比嘉森廣、古謝昇、大城元臣、比嘉勝男、大久勝

カラオケに興じる比嘉加津夫氏

2019 年度沖縄タイムス学術・出版の特別賞（沖縄の出版文化向上に貢献）を受賞。比嘉加津夫に代り挨拶する比嘉正純氏。2020 年 2 月 5 日。

2017年シーミー。
前列左より比嘉正健（三男）、比嘉正樹（次男）。比嘉正純（長男）
後列左より比嘉加津夫、比嘉恵子（妻）、比嘉邦子（長男嫁）

前列左より宮城健治（甥）、比嘉加津夫、比嘉恵子（妻）、比嘉邦子（長男嫁）
後列左より比嘉正健（三男）、比嘉正純（長男）

娘夫婦。
杉山伸二、美織と娘達

左より宮城晴美（加津夫姉、健治母）、比嘉カナ（加津夫母）、久志の縁者。
1990 年（平成 2 年）。

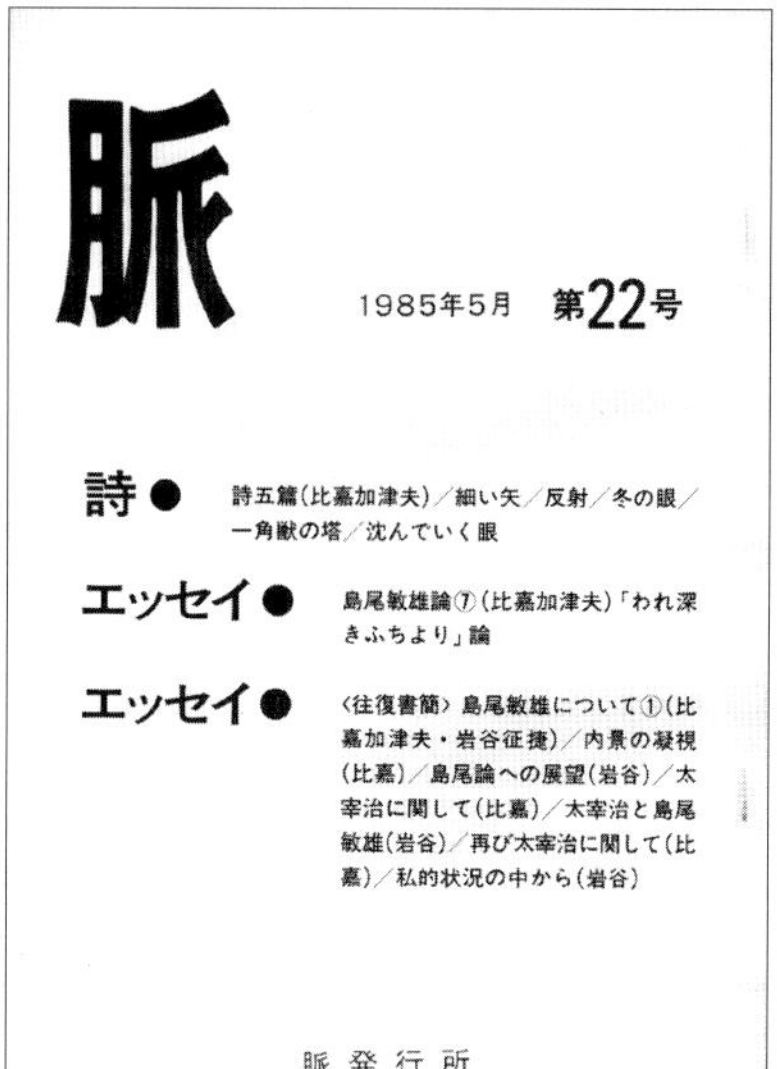

上は『脈』2 号～ 22 号。
下左から『脈』創刊号、『脈』22 号。

上は『脈』23 号〜 103 号。

下左から『脈』23 号、『脈』103 号。

上左から『Myaku』創刊号〜 18 号。

下左から詩画集『春は風に乗って』、詩画集『ＭＯＤＥＬ』。

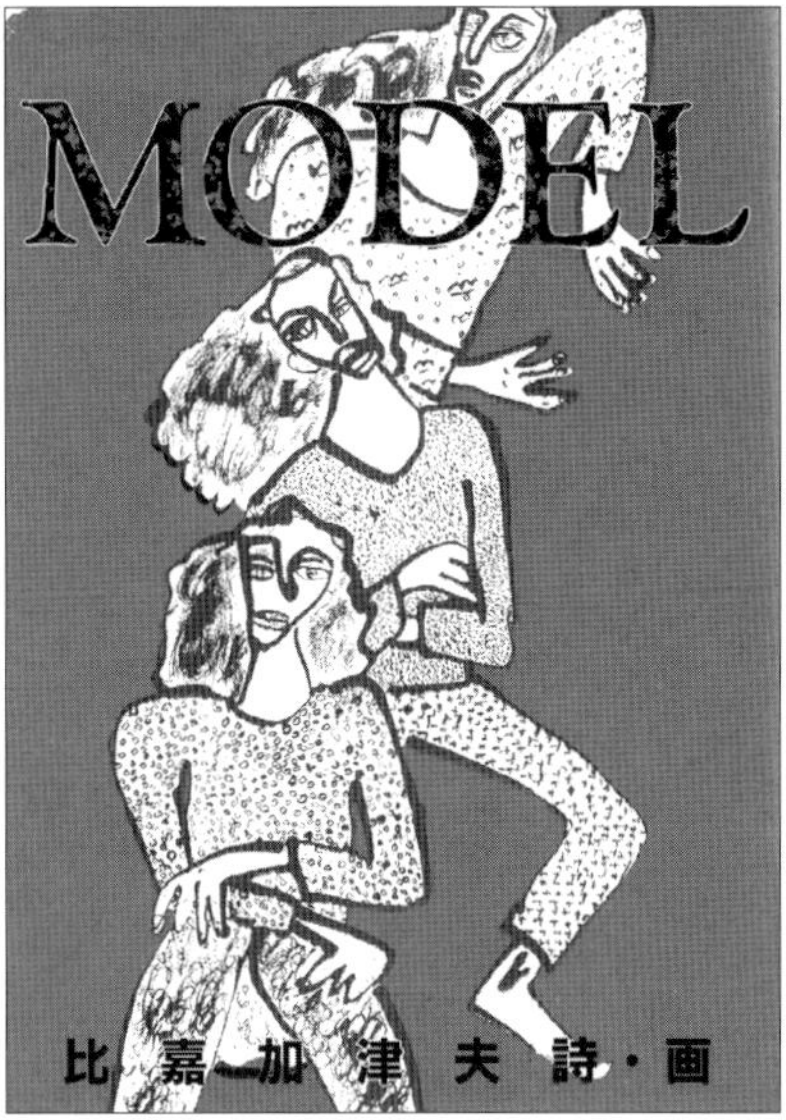

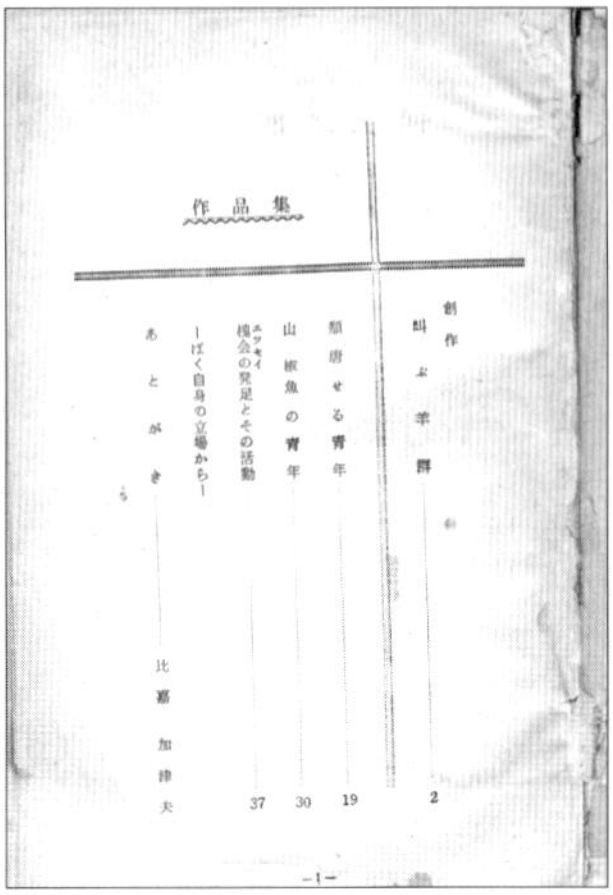

上左から『比嘉加津夫文庫』①～⑳。『作品集』

下左から詩集『記憶の淵』、通信『零時通信』。

流離と不可能性
清田政信詩論集
発想編集部

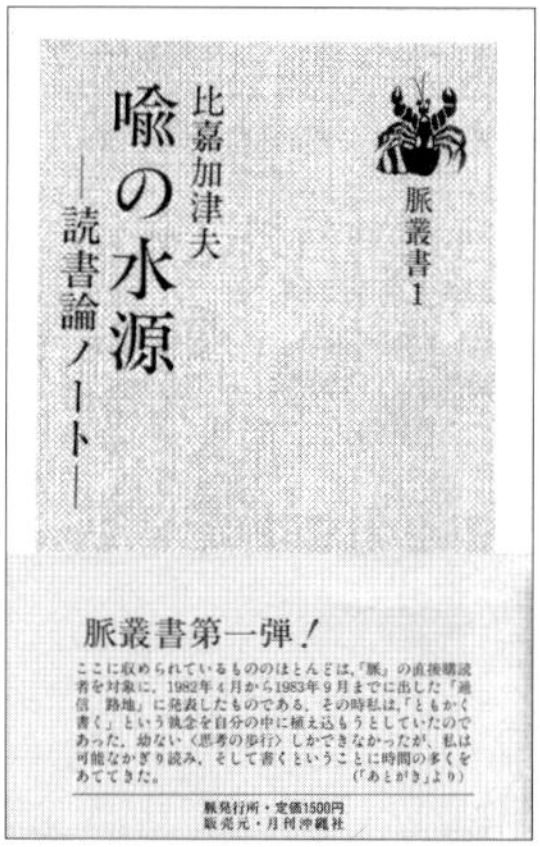
比嘉加津夫
喩の水源
―読書論ノート―
脈叢書1
脈叢書第一弾！
ここに収められているもののほとんどは、「脈」の直接購読者を対象に、1982年4月から1983年9月までに出した「通信　路地」に発表したものである。その時私は、「ともかく書く」という執念を自分の中に植え込もうとしていたのであった。幼ない〈思考の歩行〉しかできなかったが、私は可能なかぎり読み、そして書くということに時間の多くをあててきた。
（「あとがき」より）
脈発行所・定価1500円
販売元・月刊沖縄社

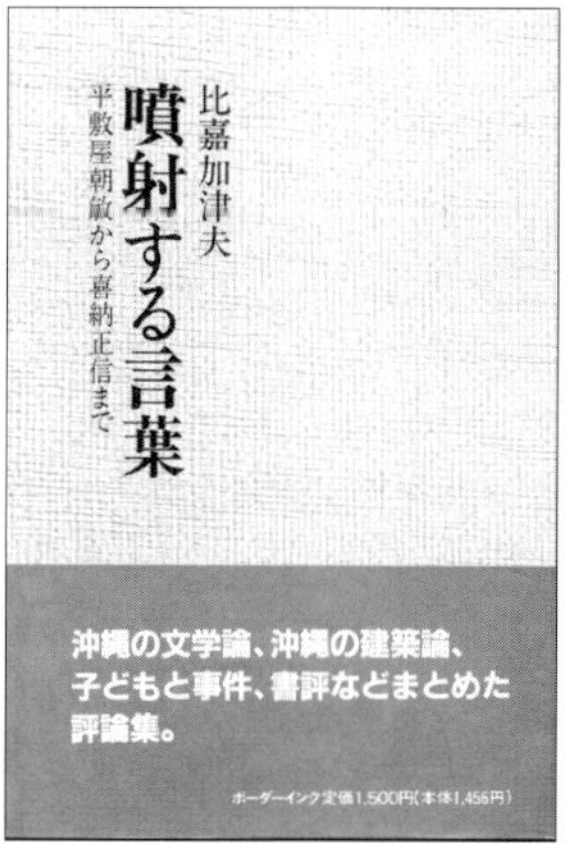
比嘉加津夫
噴射する言葉
平敷屋朝敏から喜納正信まで
沖縄の文学論、沖縄の建築論、子どもと事件、書評などまとめた評論集。
ボーダーインク 定価1,500円(本体1,456円)

言視舎 評伝選
比嘉加津夫
島尾敏雄
Higa Katsuo
Shimao Toshio
『死の棘』の夫婦にとって小説とは現実以上にリアルであった！

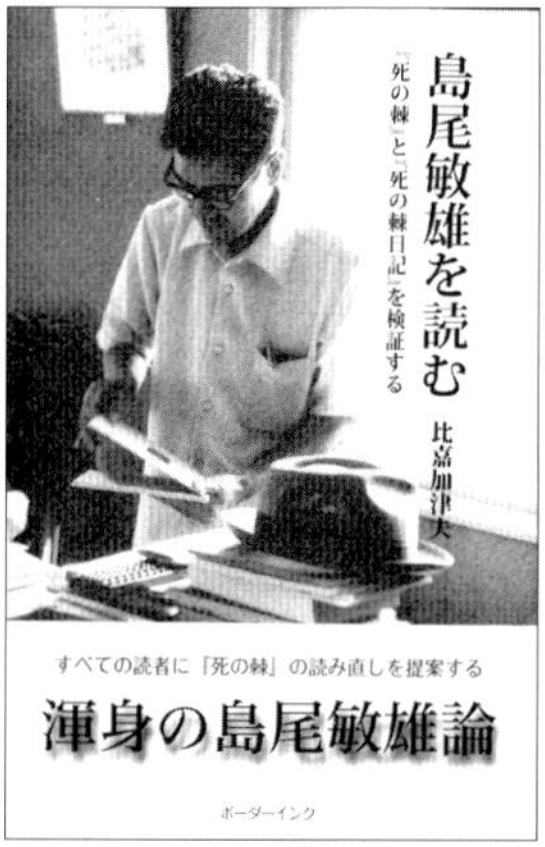
島尾敏雄を読む
『死の棘』と『死の棘日記』を検証する
比嘉加津夫
すべての読者に「死の棘」の読み直しを提案する
渾身の島尾敏雄論
ボーダーインク

平敷屋朝敏
― 歴史に消された真実の行方
比嘉 加津夫 著
脈 発行所

比嘉加津夫　2019 年。

比嘉加津夫追悼集◆目次

Ⅱ　作品・日記・年譜

挿絵　棟元　名美（むねもと　なみ）
装丁画　ローゼル川田

比嘉加津夫追悼集

I 追 悼

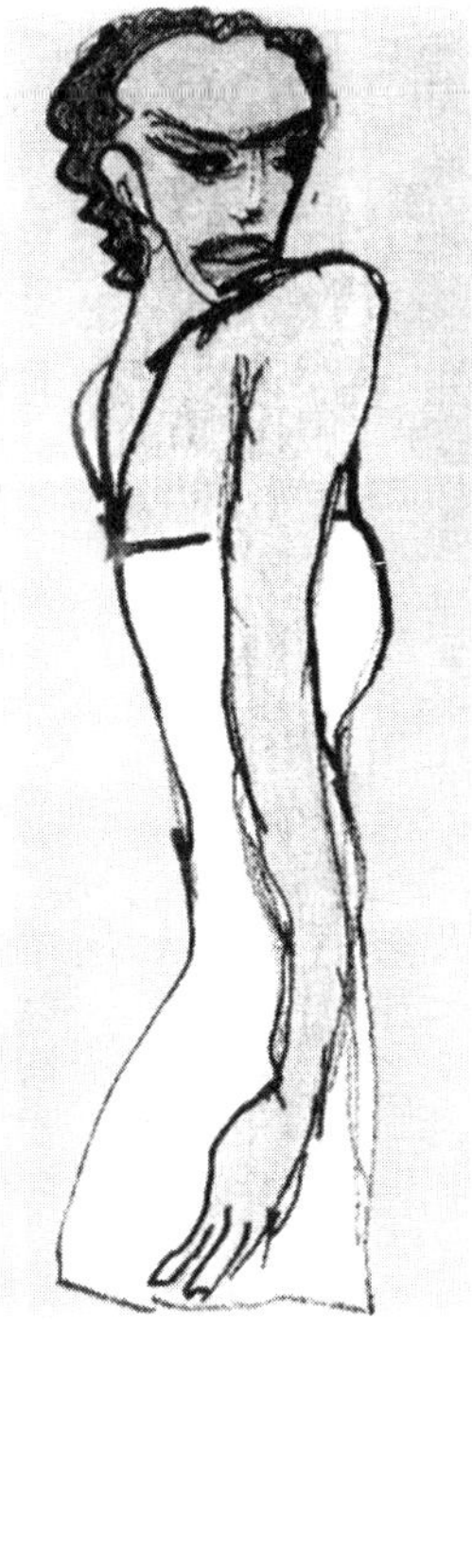

「MODEL」より

希有な存在の死——比嘉加津夫さん追悼

砂川　哲雄

　比嘉加津夫さん、あなたとは生前、ついにお会いする機会はありませんでした。ときおり雑誌に載る写真以外には謦咳に接することもなく、ましてや人柄について知る由もありませんでした。そういうわたしが追悼集に名を連ねることはふさわしくないかもしれません。それでも執筆依頼を二つ返事で引き受けたことには理由があります。それはたった一度でしたが、あなたの主宰する書評誌にわたしのエッセイを掲載していただいたという小さなご縁があったからです。

　話がやや私事にわたりますが、わたしはかつて石垣島にあった小さな図書館に長い間勤めたことがあります。開館前の三〇分間は蔵書の排列作業をしますが、沖縄関係資料の文学分野のなかでもひときわ目立つ書架がありました。そこに排架されていたのが『比嘉加津夫文庫』『沖縄現代詩文庫』『沖縄現代俳句文庫』といった、比嘉さんの著作や編集発行した数多くの作品群でした。これらの作品を毎朝目にするたびに、詩人・批評家、そして編集者としてエネルギッシュで多彩な才能を発揮する比嘉加津夫という人物に興味を覚えたのです。そのころから、ほぼわたしと同年代のあなたの存在が脳裏に刻まれたのかもしれません。

　けして熱心な読者というわけではありませんでしたが、島尾敏雄や平敷屋朝敏に関する著作がわたしの関心を引きました。平敷屋朝敏に関連していえば玉栄清良、池宮正治、西銘郁和、仲本瑩らの朝敏研究者と共に記憶するようになりました。さらに、今は亡き金城哲雄やその作品を通して比嘉さんと『脈』の存在や同人の作品に少し関心を抱くようにもなっていました。とはいえ、数人を除いて沖縄の文学関係者との交流を避けていたわたしがあなたと出会う機会はやはりありませんでした。

　ところが二〇一二年一一月初旬のこと、女性像が描かれた一通のはがきが届きました。驚いたことにそれはあなたからでした。その内容は上梓したばかりの拙著『山之口貘の青春』に関するものであり、たいへん好意的なものでした。付け加えて、『脈』で貘の特集を翌年に予定しているので協力を—ともありました。それから一週間も経たぬうちにこんどは『Ｍｙａｋｕ』15号への執筆依頼が高木護特集した14号と共に届いたのです。貘に関することかと思いましたがそうではなく、「島尾敏雄」についてだったので、なぜだろう？　といささか戸惑ったことを覚えています。その理由は今も分からずじまいです。もしかすると作井満の海風社が発行していた『南島』（１４７号＝一九七五年）に寄せた島尾敏雄追悼文「日も暮れよ　鐘も鳴れ」というエッセイを読んでいたのでしょうか。ともかくもわたしは「島尾敏雄と谷川健一」という一五枚程度の短いエッセイをまとめて送稿し、翌二〇一三年二月発行の15号に掲載されました。これが『Ｍｙａｋｕ』との直接的な一回きりのご縁でした。貘の特集についての原稿依頼もありましたが、そのときは抱えている仕事が多くて残念ながら執筆を辞退しました。ただその後も、『Ｍｙａｋｕ』と合併した『脈』を贈っていただいていましたから、てっきりお元気だとばかり思っていたのです。

ですから、いきなりの訃報記事はにわかに信じがたいものでした。それも、新著『平敷屋朝敏—歴史に消された真実の行方』の書評掲載と同じ日に眼にしたのでなおさらのことです。仲本瑩さんや松原敏夫さんの追悼文、年譜資料などではじめて、あなたが二〇一一年以来、手術や入退院という闘病生活をくり返すなかで『Ｍｙａｋｕ』や『脈』を発行し続けていたことを知ったのです。

『脈』76号（二〇一二年一一月）に「だれかへのつうしん」というひらがなの連作詩3篇のなかに「①ちる」という詩があります。「ちる　ちる／こころも　はなのように／みごとでありたい／／そうおもって／ちる／／（3連略）／かぞえきれないほどのさかを　のぼったり／おりたり／しながら／ちる／／ちっていく／そういう　おもいにふけているのであります」。なんとなく比嘉さんの創作・編集活動と闘病生活を思わせる詩句です。

比嘉さん、あなたは表現者としての旅の終わりに島尾敏雄と共にこだわり続けた平敷屋朝敏に関する集大成ともいうべき貴重な著書を遺しました。それは「ちる」前のみごとな「はな」ともいえます。業界紙の経営に関わりながら詩人・批評家・編集者として、それこそ数え切れない坂を上ったり下りたりしたであろうあなたは、実に希有な存在だったと思います。あなたの生涯の証しともいえる数々の作品が、これからもますます評価されることを願ってやみません。小さなご縁でしたが、ありがとうございました。

（個人誌『とぅもーる』・石垣市在住）

心やさしき仇討ち

波平　幸有

1　比嘉加津夫と吉岡治

一葉の葉書が頭の片隅に暮らし始めた。病葉とも朽葉とも言う儚げな一枚の木の葉は、まばたきをしている間に次から次地上を染め上げていく。それは悲しい絵柄だ。

あっ、彼は疲れているな。僕は短い葉書の文章を読みながら、暫く佇んでいた。

二〇一九年の秋、その葉書を寄こしてくれた人は入退院を繰り返していた。遠く隔たった地方から、必死にシグナルを送り続けているようにも思える文面が、定着しないまま現像液の中に浸り続けていた。

〈吉岡治のような作詞家になれば良かった〉比嘉加津夫君は確かにそう書いている。あれほど文学に取り憑かれ、文学のあらゆる分野を掘り続けてきた彼が或る日、突拍子のないことを口走ったのだ。〈疲れているな〉僕の思いつきは、いつしか確信へと傾き始めていた。

吉岡治とは、いかなる作詞家であろうか。現代詩から作詞へと転身していった演歌のヒットメーカーだと、比嘉君は説明している。

友人の知恵を借りながら調べていくうちに、吉岡という作詞家を少しは知ることになった。一九三四年生まれの山口県出身。一九五三年詩人・サトウハチローの門下に入り、作詞家として五六年デビューした。歌謡曲からアニメソング、童謡まで吉岡の作品世界は多岐に及ぶ。

あの歌も知っている、この曲も口ずさむことの出来る吉岡の作品は、お隣から流れてくるお馴染みの歌ばかり。女性歌手のヒット作品が多数を占める。「真っ赤な太陽」（美空ひばり）「天城越え」（石川さゆり）「鳳仙花」（島倉千代子）等々、枚挙にいとまのない数々のヒット作品は、まるで恒例の〈紅白歌合戦〉を聞いているようだ。

日頃、比嘉君の口から漏れ出ることもなかった吉岡治の作品。比嘉君はなぜに吉岡へ惹かれていたのだろう。僕の謎は残った。僕はいまだにその秘密を解きほぐすことができずにいる。

2　スナックと比嘉君

妻が営んでいた那覇市・桜坂のスナックに、比嘉君はたびたび訪れていた。入口から四つ目の定席を手前に引き寄せ、カウンターに両肘をついたままおしぼりを顔にあてがう。重そうなバッグは、いつも足元に置いていた。

「満子さん、ビール」。満子とは、僕の妻の名前である。彼は大層満子を気に入ってくれた。妻もまた比嘉君の大ファンとなっていた。

「詩人の比嘉さんよ」常連客に紹介する妻の声は、誇らしく店内に響きわたる。

「マスター、そろそろ歌を聞かせてください」ほろ酔い加減の彼が、いつもの曲を所望する。「マスター」とは、僕のことである。曲順は決まっていた。〈柿の木坂の家〉〈ニコライの鐘〉次に民謡の〈加那しい小〉〈別れの煙〉へと、目まぐるしく変わる。

僕が歌っているあいだ、比嘉君はじっと目を閉じ、カウンターの上で拍子をとっていた。次なる作品の構想を練っていたのだろうか。

比嘉君と僕は、長い付き合いの中で、こと文学に関する話を交わしたことはなかった。酒場に似つかわしくもないもの静かな夜を、共に幾夜過ごしてきただろう。それは、店を廃業する時まで続いた。

3　縄入会騒動記

話は遠い昔の話に戻る。

一九五七年、縄詩と散文の会が発足した。

中途から入会してきた金城敏夫が或る日、妙なことを言い出した。〈中学生が縄への入会を志望しているが、どうだろう〉。一同は唖然とした。とは言え、世には恐るべき天才少年はいるはずで、気を取り直して中学生の作品を読んでみたいものだと、一同興味を示し始めた。

後日、中学生の作品は披露された。それは並の少年の詩であった。僕たちは即座に中学生をお断りすることにした。中学生の名前は〈比嘉加津夫〉と記されていた。

当時、安謝中学校の在校生であった比嘉君は、金城に憧れを抱く多感な文学少年だったようだ。後々〈脈〉にも書いている。彼は、金城のうしろ姿に、黒《くろ》マントを翻して走り去る太宰治を見ているのだった。因みに、安謝中の事務職にあった金城は、文学を志すかたわら生徒たちの演劇指導にも力を注いでいた。比嘉君にとって眩しい存在だったにちがいない。

4 念願果たして

七十歳を過ぎて、いくつかの詩集を持った。その中の一冊が山之口貘賞を受賞することになった。縄同人でもありマスターでもあった男が、再び詩の世界に目覚め、文学の仲間入りを果たしたのだった。

かつて縄への入会を切に願っていたであろうあの中学生は、今や沖縄文学を牽引する〈大物〉に成長していようとは露知らず、詩集を出すたび、送りつけていた。そのたびごと比嘉君から葉書を貰うことになった。

〈どうです、うちにも書いてみませんか〉励ましの言葉は、どの葉書の末尾にも記されているのだった。まさに比嘉君の縄入会を阻止した張本人が〈脈〉への参加を呼びかけられたのだった。僕は恥も外聞もなくその話に飛び乗った。かくして、心やさしき比嘉君の仇討ちは十数年の時を経て、見事に実を結んだのである。手紙をやり取りしている間に、冒頭の葉書と出会うことになった。彼は、書きやまぬ自分自身の業に疲れ果てているのだと、僕は直感していた。結果は彼の早逝である。

君のいない沖縄
君のいない沖縄文学
誰が埋められよう
君の抜けた大きな穴
あまりにも大きすぎる穴の中に
ずるずる僕は落ちていきそう
悲しすぎるよ比嘉君
切なすぎるよ比嘉君

僕の弔電は君に届いたであろうか。

「心を寄せる丘」の向こうで

玉木　一兵

２０１７年秋、私は処女詩集「三十路遠望」を出版し縁者に贈りました。比嘉加津夫さんもその一人でした。45年勤務していた玉木病院を引退したのを機会に出版した詩集で、その〈あとがき〉に次のように書きました。「私は三十路、四十路の多感な時期を、多様な病態をもつ心の病の人々と、精神病院という不思議な時空（砦）で過ごした。彼らの断片化したコトバの中に、心の暗部が露わになっていることに気づき、そこに詩の種を見つけ出し、それを紡ぎつつ、己のささやかな詩心を育んできた気がする。本書に収めた詩篇はその落穂拾いといえようか」と。

そしたら比嘉さんから早々と丁寧な礼状が送られてきました。私が病院を引退したことに驚いたこと。身内のことで話したかったけれど、自分自身が「外歩きできない状態になり」それが果たせなくなったことに、世の無常を思い知りました、と書いてありました。私は当時比嘉さんの病態がどのようなものであるのか知りませんでしたので、「年輪の重さが視覚化され、懸命に業務にいそしんでいたことに感懐を抱いた」との好意的な寸評に感謝の意を伝えませんでした。

同年２月に比嘉さんが主宰する季刊同人誌『脈』97号の特集への原稿依頼がありました。題名は「沖縄を生きた島成郎」で、「沖縄の精神医療のあり方を問い続け、率先してその改革に取り組んだ医師の世界を覗き見たい」との趣旨をうたっていましたので、依頼に応えて執筆しました。題名は「島イズム三様の志」としました。島先生は玉木病院で、創業（１９７２年）から13年間常勤医として精励しました。精神医療の根本的なあり方を「地域で共に暮らす」という視点で捉え、病者の同意を得て診療し治療していくことを基本においていました。そのために入院の同意を得るのに苦心惨澹の日々が重なりました。せっかく入院させたのにもう退院ですかと保護者の叱責を買うこともありましたが、忍耐強くつづけていました。それを補完するために当初から生活の場への訪問診療、訪問看護を並行して実施していました。文字通り「沖縄的地域医療」の探求でした。久米島の離島診療にその範を垂れました。

その成果は「精神医療のひとつの試み」（１９８２年批評社）に集成され世に出ました。比嘉さんはそれを当時買い求めて読んでいたのです。島先生の傍らで相談業務に携わっていた私は、精神障害という暗い響きのコトバの背後で心を閉ざしている人々の声を身近な関係者に届けようと、院内に文芸教室を開設しました。その成果も「森の叫び～精神病者の詩魂と夢想」（１９８５年批評社）に集成されて世に出ました。比嘉さんは恐らく、それも読んでくれていたのではないかと思います。島先生は巡り巡って世紀の変わり目の２０００年に沖縄の「もとぶ記念病院」に勤務し、瀬底島で鬼籍にはいりました。そして、２０１９年に比嘉さんも帰らぬ人になりました。

私は１９４４年生まれで比嘉さんと同年、ヤンバル（本部町）出身です。しばらくしてそちらへ行きますから、瀬底島の天空に島先生をお呼びして、生前語り合えなかった分まで心置きなく鼎談でもしましょう。それまでに比嘉さんからご恵贈いただいた「平敷屋朝敏～歴史に消された真実の行方」をしっかり読んでおきます。生前のご厚情に感謝し、次の拙い詩篇（「三十路遠望」掲載）を黙読し追悼の辞といたします。

心を寄せる丘

わたしは今
黄色い丘に心を寄せています
黄色い丘は
そこにわたしを立てと命じます

わたしはその丘へとても行きたいと思う
思うだけで
心が誘われてくるのです

でも黄色い丘に立ってしまうと
もうこの世に戻れない気がするので
しばらくは

その鮮烈に黄金色に輝く丘の麓で
立ち止まっていることにします

もし黄色い丘の辺に花が咲くとすれば
芒の尾花がいいなあ

（２０２１年２月23日記）

比嘉さん　さようなら

内田　聖子

　そのとき私は、ウツだった。『谷川雁のめがね』（98年初版）を上梓してすぐのことだ。いまだ信奉者も多い谷川雁を書いたのだから、ある程度は覚悟していた。店頭に並んで2～3ヶ月後、関西に住む方から、ある人を通して電話が入った。どうやら、本の中身に自分の名前がイニシャルで出て、その扱いに不満があるようだった。谷川雁は北九州から東京に出てきて某語学教育会社の重役に抜擢され、敏腕を振るったから、そのフルイから落とされた人も少なからず。関西の人も被害にあった一人で、間に入った人は私もよく知っている若手の社員だった。電話は執拗につづき、やがて脅しに変わった。金銭を要求しているのか、謝罪して欲しいのか、家にも押し寄せるほどの勢いだった。（結局、それは出版関係者の一喝でおさまったが）そんなときだった、比嘉さんから私のPCにメールが入ったのは。内容は「『谷川雁のめがね』の書評を書いたので、感想を聞かせて欲しい」という短いもの。前略・後略なしの、たった一行のメール。私はこんどは、このメールに怯えた。沖縄に知り合いはいない。まして比嘉さんが文芸誌『脈』の発行人であり、筋金入りの詩人であることなど、知る由もなかった。私のアドレスをどこで知ったのだろう。出版社が許可なく明かすはずもない。不審に思いながら、とりあえず、当たり障りのない文章を書いて送信した。

　私のメールに落胆したのだろう、返信はなかった。それから3年も経った。夫が逝って家庭環境が変わったのを機に、娘一家と同居するため鎌倉の地に転居。心身ともに断捨離して、ふっと脳裏に浮かんだのは、比嘉さんのことだった。折よく改訂版『谷川雁のめがね』が出たので、著書とともに前回のお詫びの手紙を添えて送らせてもらった。

　比嘉さんは、すぐさま再刊の書評を書いて、ブログにU

P。それは「カリスマ性のある難解な谷川雁を、普通の人として描いてある」ことを評価したもので、好意的な文章に満ちていた。私は怯えが杞憂であったことに、ようやく気づいた。

それからだった。比嘉さんとの本当の意味での交流がはじまったのは。折あるごとにお声をかけていただき、原稿を書くたびに励ましてくれた。山之口貘や茨木のり子など特集も数回。「内田聖子の『谷川雁のめがね』」特集では、森崎和江を福岡までいって取材、最終便の機内で「収穫大でした」とメール、折り返し悦びの返信をもらったのだった。また誌上で比嘉さんとのメール対談は、初の試みで、事実確認で返信が遅れがちな私を叱咤激励してくれ、忘れがたい思い出となっている。それを機に『脈』は全国版になり、少々価格も上がり、比嘉さんはしきりと恐縮していた。

一方、伝説の詩人・高木護の特集の際は、最初渋っていた高木の仕事場を私が訪ね説得して快諾。「㊗でした」とメールすると、あまりの嬉しさに家の前のコンビニで缶ビールを一つ買って一人で乾杯したと返信があった。酒を断っているのか、控えているのか、そのとき比嘉さんの健康の心配がちらっと頭をよぎった。結局、「きみは高木護を知っているか」という特集は、前後編二回続いた。

思い出話をするとキリがない。『脈』特集として澁澤龍彦を書いているときに、編集者の小川哲生さんから、言視舎評伝の一冊として『森崎和江』の話をいただいた。小川さんは先に、比嘉さんに『島尾敏雄』の評伝選をはかり、本人は悩みに悩んだあげく、健康上の理由で一旦は断念。その悔しさを比嘉さんから聞いたばかりだった（後に一時回復のきざしがみえて執筆刊行）。そんな経緯もあり、いまある私は、比嘉さんと『脈』のお陰といっていいだろう。

『脈』は京都の老舗・三月書房ではよく売れるようだった。「三月書房から追加注文が入った」「店主から特集の提案があった」といった話。閑話休題、「内田さん、本を購うのは、自分への投資ですよ」等というときは、体調・気分ともによかったのであろう。その通り、関連本はすべて購って読破するようで、死後、書籍整理に立ちあった新城兵一さんによると、蔵書は四万冊は下らないという話だった。

昨年夏、小川哲生さん企画の吉本隆明『ふたりの村上』（論創社）が上梓され、『脈』はすぐさま特集を企画、比嘉さんから原稿依頼が闘病中とは思えない、元気な文面で届いた。ユニークで稀有な存在ともいえる編集者ゆえ、内容は小川さん自身のこと、著書等、何でもよいという寛大なものであった。私は40年も前の村上龍・村上春樹対談『ウォーク・ドント・ラン』を引っ張りだし、原稿書きは楽しい作業だった。比嘉さんから「こんな本、知らなかった。面白い」という感想とともに、他の執筆者からも素晴らしい原稿が届いていることを明かされた。（結局、この企画は生前間に合わず、小川さんの奔走で『飢餓陣営』51号で刊行。なかでも比嘉加津夫・小川哲生対談は凝縮、かつ肉薄した存在であることを記す）

昨年10月、高木護の死去は比嘉さんから聞いた。すでに家族葬でおくられ、追ってお別れ会が開かれることも。珍しく比嘉さんから電話があり、追悼文の依頼を受けた。いくらか弱々しい声にわずかな杞憂が走ったが、しっかりした受け答えに、すぐさま気のせいと私はイヤな予感を払拭した。何故なら、この前後であったか、「病床で原稿を読み、毎日モルヒネをしている」という弱気な発言があったから。私はモルヒネにおどろいて、オロオロと誰彼に電話をしたりした。誰もこの後、急なことが起こるとは思わない。高木の追悼文に返事はなく、間にあわなかったのであろう。

次にあったのは仲本瑩さんからのお報せである。19年12月10日比嘉加津夫さんは永眠した。仲本さんは前記の『ふたりの村上』関連の寄稿者のみお知らせしたらしく、未刊行を詫びる丁寧な内容であった。以降の記憶は私も薄らぐほどの衝撃であった。さようなら比嘉さん。あの世から、またメール下さい。

3冊の詩画集

嵩　文彦

比嘉加津夫さんを知ったのは毎日新聞の書評のＭＡＧＡＺＩＮＥ欄が『脈』を取り上げていたからでした。着本してすぐ頁をめくってみると、確かに個人編集のすばらしい雑誌でした。

私が２００８年に亡くなった高校同級の草森紳一と共著の『「明日の王」詩と評論』（２０１８年２月刊）をお送りしましたら『流され王』（１９８５年２月刊）『春は風に乗って』１９９３年２月刊）『ＭＯＤＥＬ』１９９３年11月刊）３冊の詩画集を戴きました。『流され王』だけ画は永山信春さんでした。私は比嘉さんが詩も絵も堪能とは全く知りませんでしたので本当に驚きました。１年に２冊の詩画集を出版するなんて凄いことです。お便りにはこうありました。〈草森紳一に『本が崩れる』という本がありますが、私の仕事場（書斎とはいえない）はあのように乱雑なんです。〉〈それから『ＭＯＤＥＬ』は小説世界と見てください。あのような度胸はもちあわせていないのです。夢はありますけど。〉優しい方でした。

父親、比嘉勝男と比嘉加津夫 記憶の中、私の想い

比嘉　正純

２０１９年12月10日に父親が死去して三回忌が近づいています。死去して、告別式、一年忌と過ぎ、時間が経つのを、早く感じる次第です。その時間の流れるスピードは、私にとって切なく寂しさを感じます。反面、親父の蔵書整理をする時、長い作業の道のりは、父との思い出の整理を重ねる時間でもありました。今回私が父のことについて書くにあたり、市町村図書館に著作物寄贈の経緯と父との思い出話しの幾つかに触れておきます。

父が死去した時期、海外では未知なる脅威のウイルスが忍び寄ってきておりました。新型コロナウイルスです。これによって、世界中の多くの人々が未知なるウイルスの猛威によって苦しむ事は、皆様も御承知のことです。また、私達遺族も父親の遺品整理の進行状況も大変な事になっておりました。特に父の著作物、及び膨大な蔵書整理、その片付けです。そんな折、率先してお手伝いサポートしてくれた仲本瑩さん、整理後の書籍引取り片付けをしてくれたＢＯＯＫＳじのん天久斉さんには、この場を通じて感謝の気持ちをお届けしておきます。大変、誠にありがとうございます。お二人が居なかったら、今日の状況に至らないと感じる次第です。

多数ある蔵書片付け整理は、一番の課題でありました。中でも市町村図書館に比嘉加津夫の著作物、『脈』関連出版物等の寄贈は当初考えたほど容易には運びませんでした。先程述べた新型コロナウイルスの影響で当初、図書館に出向くのさえ困難でした。図書館側のタイミングを見計らった上で、メールや電話の問い合わせを行い、内容説明を行い賛同を頂く内で、次々と寄贈の受入れを実現させていくことが出来ました。その結果、寄贈した箇所が28ケ所・合計１、７２６冊になりました。(令和三年三月二十八日現在)

生前父から言われた事は自身が亡くなった後、図書館寄贈を希望していた事から父の遺志を汲んで寄贈をしまし

た。市町村図書館にある蔵書は、父の著作や同人誌『脈』が置かれているのがまちまちで、寄贈する意義が私にとっての親孝行と思いました。

書籍を梱包する作業は、父の執筆活動功績を実感するものでした。今後父の作品が多くの方々に愛読される事を願うばかりです。

遺族として、この度追悼集に沢山の寄稿して頂きまして、感謝を申し上げます。

父との映画鑑賞・カツカレー

親子として思い出を振り返ってみたい——。父親としては、子供達の所謂家族サービスをすると言うような、いわゆる良きパパではない。何処の家庭もそうだと思うのですが、仕事を終えたオフタイムは、自分自身のために時間を過ごす父親で、家族旅行と言った思い出が無いが、強いて言えば何度かよく映画館に連れて行くといった、お出掛けというようなパターンが強い。

洋画では、ランボー、E・T等……。邦画では、ビルマの竪琴、里見八犬伝等の映画鑑賞した覚えがある。映画鑑賞後は、当時の国際通りの国際ショッピングセンター内、そこに球陽堂書房があり本を何冊か購入した後、地下のゲームセンター内にカレー屋さんがあった（店名は覚えていない）。そのお店で食事をするのがいわば定番の行動パターン。父は生前そのカレー屋さんが一番美味しいと言い、カレー屋の自営業も将来したいと言うが、料理も全くしない父が出来るはずもなく、いつも夢物語を言うのが印象に残っている。そのお店は現役時代、よく食事もしていたらしく、閉店の際も顔出したと、父から聞かされた。

絵画・版画の手伝い

執筆活動としての比嘉加津夫は、皆様も御存じだと思いますが、それ以外に絵画・版画部門の作品を僅かであるが、発表されている。そんな創作活動に私は小学生の頃から手伝いをさせられた。大した事ではないが、道具の水洗いや絵の具の出し入れ、画用紙を抑える事などである。父は幼児期から指先に障害を抱えている事から、細かな作業が困難の事から手伝いが多かった。その思い出の記憶が私には強く残っている。

また父が執筆活動に悩みがある中、私の一言でその活路を左右したのでは？ と思う事がある。父はやはり執筆活動として、ある賞を受賞したかったと思う。例えば芥川賞等――。私は執筆活動の発信を県内のみならず、県外にも文学を通じて、交流や発信する事を薦めた。所謂、版図拡大である。文学に関してはずぶな素人である私が生意気ながら進言した。それに対し父は「なるほど！」と言ってくれた。これがきっかけなのか、晩年の同人誌脈のスタイルになっていると私自身勝手ながら思い込んでいる。それは、父が執筆活動の一つの活路になったと思う次第でもある。

文章力が無い私の原稿をご覧になって頂き、ありがとうございます。内容が至らない事もあったと思いますが、遺族の代表として追悼集の原稿とします。また今後沖縄の文学界のさらなる発展や執筆活動の方々の今後の飛躍を祈念し、追悼集の一隅に書きとめておきます。

與儀　清春

「奇跡に生かされた」勝男と清春の時の問答　昭和一九年同級生

比嘉勝男との出会いは七十年前の夏、安謝小学校一年生の二学期となるはずです。

一九五一年、私が安里小学校から安謝小学校への転校生となる。二人とも背丈が同じ位なので席も近かったはずなのに…茅葺きで泥んこ土間の校舎でのお互いの記憶はない…、しかも、五年生の夏休みには、今度は清春が楚辺小学校に転校して二人の出会いは四学年間となるはず…が、お互いの記憶がない…。

安謝小学校の同期会には、卒業生でないが呼びかけがあり参加した記憶はあるが、やはり勝男との記憶はない…思うに、二人とも当時は無口でどちらかといえばシャイなタイプ。めーない…ないが出来ない。

そして、その後の出会いは三十年後かな…。

私は設計事務所の所長、勝男は建設新聞のバリバリの新聞マン時代となる。

その頃、沖縄の設計界は設計コンペ盛んな時期で、勝男の筆もそれを支えた時でもあるとの思いがあります。

尚、勝男が建設新聞に入社した72年に清春も友人二人で設計事務所始めた年で、74年30歳の時には個人で独立した頃ですが、コンペに挑戦しながら模索の時代でした。

勝男も建設新聞の改革の中心にいた時で、そして勝男の意志の強さを今にして想う。

個人的には、建設新聞社屋の設計も指名して貰った、他にも住宅設計の依頼も受けたが…その頃十四、五年前になるが十二年間那覇市議会に就いてからは接点が少なくなり御礼の言葉もいう間もなく今日に至る。

遅くなったがごめん、ありがとう。でも、勝男は、ニコッと笑顔で返すだけかな…。

物静かな、ニコッと笑うあの仕草…意志の強い奴だったと、今にして想う。

その笑顔の記憶が今でも鮮やかに想う。

私が、「毛姓與儀一門の祖・安里大親清信伝物語」出版の件で「安里大親と懐機は同一人物とも思えるが…」とおそるおそる話しかけたら「そんな馬鹿な…」と言うかと思っていたら、ニコッと笑い「…面白い」との話であった。ほっとした。

四、五年前の話「比嘉勝男」と名を…

八十八歳になんとする空手人物記の下書きをまとめ、さてどうしたものかと自問して…飛び込んだ先が「ボーダーインク」。

素原稿を見せて相談していると、「その原稿では出版するには無理だと」う…ん、そこで比嘉勝男の名を出すと、即座に「…だと行けますよ」と言われた。思わぬところで比嘉勝男の活躍に感心というよりうれしく、勝男のニコッとした顔を思い出した。しかし、この原稿も未だ机の引き出しのままです。

勝男に、もう一度意見貰いたかったな…

奇跡に生かされた、昭和一九年生と「対馬丸と與儀清春」の想いの話

勝男は久志の生まれ、やんばるで奇跡の一九年生の命を貰ったんだよね。

僕は勝男より一週間早く山口県下松市で生まれた。二人は「いて座」だね。僕はその三月前の八月二二日には撃沈された対馬丸の一つ前の船で母のお腹の中…奇跡だよ。母は大変きつかったとの話…七〇余年も経った三年前のお盆に仏前で姉から聞かされた話…。

実は、対馬丸の話を姉から聞く以前に、ある日、母に「下松に一緒に行きたいが…」、母が喜ぶとの思いで話したら…、「苦しかった想いしかないから行きたくない…」と母からの予期せぬ言葉にショック…というより、そんな思いで育ててくれた母に言葉がなかった。

勝男、母に奇跡の命を共に貰ったんだよ…。

勝男の足跡を見るも奇跡で道を、心を拓いて来たと想えるよ。お疲れさま。

ケネディー

「国があなたのために何を成すのかでなく、あなたが国のために何を成すか」

一九歳の話…東京での浪人生活、予備校の授業にもつい

ていけず、部屋で悶々としている時にテレビから飛び込んできたのが「ケネディー暗殺」の映像は忘れないね。今でも十一月二二日がくると思い返すようにしている。「国があなたのために何を成すのかでなく、あなたが国のために何を成すか！」その言葉から勇気をもらったよ。

勝男の足跡を見るに、勝男も、もんもん…と悩んだ頃かな、そのケネディーの言葉が勝男自身の生き方に相通じるとも想うよ。

もう一つ「安仁屋」の活躍も！

その頃、ラジオから流れるプロ野球中継での「巨人キラー安仁屋宗八の活躍に勇気を貰ったよ、勝男は…沖縄ではどうだったかな？

勝男が、広島ファンだった話、聞いたばかり…その安仁屋も一九年生だね。

六八年夏の甲子園の興南旋風、七〇年末のコザ騒動、九八年の沖縄尚学の春の甲子園沖縄勢初の全国制覇、二〇〇〇年のサミット、ショックは9・11テロ…信じられない事件、出来事が記憶にある奇跡の十九年生だね。

焼けた首里城のはなし

君が去る直前に焼け落ちた…首里城。

勝男は首里城を見送った…と思う。画面に燃える本殿を言葉も発せず、天を焦がす赤い炎を見ながらも…消火栓が、防火壁もあるから…炎は収まるはずだと建築の立場で思いながら…が後で文化財資源としてその設備がない、なかった事を知り…ショックも増した。

再建の話が進んでいる。僕は五度目の首里城再建と沖縄の文化の強さを見届けて…また勝男と言葉を交わしたいよね。どこで…。

勝男が往く年、パリ・ノートルダム寺院も焼けた。忘れられない年だね。

久志の話

初めて、やんばる久志に行った話も君が往った年で、首里城が焼ける前の夏前だった。

そして勝男が生まれて五歳まで生活した話を知りびっくりしたよ。

久志の古民家、社、殿内、拝所…散策の終りは久志湾から見た夕焼け…感動の久志の一日だった…幼き勝男が歩き、遊んだ話も聞きたかったよ。

おわりに「川岸で」抄

この稿をほぼ書き上げて了をどうしたらと思い、勝男と清春の接点・交点がないか、正純さんにお会いし…「川岸で」を頂いた。

泡瀬・アーシの話…、勝男、僕は毎週末、イチハナリ・伊計島を往復しているよ。泡瀬の伝統行事の紙面を見ながら何処だろうと…勝男の深い想いの地だったことも知った。

車だが毎週走っている。勝男少年が久志目指して走る様に歩いた話も想いながら走るよ。

また、その中で机を並べたことはなかった同級生とも知った。勝男は大道小学校、久辺小学校、壺屋小学校、楚辺小学校、安謝小学校と…。

清春は安里小学校、安謝小学校、楚辺小学校と…。安謝小学校と楚辺小学校が入れ違いで、すれ違いの同級生だった事を知り、「うおっ!」と声を…、まさに今に知った。

二人が母に抱かれていた20年6月の沖縄

「沖縄の悲劇」仲宗根政善から

「もし、この血の島のこうした悲惨事が、人類に記憶されないならば、再び戦はくりかえされるであろう。

こうした記憶が人類史上に永遠に残り、「血の島」沖縄がやがて聖地として浄められ、世界平和の記念の島たらんことを祈ってやまない。」

昭和二六年七月十日発行

勝男、清春、共に生を受けたその時を想い、いつかの再会をと…問答をおえます。

令和三年うりずんの候

與儀清春・昭和十九年生

一級建築士・空手鎌士・

王府「おもろ」伝承者・

那覇市文化協会理事・

勝男と清春・青春の歌

♪げっとうの花♪沖縄を返せ♪高校三年生

安里小学校と安謝小学校の思いを一つ…

僕は二歳頃に銘苅に帰ったはず。安里小学校一年生の二学期に安謝小学校の茅葺屋根の泥んこ土間の校舎で机を並べたことになるんだよね…。

銘苅から安里小学校に通う頃かな…目の先には、米軍のらしい大きなキャタピラの戦車と丸い小さな、きっと日本軍の戦車の記憶が鮮やかに記憶にある。遠くに見えた山が激戦のシュガーローフだった事は新都心開発に関わった四〇年後となるが…。

同じく安里小学校に通う時、ジープに足をかけた米兵がパンをかじっている風景も未だ鮮やかです。銘苅での生活は四七年～五五年の八年間かな！

安謝小中学校で同期

赤嶺　晴男

比嘉加津夫君と私は安謝小中学校（現安謝中学校）で同期でした。

中学卒業後は殆ど交流がありませんでした。卒業後、30年くらい経って3～4年に一ぺんくらい開かれる同期会で時々顔を合わせる程度でした。忙しかったのだと思います。

その後、新聞に比嘉君のことが掲載されるようになると中学当時の顔を思い出しながら熱心に読んでいました。

私が琉球新報の「声」欄や「ティータイム」及び沖縄タイムスの「オピニオン」や「茶飲み話」、論壇などに投稿するようになると、同人誌『脈』の「作家・大城立裕を追う」や「島尾敏雄生誕１００年　ミホ没後10年」「芥川賞作家・東峰夫の小説」などを送ってくれるようになりました。

そのたびにお礼の手紙を書いていました。そして、そんなことがきっかけとなって年賀状を交換するようになりました。

私は２０１６年に初の新聞投稿集『人生は七イニングからが勝負である』を自費出版しました。

私は人脈よりも山脈（登山）が好きで、友人、知人は多くありませんが３５０部出版し、一冊を比嘉君に謹呈致しました。

しばらくすると、彼から次のような心のこもった手紙が送られてきました。少し長いですが引用させていただきます。

『人生は七イニングからが勝負である』発行おめでとうございます。文章だけでなく写真もほどよく配置されていて、新聞投稿の紙面では味わうことの出来なかった味が出ていて、読んで、見て、心地よかったです。満足しました。料理でいえば、（中略）賞味、風味とも満点といった感じでおります。

ご家族の団欒の姿も、この本に充分、色を添えていますね。

『人生は七イニングからが勝負である』私も、まだまだやれるかも、と勇気を絞り出しています。

『Ｍｙａｋｕ』18号「大城立裕特集」の写真も投稿集に掲載していただき感謝します（原文のまま）」

友人、知人から思いもよらずたくさんの手紙やメール、電話などで励ましと賞賛の言葉をいただきました。

その中でも、高名な文筆家である比嘉からの手紙が一番嬉しかったです。

今般『「比嘉加津夫追悼集走る馬」への原稿執筆依頼』に添付された「比嘉加津夫年譜」を拝見して初めて知りました。一人でいろんな難病、重篤な病を背負い込んで闘っていたんですね。

私への手紙や年賀状もそんな闘病中のさなかに認められたのかと思うと心が痛み、不憫でなりません。

文面からこの時は余り体調が思わしくなかったのではないかと推察されます。

この世に大きな足跡を残してくれた比嘉加津夫君のことを我々中学同期の者はみんなとても誇りに思っています。

難行苦行を積んだ人や難病と闘った人は魂の気高い人だと思います。

この度の「比嘉加津夫追悼集　走る馬」へ執筆させていただく栄に浴しましたことに対し、関係者に感謝申し上げると共に、比嘉加津夫君のご冥福をお祈り致します。

森田久男／具志堅正吉／新里照代／平川勝成／仲本瑩／比嘉正純

大学時代の比嘉加津夫のことなど

インタビュー
２０２０年12月20日
パシフィックホテル
パシフィックオーシャン・カフェラウンジ

仲　本　集まっていただきありがとうございます。早速、大学時代のことからお話いただけますか。紹介していただいて比嘉さんについての思い出など語っていただきたいと思います。ところで学新会というのは？

森　田　森田といいます。われわれが沖縄大学に入学した頃、われわれのサークルでいっしょに活動して、卒業してあと、建設新聞に入った後も、交流は続いていて、定年退職したあとはお互いに集まってカラオケでも一緒に唄うかということで、月一回集まるようになった。最初は月一回から本人の体調のこともあって、最後に会ったのが去年の三月頃かな。

※２０１９年日記で確認すると、３月17日に「午後から学新会。みんな揃う。」とある。４月21日に「今日の学新会は休む。」とある。学新会への参加は３月が最後である。

具志堅　わたしはあまりその交流はないですよ。帰って来てから。学生時代はともかく、社会人なってからは沖縄離れていて。

森　田　学生新聞のサークル仲間としての交流。比嘉さんが学生新聞に原稿書きなさいということいわれました。意識調査というかたちで、各高校生を対象に実施して、それを集めて新聞の記事にしたこともありました。

仲　本　意識調査と言うと具体的には？

森　田　あの頃は、復帰に対する意識調査。

仲　本　そういう復帰をめぐる状況でしたね。

森　田　復帰前でした。

仲本　比嘉さんは沖縄大学入られて、新聞ですよね。
森田　新聞部です。
仲本　あの頃から比嘉さんは執筆を？
森田　あの頃は個人で書いていて、それから『発想』ですか。建設新聞入ってから個人誌『脈』を創刊ですかね。本人が中心となって『発想』の創刊になったと覚えています。こまかい経緯は忘れていますが、バックナンバー見るとそうなんですね。もうひとり仲宗根幸市さん。
仲本　大学時代から仲宗根さんとは一緒。
森田　そうです。「しまうた」は仲宗根さんがやられていて、具志堅さんはだいぶ「しまうた」には関わったと思いますが。
具志堅　関わりましたね。比嘉さんは仲宗根さんと一緒に奄美、離島の民謡、宮古、八重山まで行ってますね。
森田　建設新聞入ったころの比嘉さんは、学生運動からのつながりで、労働運動も一生懸命やっていた。交渉するから、人数がいないから、お前たちも参加してくれと呼びだされたこともあります。
具志堅　中の橋（前島町）に建設新聞があった頃、階段に座り込んだ記憶があります。
森田　まさか比嘉さんが社長になるとは思わなかった。でも経営の才能あったと思わせるのは、いろんな企画もってきたんですよ、われわれの方に。組合活動では社員の生活向上のためにいろいろ賃金闘争をやるわけですが、経営側にまわると、会社をどうすれば収益をあげるかということに直面する。
仲本　事業計画を出して推進していく企画力が求められますね。
森田　組合活動ではいろいろ負債含めた整理を行ったような話をしていましたよ。
仲本　比嘉さんは新聞部入った頃にはすでに書いていたことになりますか。
森田　そう、高校時代から。あるいはもっと前かな。博物館・美術館と場所間違えて、そこに向かった平川さんが来ればその辺のことわかると思う。
正純　高校時代は美術クラブですか。
森田　そうそう。絵はうまかった。独特の絵だった。
具志堅　高校時代からいろいろ文才を感じさせるのがあったと思う。
森田　手に障がいがあると初対面の時はびっくりしたが、隠さないでつきあっていたから―
正純　大学時代は美術部とかは。
森田　新聞部中心で、カットとかも描いていたと思う。
具志堅　『脈』みてもカットやっていて、なるほどと思う。

森　田　表紙もやっているでしょう。

仲　本　詩画集があってとくに『ＭＯＤＥＬ』の画は目をひきますね。

森　田　『脈』は１０３号までですか。すごいと思います。

仲　本　実質的には23号から比嘉加津夫、又吉洋士、仲本瑩、西銘郁和からなる同人誌となります。比嘉加津夫とぼくらとのスタートの暗黙のような了解というのは、同人誌としてスタートさせるにはプロ意識で書いていくというものでした。とくに比嘉とわたしとはよりその意識が強かったと思います。だから、『脈』年４回発行というのはプロなら軽い話でしょうと。

森　田　年４回も書けないとプロにはなれないと――。

仲　本　比嘉加津夫の中にも賞はもらってなくても、芥川賞に匹敵する仕事はやっているという自負はあったと思います。プロ意識をしみこませていたと思います。締切日決めたら、それにきちんと間にあわす、それがプロ意識として当たり前に共有しようというスタンスです。原稿依頼を頼まれたら断らない、締め切りはきちんと守るというのがお互いのポリシーでした。

森　田　学生時代から芥川賞をねらうとは言っていました。

具志堅　当時の芥川賞はまだ大きく、重みがありました。酒飲みながら芥川賞どうのという話もありました。

正　純　芥川賞で思い出しましたが、私の母親にプロポーズした時、「おれは芥川賞作家になるから」と言ったとは、父親本人から聞きましたね。

森　田　あ、そうか。

正　純　こんなこと普通言うのかと、びっくりしました。

仲　本　賞もらっておれば、比嘉さんの残した著作の質と分量の評価がガラリと変わると思う。いずれにせよ再評価の流れはいずれくると思う。

森　田　島尾敏雄の『死の棘』については掘り下げて、深層心理の闇に分け入っている。島尾さんが来沖された時連れていかれた。奥さんと一緒だったと思うけど、「大道にいるからおまえたちも一緒にいこう」ということで、島尾さんにお会いしたことがありました。

仲　本　真壁の方――。

森　田　そう真壁でしたか。

仲　本　本人はひょっとして画家になりたかったのかなとも思いましたね。

森　田　本人は言葉にしても、その言葉の裏にあるイメージとか込めて、言葉を綴っていってた人じゃないかと思います。そういう奥深いイメージに向かって、どんどん言葉を突っ込んでいけたのではないかなと思いました。あらためてすごい人だったと感慨深いです。

森　田　学生時代に罰ゲームをやった。本人は普通に握れないから、自分の障がいを気にせずに一緒にゲームに興じてくれた。比嘉さんがいないと、学生新聞のサークルの仲間がまとまらないですね。比嘉さんがいるからみんなが集まる。そういう存在の人でした。沖縄大学をロックアウトしたんですよ。全国先駆けてやった時に、そこに嘉数理事長が来て、その下の奥さんがいて、ロックアウトしているところに、車で見にきているわけですよ。みんなで取り囲んだものだから、車を降りて歩き出したんですよ。比嘉さんは奥さんに話しかけ、ちょうどふたりでデイトしている風になって、みんなから冷やかされたんですよ。そういうのはうまかったんです。

仲　本　会社関係で翔べる会というのがあるのですが、比嘉さんが貴重な存在だったと話を伺いました。

森　田　そうです。比嘉さんが建設新聞にいたから、建設関係の安全担当の方たちの交流の中から翔べる会が生まれ、一緒に旅行しようということで、私も奄美大島にいきました。飲み屋にいってそこの女の子なんかは、土曜日は沖縄いって稼いで日曜には帰るというような話もしていて、沖縄の飲み屋のこともよく知っていたということもありました。比嘉さんどこかにそんな文章書いていなかった？

具志堅　高校と大学がごちゃごちゃになっていって整理がちょっと。

仲　本　高校時代は美術。

具志堅　そうです。美術です。

森　田　松山の方に比嘉さんのお母さんが経営している食堂があったんです。二階の方に比嘉さんの部屋があって、ぼくらは沖大学生になった時に新聞部に入れといわれて、そこに呼ばれてソバを御馳走になった。比嘉さんのお姉さんも一緒に。

仲　本　場所は。

正　純　今の松山のビル。おばあちゃんと、晴美おばさんが食堂やっていた。

仲　本　話いろいろ聞いていると比嘉さんのお母さんはすごい商才にたけた人だったと思います。

森　田　再婚なさって子供達、孫達のために、今の家含めて不動産もおばあちゃんの代で築きあげた。

仲　本　比嘉さんの母の頑張りで資産を増やしていった。それが比嘉さんの文筆活動を支える基盤ともなったということですね。

具志堅　『脈』も個人誌の時代から続けられたというのも、

その資産、お金があったからだと思いますね。発行等をバックアップしていたのがお母さんです。だから一回1号を出すためにも何十万はかかるといってました。「銭《じん》やあさやー」と飲みながらいうと、「それはシワーネーン」、心配ないといっていた。

具志堅　そうですか。

仲　本　同人誌になると同人分担分もありますので、その余力は自分の本の出版にまわしたと思います。

具志堅　『脈』の1号は印刷ですか。

仲　本　1、2号はタイプ印刷で3号はガリ刷りです。4号からもどりますね。

具志堅　表紙は印刷ですか。

仲　本　本文・表紙とも5号あたりからですかね。

具志堅　『脈』103号までみても表紙の題字は同じじゃない？

仲　本　表紙の題字は、23号から比嘉良治さんのを使っています。同人誌になるのに合わせてお願いしました。

森　田　新聞部入ってからのつきあい。復帰行進にはぼくら辺戸岬まで歩いて、それから宜名真に戻ってきて船に乗って北緯27度線での海上集会に参加した。夜はキャンプファイヤーで、辺戸岬でかがり火をあげたら、与論島でも火があがるんですよ。それで沖縄返せと合唱となるという。あの時の印象というのは19歳だったか、覚えています。それと芭蕉布の里、喜如嘉に集まりそこから辺戸岬に向けて出発し、途中昼になって、着いたところ公民館で炊き出して待っていて、それを食べてまた歩き出して、夕方にはまた夕食が用意されていて、島ぐるみ闘争という思いでしたね。いまどきそんな話をしたらそういうこともあったの？といわれる。復帰に際しての貴重な世代でもあるわけですよ。大学でもセクトが入り乱れてきて、ガタガタになっていった。琉大の新聞部とも交流ありましたから、民青と革マルの闘争の最中。

仲　本　比嘉さんも琉大文学のメンバーとの交流があります。新聞部通しの交流の流れがあったのですね。

具志堅　多分そこからの人脈があったと思います。

仲　本　逆に琉大文学の清田政信さんの作品を『発想』で発表したりしてますね。

具志堅　『脈』の特集田中一村も繋がりがあってと思うがどういう繋がりだったのか。

仲　本　私も脈同人として関わったのですが、宮城翼さんとの交流を契機としで特集になりました。那覇市民ギャラリー開設一周年を記念して開催した「田中一村展」の観覧者が三万人余と好評で、詳細は特集に詳しい。特集やろうというのは、比嘉さんと笠利で開催された田中一村展をみたのが契機でしたね。あの頃はまだ一村の住んでいた家も暮らしの面影が偲ばれる状態で残されていました。近くに小川が流れていました。今は移設されています。

※場所を間違えた平川さんが到着。

仲本 今まで話を進めていました。比嘉さんについて思い出などお話いただけませんか。

平川 勝連さんはまだご存命ですかね。

仲本 敏男さんは亡くなりました。

平川 金城さん。

仲本 哲雄さん？

平川 そうそう。なくなったんだよね。

仲本 金城哲雄さんも『脈』の同人でした。

平川 コザ暴動で、ラジオインタビューで「沖縄人は人間じゃないのか」と、それをしゃべった人の名前が結局最後まで分からないらしいんですね。二十歳くらいの青年だったと覚えている。叔母がコザで保育園をやっているものですから、そこの雑用したらアルバイト賃あげるものだから、叔母のところめざしてバス乗ったら、バスが全然動かない。普天間あたりで降りて歩いていったら、車が焼け、街路樹も焼けていた。

仲本 私は丁度東京でしたので、興奮した同級生から大変だと電話で状況を教えてもらいました。

平川 あの時代はいろんなうごめきがあった。比嘉さんとも同じ時代の空気を吸っていたと思うと感慨深いのがあります。

仲本 もっとお話を伺いたいのですが、コロナ禍でこのカフェの決まりごとも気になりますので、この辺で閉じたいと思います。ありがとうございました。

佐々木　薫

追想――己を没頭しつくした独自の表現者――

私が『季刊　脈』の同人に参加したのは１９９０年9月発行の41号からである。今から31年前のことなので、なんのキッカケで、誰に誘われたのかもよく覚えていない。

押入れから、色褪せた『脈・41号』を取り出してみたところ、当時の同人６名（仲本瑩、山入端信子、照屋全芳、平良重雄、西銘郁和、比嘉加津夫）に私が加わり７名との記載がある。

比嘉加津夫さんの「後記」をみると、「別冊『脈』発行後、しばらく身体の力が抜けていく感じもあり、４１号の取り組みが遅れた。当初『山之口貘賞受賞者の詩とエッセイ』ということで動いたが駄目だった」とあり、企画・発行もかなり難渋していたようだ。「次号は『山之口貘賞受賞者の詩とエッセイ』を行いたい。幸い、今号から同賞受賞者の佐々木薫氏が同人に加わった。佐々木氏には、これまで何回か『脈』に詩を書いて貰った…」とあるので、以前からなんらかの縁があったと思われる。那覇牧志で古書店を営んでいた照屋全芳さんの勧めだったかもしれない。

初参加した41号には「砂時計」「朝三題」の詩が載っている。改めて読み返してみたが、なんともピンとこない。その一方、比嘉加津夫さんの詩にはすこぶる共鳴した。この冒頭7行に込められた自己認識の迷いと疎外感は彼の詩に通底するモチーフであったように感じる。

龍泉寺界隈ストーリー（揺れる時間）

比嘉加津夫

道に追われて竜泉寺近くまでくると
世界を追われ極限まできた
そんな人たちがいっぱいいて
からだが斜めになる
鏡に映る　姿のいちいちを

あの遠い時間の果てのほうからひろって
　ぼくは今何をしているのだろう（冒頭7行）

この「追われる世界」に引きずり込まれ、彼の感覚そのものを自分のことであるように感じてしまう。なぜか。それらの言葉が、「観念」や「思想」からではなく彼の『体感』から発するものだからではないだろうか。

『琉球・島之宝』（創刊号）『脈―個人詩から同人誌へ』の文中に「１９７３年、行きつけの喫茶店で絵画展をしたことがある。職について現実の壁に打ちひしがれ、ますます空白感と虚無的な感じと、ゆえの知らない焦だちが私の意識を占拠していた時だった。何かに没頭しつくしていたい焦燥が私に絵筆をにぎらせた」とある。

彼の描く独特なタッチの女性像は、その仕草、表情にコトバそのものが脈動しているかに思えた。「絵筆」も「ペン」も彼にとっては同じ動機であり情動であったろう。

比嘉加津夫には『記憶の淵』『熔ける風』など６冊の詩集がある。他に評論集、短編集など実に多くの著作がある。さらに『季刊　脈』を１０３号まで継続して発行し、特集「吉本隆明」「島尾敏雄」「関広延」「島成郎」等々を刊行。幅広い人脈による貴重な資料を編みつづけた並外れた編集者であり創作者であった。

１９９４年、比嘉さんのすすめで『沖縄現代詩文庫⑩』として『佐々木薫詩集』を出版した。『同文庫』として出された詩集は以下の通り。

『① 勝連敏男』『②伊良波盛男』『③与那覇幹夫』『④新城兵一』『⑤あしみねえいいち』『⑥幸喜孤洋』『⑦高良勉』『⑧大城貞俊』『⑨西銘郁和』

初めての「自選詩集」を眺めながら、比嘉さんに、「私の後は誰なの」と尋ねたところ、「仕事の方が忙しくてね。よかったら次からあんたが続けてくれないか」と持ちかけられ、「いいですね」と即座に引き受けた。

というのも当時、沖縄の詩人について殆ど無知であった私は、上記９人の「自選詩集」を読んで大いに啓発され、参考になっていたからである。そうした経緯で『新選・沖縄現代詩文庫』を出すことになった。しかし、⑩という区切りがつくと、なぜか力が抜ける。次の予定『松原敏夫詩集』のところで頓挫してしまったのは今思っても残念でならない。

『新選・現代沖縄詩文庫　自選詩集シリーズ』（脈発行所）
　『①市原千佳子』『②中里友豪』『③勝連繁雄』『④砂川哲雄』『⑤宮城松隆』『⑥仲嶺真武』『⑦山入端利子』『⑧上原紀善』『⑨中村多恵子』『⑩かわかみまさと』
（２００６年10月～２０１５年10月）

一昨年11月発行の『脈１０３号』の「編集後記」に「すでに命数は来ているが、出来るだけ無視しているといった状態なのだ。／比嘉が編集責任から降りた場合のことなど考えたりしている」とある。

なぜ編集責任から降りることを考えたのだろう。予算の心配というより自身の健康がすぐれなかったのではないか。その頃、何かの用事で彼の家を訪ねたとき、長い入院生活のせいで足の筋肉が衰えたと言って、机や椅子につかまって歩いていた。心臓バイパス手術を受けた後だったろうか。その二三ヶ月後、電話したときは「酸素ボンベをつけて」生活しているという。慢性心不全で呼吸が充分ではなかったようだ。

比嘉加津夫は厳しい現実をありのまま背負って時代と対峙し、表現者・編集者として、その生を余すことなく全うしたのだ。

比嘉加津夫さん追悼

東郷　毅一

比嘉加津夫さん、偉業を残して下さって、有難うございます。

私が沖縄を訪れたのは、平成8年（1996年）10月だった。その頃、㈱沖縄建設新聞社を訪ねた。比嘉加津夫さんが出て来て名刺を交換。話が弾んで文学のことを、特に詩のことを語り合った。同人誌（脈）を紹介されると同時に詩集も戴いた。その詩集を読んで感動したことを記憶する。翌年の9月に私は福岡へ異動したので沖縄滞在は約一年間であった。しかし比嘉加津夫さんとの付き合いは脈を通して25年にも及ぶ。

脈の同人になって、脈56号に詩、ジャコ（他37編）を発表したのが始まりだった。57号に小説、経営失格。58号に小説、夢の孤人。59号に小説、酒場の唄。60号に小説、別離。61号に詩、あいつ他十九篇。62号に詩、若い頃のメモ帳より。63号に小説、紙芝居。64号に評論、犬田布騒動（仲為日記）。65号に評論、仲為日記（小林正秀訳）。66号に小説、犬田布騒動。67号に評論、生き残れる会社・挫折する会社及びみんなで築こう生き生き会社。68号に小説、アジガナシの伝説。69号に評論、島唄。70号に小説、悲恋の神様。71号に詩、若い頃のメモ帳より。72号に詩、若い頃のメモ帳より。73号に詩、若い頃のメモ帳より。74号に詩、若い頃のメモ帳より。75号に小説、父と子及び追悼文、宮城松隆さん安らかに。76号に小説、思い出。77号に小説、離ればなれの生活。78号に小説、四季の花。79号に小説、虐げられた人々及び詩、放浪日誌改訂版よりその一。80号に小説、虐げられた人々及び詩、放浪日誌改訂版その二。81号に小説、虐げられた人々及び詩、放浪日誌改訂版その三。82号に小説、虐げられた人々及び詩、放浪日誌改訂版その四。83号に詩、お義母さん。85号に小説、お義母さん。86号に詩、若い頃のメモ帳より。87号に小説、友達。89号に詩、若い頃のメモ帳より。91号に詩、若い頃のメモ帳より。92号に詩、若い頃のメモ帳より。93号に詩、若い頃のメモ帳より。94号に詩、若い頃のメモ帳より。95号に詩、若い頃のメモ帳より。97号に小説、島の西郷《せご》どん1。98号に小説、島の西郷《せご》どん2。99号に小説、島の西郷《せご》どん3。100号に小説、島の西郷《せご》どん4。101号に小説、島の西郷《せご》どん5。以上のように作品を発表してきた。著者名は前半が本名東郷毅一を使用。後半が筆名東木武市を使用した。

1997年9月に詩集、電話の向こうからを発刊、発行所は脈発行所、編集者は奥武片里。1999年2月に詩集、似顔絵を発刊、発行所は脈発行所、発行者は比嘉加津夫、編集者は奥武片里。2000年1月に建設叢書③、西郷隆盛と経営学を発刊、発行所は㈱沖縄建設新聞、発行者は吉盛茂信。2015年3月に詩集、お義母さんを発刊、発行所は脈発行所、発行者は比嘉加津夫。2019年3月に詩集、若い頃のメモ帳よりを発刊、発行所は脈発行所、発行者は比嘉加津夫。

この詩集、若い頃のメモ帳が第42回山之口貘賞を受賞した。私が鹿児島市立病院で胃癌の摘出手術をしてベッドに寝込んでいる時のこと。山之口貘賞の受賞を電話で伝えられた。術後の痛みは大きかったが、受賞の報告がこれをカバー。琉球新報の新聞に受賞の記事が掲載され、比嘉加津夫さんはその新聞記事を私のパソコンにメール送信してくれた。2019年7月24日に山之口貘賞の受賞式があって病み上がりの身で那覇市へ向かった。久しぶりの那覇入りである。体力は限界に達していた。表彰を受けながらも頭の中は呆然としていた。比嘉加津夫さんも術後の安静を余儀なくされていた。このために比嘉加津夫さんを訪ねることが出来ず、ホテルから帰りの空港へ向かった。数日後に表彰式の写真が比嘉加津夫さんの息子比嘉正純さんから私のパソコンにメール送信された。この表彰式に仲本瑩さんと比嘉正純さんの二人が出向いて下さった。

それから暫くして、比嘉加津夫さんの訃報が入り吃驚。仲本瑩さんが葬式の日時を知らせてくれた。何とか体力を持ちこたえて式に参加。振り返ってみると色んなことがあった。同人会に誘われて那覇市入りしたこともあった。比嘉加津夫さんに伴われて㈲でいご印刷を訪ねたこともあった。島尾敏雄の特集を組むということで比嘉加津夫さんは鹿児島へ来ることになっていた。私は準備万端整えて待っていたが、実現までには至らなかった。

長寿社会でのご逝去で、あまりにも早すぎる。しかし比嘉加津夫さんは文学一筋に奮励して来た人である。詩集、短編集、評論集などをたくさん残している。比嘉加津夫さん、あなたは作品の中に生きる人間であって、その功績は偉大である。ご苦労さんと一言述べさせて戴いて追悼文と致します。

伊良波盛男

比嘉さんの先導

比嘉さん、この世では、比嘉さん、と呼んでいたので、そのまま比嘉さんを通します。常世でもお元気で、原稿執筆、文芸誌発行、書籍出版など、ご活躍のことと拝察いたします。僕の生誕地池間島の古いしきたりによると、人は宿命をはたして常世へいっても（神様になっても）この世でやっていた仕事を営むと考えられています。

この好機に想い起こしてみると、記憶違いでなければ比嘉さんは若い頃（大学生？）に大江健三郎に逢ってサインしてもらったことがありましたね。僕は、その個性的な筆跡を何かで拝見したことがありました。ここで比嘉さんの名前を知り、盛んな文筆活動に注目していました。

その頃僕は、同郷の女と結婚していました。それからやがて、世にも恐ろしい異変が勃興するが、文学嫌いの彼女に、文学書・哲学書・仏教書などの愛読や詩作行為などを猛反対された。そこで僕は、文学を捨て、表現活動を中断した時期がありました。その後もそのたぐいの反対行為はおりにふれて起こった。考えられないひどい仕打ちとしては、伊良波盛男名義で送られてくる郵便物はすべて処分されて（隠蔽されて）僕の目にとまることはなかった。さらに、不可解なことには勤務先の出版社社長K氏とじかに会ってはなぜか僕の解雇処分を無理強いに要求した。これらは二十代後半から三十代の十年間におよぶ出来事です。

そのほかにも色々さまざまありますが、そのうちに僕は、これまでに経験したことのなかった精神的痛手を負いました。散文詩集『眩暈』の「あとがき」にも書いてありますが、僕は、眼科・内科・神経科・耳鼻咽喉科などをはしごするようになりました。相思相愛と思っていたはずの妻の背後には男の黒い影がゆらめいていました。その黒い影から妻を隠すためにもヤマトへ引っ越したい旨全力で哀願したが、ただちに「ヤマトには絶対いかない」と拒絶された。そのうちに僕は離婚を真剣に考えるようになり、それは女性不信につながった。（その後元妻はヤマトで未知の男と

同居中。彼女に対して憎嫉の悪念はない。幸せを願うばかりだ）

僕は、娘と息子の人生を気づかいながら、単独でヤマト行きを決行し、東京の人材派遣会社に籍をおいて高野山へ通い、出家をめざして十年間沖縄帰省を断念していました。そのうちに、某寺副住職のT老師に正式得度（私度僧名幻海）をすすめられたが、この僕の修行不足と怠慢によって僧侶の道は閉ざされました。

僕は四十代初めの正式離婚後、ヤマトで少しずつ健康をとりもどしました。偶然にも比嘉さんと東京で再会のチャンスがあり、好意的な話を聞きましたが、そのときはまだダメージの後遺症の苦悩を引きずっていました。

それから歳月を経て七十代前に、ほんとうに久しぶりに比嘉さんに電話しましたら喜んでいただき、しかも「脈」同人にさそってくれましたね。ここに無明長夜は明け、僕は生き生きとして文学活動にはげみました。比嘉さんの好意的な原稿注文を受けて「脈」誌上に小説を発表するようになりました。

僕のささやかな小説の才能に関して「伊良波さん、小説書けるよ」とはじめて進言した人物は詩人の飯島耕一だったが、比嘉さんの積極的な推薦があって「脈」誌上に小説を次々と発表するようになりました。ちなみに、発表順に表題を記してみるなら、「出家」、「キューピッドの矢」、「神歌」（「神歌が聴こえる」に改題・改稿）、「何もかも清らかなり」、「我ひとり孤島に立つ」、「魂の蘇生」、「神の誤算」、「あの世に架ける橋」、「夜叉の如く」、「蓬転の旅」、「オオダコ」、「残光」、「上海の愛漣をさがしています」、「ドンキホーテ」、「ニルヤカナヤ王国」、「明けの明星」、「雨音」、「酋長」、「夢物語」、「池上一族のサニの秘密」など20篇。72歳から77歳までの5年間の小説です。その他にも別誌に10篇発表しました。

僕は比嘉さんの継続的なささえによって小説を書く創作の自由と喜びを手に入れ、自己流の小説作法も身につけるようになりました。比嘉さん、ありがとうございました。

（高野山真言宗参与会会員／平成4年入会№22726）

樹乃　タルオ

追悼・比嘉加津夫さん
――編集者であることと表現者であることとの間――

おそらく誰に対してもそうであったのかも知れないが、中でも僕はよくしてもらった方ではないかと思っている。なにしろあるがままの僕をまるごと受け止めてくれたのは彼一人だったのだから。彼の前では僕は素でいられたのだ。「おまえの書いたものは吐き気がする」「おまえは童顔の悪魔か」「おまえにはまるで才能というものが感じられない」。どれだけの人に僕の文章は酷評され拒絶されてきたことだろう。そんな僕の作品にたいして比嘉さんだけは肯定的であった。拙著「燠」「二月の砂嘴へ」の書評を心よく引き受けてくれただけでなく、新聞紹介まで労をとっていただいた。遡れば機関誌『発想』の頃からの付き合いであった。

１９６３年。僕は首里の湾処（文芸部室）を引き払いコザ市に居を移していた。安慶田原（アゲダバル）の川沿いだった。新しい土地で暮らすにはまず川に沿いなさいというのが大伯母の教えであった。

「ワッターはハマチドリ（浜宿り人）の子孫だから」というのがその理由のようだった。そのせいだろうか。海岸べりや、川べりに来ると妙に人心地を取り戻したような気分になる。だから、ここしかなかった。まず、トタンを被せただけの建付けをしつらえた。そこへ比嘉さんは何度か訪ねてきたのだった。その度に僕はコザ十字路のバス停を指定。出迎えて案内しなければならなかった。戦後、各収容所から解放された人々がコザ十字路界隈に溢れ、地所取り競争がイクサになったに違いない。区画整理もなにも無秩序な地割がなされ、道という道はその混乱を今に残していたから、口で道順を伝えることなど煩わしいかぎりであった。だから迷路の奥の我が家までお連れするしかなかった。

それにしてもあの頃那覇は近かったものである。なにしろ片道40分の時代であつた。エイサー歌にある「ワッターがワカサタイネースイナーファンタッチキムッチキ」というのはあながちムリのない話ではなかったか。那覇に集まりや催し物があると、いつでもはせ参じることができた。比嘉さんとはのべつどこかで顔を合わせていたもんである。その四十分が今じゃ二時間。加えて我が老齢の足が那覇をいや増す遠さにしている。出版祝賀会等、比嘉さんに関する催し事にも足を運べなくなってから久しい。タッチキムッチキはいよいよ隔世の感になってしまった。

今回の告別式さえ遠くから掌を合わせて拝ませてもらった始末。申し訳ないことである。

ところで、ついでながら、わが迷路の奥のトタン屋の話をすこしだけ……。おとなった文学仲間たちに山本康八・中村清・岸本守仁・関広延・西銘都和・高安昇・幸喜孤洋等があった。あの頃は寄ると触ると酒を酌み交わしたものだった。さだめし椎名麟三の「深夜の酒宴」ではなかったか。半ば文学のあぶれ者たちが吹き溜まり、土曜日の度ごとの文学談義から映画論、絵画論、新刊書の話題へと飛び、政治の話になると熱くなりすぎてあわや殴り合いになることもしばしばだった。今から思えば隣近所にとってははた迷惑なことこの上ないことであったに違いない。そんな集まりの中から同人誌「非世界」（１９７３年）の創刊号は実を結んだのであった。

もっとも、比嘉さんの個人誌「脈」の創刊は１９７０年だからだいぶ早かったのを記憶している。

ただ、「非世界」の場合、安慶田の川沿いを拠点にしていたから、那覇とは一線を隔するカタチになったのは致し方のないことではなかったか。

今改めて比嘉さんとは何だったのだろう。誰もが認める名編集者であり、自らも小説、詩、エッセー、評論を物するマルチ作家ではなかったか。絵画でも文人画を超えていたかどうかは別として個展を開いたり、年賀状や書簡等でそのセンスあふれる意匠を愉しませてもらったりしてきたものである。器用なのだ。編集者とは器用でないと勤まらないものなのかも知れない。

逆に表現する、クリエイトする側というのは不器用であってもかまわない。心身にハンディのあるなしも問わない。偏愛的――大いに結構。要は作品がすべてだということだ。

残念ながら、不器用は一人では飛べない。飛ばせる人たちに支えられて飛べるということだ。たまたま才能とチャンスに恵まれ、作品が時代の求めに迎えられれば「何とか賞」にありつける。ブランド力すなわち商品価値が生まれるのだ。うまく乗れれば、文運に恵まれたということになるのだろう。でも、この幸運はほんの一握りの人たちで占められ大方は別の生き方を探るか、文学同人としての方途を模索するかということになるのではないだろうか。比嘉さんも僕もこの組に入るのだろうと考えている。

七十二年沖縄返還を機に比嘉さんと僕はそれぞれ同人誌を核に活動するようになった。ほぼ五〇年。交流を持ちつつ今日に至っている。旺盛な執筆意欲。さまざまな企画力はとても及ばないものの比嘉さんは僕にとっては同時代の鑑であると思っている。

くどいかもしれないが、編集者とは、もう一度あえて問わせてもらおう。表現者を飛ばせる専門家のことではあるまいか。そのために彼は人なみ優れた時宜を嗅ぎ分ける鼻とワザを持っていなければならない。勿論、そのための日々の営為、とりわけ鼻のセンサーを磨くことを忘れないだろう。比嘉さんの場合、その成果の如何を問わず、長年続けてきたこれまでの「脈」の活動ですべて晴らされたのではあるまいか。もしそうであるなら僕の言うことなど何もない。

ただ、表現者とはあるいは自己の魂の存在証明に飢えた者（あるいは飢えた者たち）のことであるとするなら、それだけでは収まらなかったのが比嘉さんではなかったか。編集者に徹しつつも、自己の中の「表現者」を葬りおおせたとはとても思い難いのだ。

「走る馬」を読むとそういう印象を持ってしまう。確かに渾身の力作であろう。作品論については多くの文学仲間の皆さんにお譲りするとして、ひと言だけ……。

「走る馬」とはあれは、表現者比嘉さんのユニコーンだったのではないのか。平和な日常にこそ潜む意識下の反乱。しかし、あの頃なぜそれが比嘉さんに起こったのだろう。あえて名付けさせていただくと「荷下ろし不安」ということではないか。そんな用語があるかどうかさえ僕にはわからないのであるが、あえてそう言わせていただく。

根拠を問われれば「いまマンガは文学作品よりずっと高度な作品を生んでいる」（吉本隆明『全マンガ論』）にある。

メール対談で清田政信、城間喜宏、古井由吉等について軽いユンタク程度のやりとりをさせていただいたことがあるのであるが、一区切りついたところで、ここらあたりでマンガ論でもやりましょうかということになった。比嘉さんはとても乗り気だったのでつげ義春はどうだろう。それとも杉浦日向子にしようかというところまで話は弾んだ。ただ、僕の方に準備不足のこともあって時間を頂戴させていただいたのであるが、それがそのままになってしまった。返す返すも残念なことである。

もし続いていたとしたら気がかりだった次のことを比嘉さんに尋ねてみようと考えていた。吉本のいう「高度な作品」とは奈辺を指して言うのだろうか。この問いの前に僕は立ち尽くしたまま一歩も踏み出せていない。これから僕は独りでその答えを探しに出かけなければならないのだろうか。……でも、大きな宿題をありがとう。比嘉さん。

「同人誌」の編集者──比嘉加津夫の一面

仲程　昌徳

比嘉加津夫文庫⑳は、表題を『同人誌の時代』とし、最初に同題になるエッセーを置いている。比嘉は、それを「私ごとからこの稿をはじめることをお許し願いたい。かつて（一九八二年）『脈』は十、十一、十二号で『沖縄戦後同人誌』を連載したことがある」と始めていた。

『脈』十号を飾ったのは大湾雅常の「珊瑚礁グループ」である。比嘉は、「珊瑚礁同人」を「同人誌」のジャンルに組み込んでいいものかどうか迷ったというが、「文学活動の得意な形態として」取り上げたという。比嘉が迷ったのはよくわかる。それは比嘉が書いているように、「珊瑚礁同人」の作品発表の場が、「同人誌」ではなく新聞紙上であったことによる。

新聞紙上を同人の作品発表の場とした前例がないわけではない。「榕樹派同人」がそうであった。昭和戦前期の新聞の保存が不明で、ときたま発見される断片でわかるだけだが、一九三六年七月一日『琉球新報』は、「榕樹派ポエジー展　第六回」として仲村渠、牧港篤夫（篤三）らの作品を掲載している。「珊瑚礁同人」は、明らかに戦前の「榕樹派同人」の活動形態を踏襲しているのだが、そのことはともかく、比嘉が、迷いながらも「珊瑚礁同人」から、「同人誌」の連載を始めようとしたのには驚かされる。

比嘉が「同人誌」に関するエッセーを「珊瑚礁グループ」から始めようと考えたのは、「戦後文学」の初発といった問題と関係しているが、「同人誌」を取り上げようという考えはどこから出てきたのだろうか。

沖縄県立図書館が「県内・県外で刊行された沖縄関係雑誌３０２点を収録した」『沖縄関係雑誌・展示目録』を出したのは一九八一年十一月。比嘉が、『脈』で、「同人雑誌」について関係者に寄稿をお願いしたのは、図書館の沖縄関係雑誌の展示に啓発されたことによるのではないか。雑誌展示は、比嘉に、「同人誌」の持つ意味を、あらためて検討してみたいという気持ちを起こさせたのではないかと思うが、『沖縄関係雑誌・展示目録』には、もちろん「珊瑚礁同人」というのは出てなかった。

比嘉が、「沖縄戦後同人誌」を、「珊瑚礁グループ」から始めたのは、その意味でも型破りであった。比嘉の才腕をうかがわせる一こまであるといえた。

「同人誌」の連載は惜しいことに三回で終ってしまう。比嘉は、「同人誌」に関するエッセーの連載が三回で終ったのは、「もっぱら編集サイドの無力ゆえである」としていた。そしてそれは確かにそういうこともあったのであろうが、比嘉のこの試みは、一九八五年十二月に刊行された『季刊おきなわ』の特集を生み出す機縁になったのではないかと思うと、三回だけであったとはいえ、いかに啓発的な試みであったかがわかる。

『季刊おきなわ』の特集「同人誌・個人誌の現在」で、比嘉は『脈』について」を書いている。そこで比嘉は「同人誌」の必要性、「同人誌」の変容、そして「同人誌」の競合について述べるとともに、『脈』が、「自らのテーマに執拗に喰い下がり、取り組み、成果をひろげていく『作業場』になればいい」と考えていると書いていた。

「同人誌」は、比嘉が言う通り、一つには「同人」たちの「作業場」であるに違いない。そしてあと一つには、その「作業場」を、どう開放するかということがあるが、比嘉にとって「同人誌」は、表現者としてのありかたと編集者としての在り方とが共に問われる場でもあったといえる。

比嘉は、その両者をよく生きた人であったといえるし、とりわけ編集者として、際立った能力を発揮したことは、いちはやく「同人誌」を取り上げていたことにあらわれていた。それと関連してあと一つ付け加えておきたいことがあった。それは、崎原恒新が一九七一年『沖縄タイムス』に連載した「沖縄地方文学史」を、二〇一二年五月『脈』12から転載し始めたことである。崎原の書誌的な仕事に目を向けたのは、比嘉が、そのようなじみな仕事がいかに大切であるかをよく理解していたからにほかならない。沖縄の文学がどれほど脚光を浴びようが、その書誌的な研究にまで及んでいくことはないことを知っていて、あえてそこに目を向けさせようとしたのである。と同時に、そこには「同人誌」がいかなる役割を果してきたか、知ることができるはずだという確信があったにちがいない。

「同人誌」発行に情熱を注いできた人にして見えることであった。上間常道に続いて優れた編集者でもあった比嘉加津夫を失ったのは残念である。


（元琉球大学教員）

晩年の接点あればこそ

天久　斉

　比嘉加津夫さんと知り合ったのは、私が勤務する古本屋の店主であった照屋全芳が比嘉さんと共に創作活動を行うようになった１９８３年頃だと思う。比嘉さんと照屋を含む総勢11人の書き手による短編小説アンソロジー『背光と影』が当店初の出版物として世に出たのがこの年で、さらに言えば比嘉さん主宰の『脈』に照屋が同人として加わるのもその頃であったはずだ。以後、私も照屋のお供で比嘉さんにお会いする機会が増え、時には酒席をご一緒したりもしたが、私自身は創作どころか文学にほぼ関心がなく本をよく読む人間でもなかったから、比嘉さんには語り甲斐のある相手とは感じられなかったに違いない。実際に双方で会話が弾んで楽しかったという記憶は私にはほとんどない。

　また比嘉さんが当店を訪れて本を買ってくれた光景も思い出せない。宜野湾の本店とは別に那覇に牧志店があり、その２階に照屋が自宅を構えていた時期があったので、単に私が知らないだけで、比嘉さんが牧志店と照屋を窓口に有力な顧客であった可能性は高いが、照屋から具体的報告を受けた覚えもなく実情は不明のままだ。その照屋も１９９７年に失脚し表舞台から姿を消したので、比嘉さんと私のつながりはますます希薄になった。

　それでも年賀状のやり取りをする程度の間柄はずっと続いていたが、２０１８年８月にその状況に大きな変化が生じた。比嘉さんが亡くなる1年ちょっと前の話で、これから紹介する晩年の重要な接点があったからこそ、比嘉さんとは縁遠かったはずの私もこうしてこの追悼集に末席をいただけることになったのだと思っている。

　比嘉さんから以下の文面の電子メールを受け取ったのは、２０１８年８月10日のことである。

天久さん

上間さんの逝去はくやしいかぎりです。

個人的にも尊敬していましたし、『脈』も装幀等で大変お世話になりました。

99号はすでに「吉本隆明の師 今氏乙治アンソロジー」の特集で走っておりますが、第2特集として上間さんの追悼を入れたく思いました。

そこでお願いなのですが、天久さんにも是非追悼文を書いて欲しいのです。

締切日は10月1日です。よろしくお願いします。

比嘉

さきほど「比嘉さんが当店を訪れて本を買ってくれた光景も思い出せない」と書いたが、実はパソコンの扱いに手慣れた様子の比嘉さんから、メールで欲しい本の注文を受けたことが晩年に何度かある。私は近況を尋ねる添え書きをしながら応対返信し、比嘉さんからもきちんと返事が来たので、かつてかなり離れていた精神的な距離が少しずつ縮まっていくように感じられた。だが本の受け渡しには長男の正純さんが代理で来店されるのが常で、比嘉さんのお顔を直接拝見するのは多分15年くらい前からずっと途絶えたままであった。そういう時期にもらった突然の依頼文だったのである。ちなみに「上間さん」とは長年にわたり沖縄タイムス社出版部に勤務していた編集者の上間常道さんのこと。その上間さんが２０１８年８月１日に亡くなったそのわずか９日後のメールである。「個人的にも尊敬していましたし、『脈』も装幀等で大変お世話になりました」とはまったく知らなかったことで、あの『沖縄大百科事典』をつくった上間さんと比嘉さんとの繋がりに俄然興味がわいた。いったいお二人はいつ頃から、どういうお付き合いをされていたのだろうか？

比嘉さんから原稿を依頼されたのは、もちろん初めてである。仕事上で接触があった上間常道さんを追悼するエッセイなら書けそうな気がしたし、締切がほぼ二か月先と余裕がある点と「４００字詰めで10枚を予定しておりますが、これはあくまでも目安。何枚でもかまいません」という字数制限の緩さも好都合だった。

それから20日経過した8月30日に18枚分の原稿を提出することができたが、比嘉さんからは「内容も天久さんしか書けないリアル性があり、大満足です」と一定の評価をいただけたことは非常に嬉しかった。初対面から30数年たって、やっと自分の存在を認められたように思った。

そして原稿の校正も終わり、いよいよ出来上がる雑誌が手元に届くのを待っている段階で、遅まきながらどうしても比嘉さんに尋ねてみたいことがあった。なぜ私を今回の追悼特集の執筆者に選んでくれたのか知りたかったのである。今なら聞いてもいいだろうし、多分相手も答えてくれるはず。少し緊張ながらメールで問い合わせると、比嘉さんはこう返してくれた。

息子から、上間さんの蔵書、入札でじのんが取ったということ聞きました。じのんと上間さんの関わり、おもしろいと思ったのです。期待通りの原稿が寄せられ、また上間さんらしい気遣いもかかれていて、「これはいい」と思ったものです。

そういう背景を知らないまま書き進めた原稿だったが、まさしく上間さんの蔵書を買い取った話にかなりの字数を費やしており、結果として老練な編集者・比嘉加津夫氏の狙い通りになったわけである。何しろあれは私の長い古本屋稼業においても指折りの買取エピソードであり、書く素材としてすぐに思い浮かんだのだが、逆に言えばもしあの買取の一件が伝わっていなければ、上間さんに関して私が何かを書けるという発想はさすがの比嘉さんにも生じなかったことだろう。

巡り合わせの妙に感謝するとともに、期待を裏切らずに済んで良かったと胸をなでおろしてもいる。

比嘉さんの逝去後、さらにありがたい役目を仰せつかった。何と比嘉さんの蔵書も当店が買い取らせてもらったのである。まさか比嘉さんご自身が何らかの遺言をしたためていたのか？　と勘繰りたくもなるが、あくまでも比嘉さんがお亡くなりになった後でご遺族である正純さんが自主的に決めたそうだ。その際『脈』の同人で比嘉さんに最も近しい文学仲間だったと思われる仲本瑩さんに参考意見を求めたであろうことは、私との交渉の場にお二人がご一緒だったことで察しがつく。

ご自身が詩人・小説家・評論家として学生時代からの長い文筆歴を持つ比嘉さんの蔵書は、やはり文芸作品や文芸評論書が主体だったが、編集者・出版者の貌も持つ人ゆえ実務面を含む関心もあったのだろう、その分野に関する文献も少なからずあった。そしてありがたいことに当店が最も得意とする沖縄関係書もかなり所有していた。単行本だけではなくご本人が携わった『発想』や『脈』などの同人誌の古い稀少なバックナンバーも含まれているのにはちょっと興奮した。だが何といっても島尾敏雄と吉本隆明に対する思い入れの深さは一目瞭然で、個人全集をはじめとする両人の著作のみならず、島尾敏雄論・吉本隆明論のたぐいまでが、他に比べれば重厚な造りの木製本棚に数多く配架されている様に、比嘉さんのこだわり・執念が見て取れた。おそらく後年はネットで「島尾敏雄」「吉本隆明」と検索ワードを駆使して、関連文献を探しまくっては片っ端から手に入れていたのではないか。アマゾン経由で購入したことがわかる伝票を挟み込んだ本が次々と出てきたから、この予想はかなり的を射ているはずだ。身体の自由が利かなくなり車椅子の生活を余儀なくされたという晩年には、ネット書店(新刊・古書を問わず)の充実ぶりと検索・注文・配送システムの革新にかなり慰撫され励まされたに違いない。

ところで比嘉さんの蔵書買取では、査定及び運び出しを完了させるのに都合20回ほど比嘉邸を訪問しなければならなかった。空前の事例である。こう書くと誰しも「そんなに本がたくさんあったのか!?」と驚くはずだ。私の過去の経験と照らし合わせると個人からの買取としては確かに最大の分量だった。20坪程度の古本屋ならすぐに開けるほどである。一部の本の発行年の古さや傷み具合からして、かなり若い頃(20代前半? いやもしかしたら10代後半?)から買い続け貯め続けた蔵書であろう。ただ、たび重なる訪問はこのすさまじい量だけが理由というわけではない。それ以外にも複数の要因が絡み合ったために思いのほか日数を要したのであった。

分量以外の複数の要因には、比嘉さん側のものと当店側のものがある。まずは比嘉さん側の要因として、住宅の作りと立地があげられる。三階建ての自宅ビル(一階は貸店舗)の書斎兼仕事場である二階、そして書庫として屋上に設置したプレハブ(つまりは四階に相当する)に保管されていた大量の蔵書を階段を使って人力で降ろす作業に、それはそれは骨が折れた(エレベーターは無し!)。しかも降ろした本を車に積み込む際、理想的には階段を下りた目の前に車を横付けしたいところだが、そこは交通量が多い那覇市曙交差点角の左折車線。停めれば確実に大渋滞を招いてしまう。よって北側に50メートルほど離れた左折車線が始まる手前の路肩に駐車をして、その間は台車を使うことにした。紐で縛った幅30~40センチ程度の本の束を両手に一つずつ持って階段を下り、一階の歩道脇にいったん置いてまた階段を上る。これを繰り返すこと50往復、合計で100束の本を建物から運び降ろし、それから台車で50メートル先の車に積む。これが一日分の作業目安だった。

当店側の要因としては、昨年買い替えたばかりの車(ホンダステップワゴン)が意外に積載能力が低く、思うほど本を積み込めない点が一つ。基本的に乗用車であり、荷物を大量に載せるのには向いていない車種なのである。それでも少し無理をして１００束は収容するようにした。次に、あの頃は別件でも大量買取が重なって店内通路に本が所狭しと積み上げられており、本を置ける空きスペースがほとんどなかったため、比嘉邸と店とを一日の間に何度も往復するピストン輸送は見送らざるをえなかった点が二つ。さらに言えば、出張買取は私一人で対応しているため必然的に作業に時間がかかる点が三つ。

これらの要因に加えて双方の日程的な都合もあり、コロナ禍の状況で長期間訪問を控えたことも複数回あったので、査定のために昨年夏に初めて比嘉邸を訪れた日から最後の片付けまでに、ほぼ半年を要した。

それを一人でこなした分、過酷さは半端ではなかったものの、不思議なことに「この作業は決して嫌いではないな」と途中で幾度となく思った。対象がバラエティーに富んだ本たちなので見ていて飽きないし、当然のことながらのちのち利益を生んでくれることへの期待もある。そして何より、作業に費やす体力・気力・判断力を自分自身十分に持ち合わせていることを要所要所で確認できた点が非常に大きかった。「俺は古本屋として、あるいは片づけ屋として、ポイント高いわ！」。こう心の中で何度叫んでは悦に入ったことか。この仕事について39年、なお生涯現役を公言している私にとって、今さらながら自らの資質と能力を信じられる絶好の機会になったのである。本の持ち主だった比嘉加津夫さん、そして当店への売却を決めてくれたご長男の正純さんには、その意味でも心からお礼を申し述べたい。お陰様でこの仕事を選びここまで長く従事してきたことをあらためて気持ち良く肯定することができました。本当にありがとうございました。

（ＢＯＯＫＳじのん店長）

比嘉加津夫覚え書き

仲本　瑩

◇はじめに

　比嘉加津夫のことを考えると、まず、彼は編集者として評価されたかったのか、それとも表現者として評価されたかったのか問い返してしまう。彼への評価の集中するところは、編集者としてのそれであり、小説、詩といった文学作品ではない。小説、詩といった作品群が正面切って論じられたとはいいがたい。評論では「平敷屋朝敏」、「島尾敏雄」論は俎上に載せて論じられることは多い。

　比嘉加津夫は小説家、作家として評価されたいという思いが、いつも彼の根底にあったと信じている。彼は作家として東京に出て自立したいと思った時期がある。その時三名の人物に進路の相談をしたと漏れ聞いている。吉本隆明であり、大江健三郎であり、そして大城立裕である。誰も明確に東京行きを後押しはしなかった。大城立裕は沖縄でもやれると諭し、それに従ったとも言える。彼のそういったプロ意識は表現への厳しさ、同人誌発行の姿勢の厳しさとして貫かれていたといえる。

　小説では初期の、例えば『比嘉加津夫文庫⑧　河岸で』所収の作品群はすでに出来上がっている感に打たれる。これと呼応するような詩集『記憶の淵』も注目に値する。わたしは比嘉加津夫版「エリアンの手記と詩」だと受け取った。彼の感性の、作品の、孵化場だと思っている。比嘉加津夫については、もっと彼の作品論が出てきて欲しいというのが正直な思いだ。

◇『脈』廃刊のこと

　『脈』の編集体制を同人合議方式から、比嘉加津夫主宰方式に切り替えたのは、健康不安と『脈』１００号達成へのスピード化が根底にはあった。また、同人内に括られる狭い同人誌内負のスパイラルを懸念したことでもある。その方式を強く推奨し成功していったのはいいが、次の私の懸念は、一編集者として欲が出たことだった。

『脈』と『Ｍｙａｋｕ』を合体して、『脈』79号以降は比嘉加津夫主宰として展開した。表現者として小説、詩、評論にもっと軸足を据えないと残りの命の使い方がうまくいかなくなる、というのを懸念として『脈』の今後のこととして、いくつかの提案をしてきた。軸足を表現者として命を使い切るには、今の『脈』の特に編集システムを変えることが必要だった。

比嘉加津夫は、最後まで一編集者と表現者の二足ワラジを脱ごうとはしなかった。よほど居心地のよさをかみしめていたかも知れない。ただ、身体のきつさから、編集工程の作業からより解放されるシステム構築には、歩み寄りが強くなっていた。そんなシステム構築をやる方向性の確認のもと、１０４号～１０６号の入稿作業を私は引き受けた。

１０６号発行をメドに、入稿作業をＷｏｒｄからＩｎＤｅｓｉｇｎソフトに切替、アウトソーシング含めた体制構築をめざすことを意味していた。しかし、２０１９年の夏あたりから健康状態が悪化し、本人の口から12月あたりまでしか持たないという言葉が漏れ始めた。息子の正純氏ともに主治医との面談でも、主治医は聞かれた余命について、「いつ何が起きてもおかしくない」と答えるのみだった。主治医は、はっきりは明言しないながらも、それは余命ゼロ宣言の意味だと正純氏と私は受け取った。12月までしか持たないと洩らしたおりに、「そうなったら脈は廃刊にします」ということに対して、「そうするしかないな。そうしてくれ」との返事だった。脈のシステム構築は比嘉加津夫の存命前提のシステムでしかなかった。次倒れたら保証はないとの主治医の言うように救急搬送され、容態急変したのである。12月10日のことだった。

脈の１０４号～１０６号は同時進行で進めようという流れにしていたので、即刻どうするか対応する必要があった。私自身期日を区切られた大きな作業を３つ以上抱えていて、２０２０年暮れまでタイトなスケジュールの中に居た。１０３号で廃刊とし、進行している作業に区切りを打つことが早急な課題だと判断し、その旨関係者に通知した。いくつかの不義理が生じ、心痛い。また、『飢餓陣営』をはじめ関係者の対応もありがたかった。

もうひとつには、『脈』の財政的なことでは、同人はページ負担としたが、発行にともなうその他大部分の負担は比嘉加津夫の資産からの負担があった。比嘉加津夫存命の折は比嘉加津夫自身の資産運用でできたことも、逝去後は相続者の負担になる。相続にあたっての資産の生前整理でやっておくべきことが多々あったが、息子正純氏が奮闘しており、相続手続き完了まで期間がどれくらいかかるか懸念されることもその時はあった。『脈』の発行が進行していくと相続者との費用負担の問題等の精査を必要とした。正純氏ともその辺詰めていくと、103号での廃刊として区切りを打つことがベターと判断した。

◇同人誌『脈』のこと

平敷屋朝敏の縁ということにつきる。平敷屋朝敏生誕250年をめぐる顕彰の渦の中で、比嘉加津夫、又吉洋士、仲本瑩、西銘郁和が出会って、即同人誌スタートとなった。比嘉加津夫と又吉洋士はマスコミ労協での活動を通しての縁だった。又吉洋士はマスコミ労協議長、比嘉加津夫は沖縄建設新聞労組の委員長。又吉洋士は高校時代の一期先輩で、放送部にいて私の放送劇作品を演出してもらった。東京の大学に進学していた彼を頼って上京し、大学受験まで彼のアパートに転がり込んでいた。東京時代の文学のよき語り相手であった。

帰って来て、「平敷屋朝敏研究会」の立ち上げの話がありそれに乗った。朝敏の作品「若草物語」「苔の下」「貧家記」「万歳」を原文から読み下す作業が中心だった。組踊『手水の縁』は伊波普猷『琉球戯曲集』所収を底本として、民間流布本との校合から始めた。会員の提供した研究会の場所は、コザの特飲街、吉原の中にある一室だったので刺激的な研究会だった。その成果は1983年に『平敷屋朝敏』として出版した。西銘郁和は、当時の勝連町平敷屋で『貧家記研究会』で朝敏に関わっており、新聞の投稿含めた流れの絡まりの中で、同人誌『脈』が誕生していったと思う。

『脈』23号は、個人誌『脈』を発行した比嘉加津夫の視点では個人誌の終わりである。又吉、仲本、西銘は同人誌としてスタートしたとの受け取り方である。同人視点では、同人誌のスタートである。いわば23号は両面を持つものである。『脈』としては第2期のスタートである。印刷費の相応負担から見ても、実質的な同人誌といえる。

『脈』への参画は平敷屋朝敏の縁もあるが、この稿の「はじめに」でも触れたように、比嘉加津夫のプロ意識で物を書くという姿勢があったからである。それは年4回、締切りを守りながら発行することから始まったといってよく、この姿勢は『脈』が一貫して持ち続けようとしたものである。

『脈』は流れとして5期に分けて見ることができる。現象的なくくりだから、内実的な解体作業では別な括りも見えてくるだろう。まず、1号~22号は比嘉加津夫個人誌としての『脈』であり。寄稿を織り混ぜての編集である。23～50号は特集を中心とした『脈』である。同人も特集の責任編集を分担している。編集作業も現在と違い印刷所でオペによる入力が主体である。印刷コストも現在とは桁ちがいで、よく同人も頑張ったと思う。自分の原稿以外に特集への参画があたりまえなので、二重の負担ともなる。

その体制に息切れが忍び寄り、特集にこだわらず、ここぞと思う特集をときどき織りまぜ、同人作品を中心とした編集とした。その時期は51～71号あたりまで３期として括った。71号（２００４年６月）から72号（２０１０年12月）までに６年間の空白がある。72号から新メンバーが増え４期のスタートとなった。71号から72号までの空白には別の理由もある。それは沖縄建設新聞社の社長就任である。

比嘉加津夫が沖縄建設新聞の経営へ関与していく流れは、別途整理する必要があるが、流れは２００１年の取締役、２００２年常務取締役、２００４年代表取締役社長（２期）、２００８年会長就任となり、２００９年退社となる。社長就任の年の12月に『脈』71号を出し、退社後の翌年２０１０年から活動開始となる期間と呼応している。

２０１０年の活動開始とともに書評誌『Ｍｙａｋｕ』を発行。２０１３年８月、18号で終刊とした。それは『Ｍｙａｋｕ』を本体の『脈』と合併させるための終刊である。

『脈』は停滞をバネに変化を模索してきたともいえる。その動きの中で三脈構想も浮上した。本体脈、詩脈、書評脈、あるいは小説脈、俳句脈という具合にである。突出して活動している領域のエネルギーを本体脈の流れと切り離して活かす方法である。その流れの中で、佐々木薫、仲本瑩それに沖野裕美が加わって詩誌『あすら』を立ち上げた。比嘉加津夫は書評誌『Ｍｙａｋｕ』を立ち上げた。詩誌『あすら』は自立したものとなったので、書評誌『Ｍｙａｋｕ』と『脈』を分散から集中へと転換したのである。

それには４期の『脈』の発行が年４回ペースから、逸脱の方向に流れかけていた。それを比嘉と私は『Ｍｙａｋｕ』を特集号『脈』として、発行に割り込ませ年４回ペースをカバーしようと考えた。結局、比嘉加津夫を主宰とする『Ｍｙａｋｕ』と本体『脈』の合併号としてスタートさせた。それは79号『特集　吉本隆明と沖縄』として今後の『脈』の流れを決定づけた。

第２期も特集形式だが、両者の差異は同人参画か主宰中心かの違いがある。また、第２期は同人も特集への執筆参画を原則としたが、第５期は執筆参画を自由とした。同人へは特集以外の自由執筆参画を確保した。また、特集とは別の寄稿も取り込んだ。それが１０３号まで継続された。

沖縄内に閉ざされない領域への拡大は一定の成果を見たと

思う反面、沖縄の内部の見落とされたものの深掘りも必要で、107号以降はそれとのバランスも志向していこうと話していたところだった。

◇建設新聞のこと

比嘉加津夫は沖縄建設新聞の取締役、常務と進み経営の責任を負うようになる。どう経営を推し進めるか試行錯誤の中にあったと思う。そのときささやかな研究会を立ち上げた。又吉洋士の発案から始まった気がするが、マスコミ、メディア研究というより、現状分析といった類いのものから入っていった。メンバーは他に佐々木薫が加わった4名で、私のアパートで割と集中的にやった。又吉さんに自社の経営分析をやって貰ったし、比嘉さんから建設新聞の問題点の提起があった。沖縄タイムス、琉球新報、タイムス住宅新聞、建設新聞と大手二社と業界紙の現状把握の上にたった建設新聞の課題の掘り下げに進んだ。

沖縄の建設業界は「沖縄建設新聞」、「沖縄テレコン情報」、「建設新聞出版」の三社が競合していた。媒体として新聞の「建設新聞」に対し、二社は入札・工事情報をFAX、WEBで配信していた。建設新聞は紙媒体を中心とした情報の配信で他二社の速報性には遅れをとっていた。沖縄の狭い市場では、不況も加速する中このままでは二すくみで共倒れの公算が大きく、三社合併という選択肢がベターと確信できた。建設新聞の内情を把握していくと、設備投資の老朽化が目についた。特にIT環境の構築は急務であった。

建設新聞の近くに「大安《だいやす》」という、8名座ればギュウギュウ詰めとなる小さな居酒屋があり、そこで話し込むのが多くなった。又吉さんが居たり、ボーダーインクの宮城正勝さん、タイムスの上間常道さん、ロマン書房の照屋全芳さんが居たり、経営話題が中心なり、いつしか文学の話に落ち着いていく流れだった。

ふたりで話し込む時は前島の比嘉加津夫のいきつけの店で、ビールばっかり飲んでいた。私はNTTを退社しており、その時は契約社員としてT社で、ホームページのメンテに従事していた。社長就任時エンジニアとして私の技術を使って欲しいというわけで建設新聞に入社した。その前に経営コンサルタントに会い、三社合併の進め方のレクチャーを受けることを条件とした。示した改革案はすべて支持して貰った。休眠状態だった出版事業も復活させ、「建設Ｐｉｃｋ―ＵＰ」「企業空間」など、正純氏の営業努力もあって、楽しくかかわらせてもらった。

記者として、行政トップとのインタビューをはじめ、建設業界の豊かな文化の担い手との交流も建設新聞への誘いがあって実現できたことで、貴重な宝となっている。國場幸房さんに、建設新聞の企画参加をお願いしに、彼の行きつけの酒場で落ち合った。最初は比嘉さんも僕も、お願いの連呼だったがいつの間にか建築論議に巻き込まれ、したたかに飲んで帰った。翌朝、結局どうなったかの確信もてずまた会ったが、酔って（酔わされて）翌日はどうだったか曖昧になっている。結局企画は進行し、いいまとまりとなった（「沖縄ん建築紀伝」）。その時、建築家は風と光を設計できるのかと舌をまいったことを憶えている。今でも「美ら海水族館」の空間から伊江島を見ると幸房さんの語った言葉が甦る。パレット久茂地から幸房さんたちの那覇市役所と、黒川紀章の沖縄県庁をよく見較べる。権威の塊のような県庁と軽やかな線の那覇市役所は建築を通していろいろ語りかける。沖縄の建築はまだ若い。幸房さんの建築物をながめていると、風と光がその空間を滑るように流れていくのが見えるようだ。

石橋を叩いても渡らない性格で、歯がゆいところは多々あったが、私はいい時期に建設新聞と関わらせてもらい、また本人もいい時期に辞めたと思っている。

◇年譜のことなど

戦後の安謝小学校学校沿革は複雑で、転々と場所が移っている。高校に至るまでの生活史というか、個人史が明確でないことが多いことから、整理をお願いしていた。転居、移動の多い流れの整理は本人も大変らしく中々整理が追いつかないようだった。

比嘉家の家系図については手書きがあったので、正純氏に聞き取りしながら簡易版としてまとめることができた。比嘉加津夫の活動を考える上で母の存在は大きい。特に、母の資産形成は大したもので、比嘉加津夫の文学活動の経済的基盤を支えた。

沖縄建設新聞の代表取締役社長就任にあたって大株主であると同時に、比嘉加津夫の資産裏付けは、メインバンクにとって看過できない条件のひとつであった。

松原　敏夫

我々の空間にぽっかり穴が開いた
――比嘉加津夫さん逝去への感懐

２０１９年10月31日に首里城が焼失し、その話題で騒然としていた年の12月10日に比嘉加津夫さんは亡くなったが、翌年にはコロナ禍が突然世界中を襲い、新型ウイルスに脅かされるさなか、与那覇幹夫、久貝清次さんが、さらに大御所大城立裕さんが亡くなり、今年２０２１年４月には中里友豪さんまでも亡くなった。沖縄文学を牽引してきたといってもいい人が次から次といなくなる。色んな意味で時代がますます厳しくなっていくなかで沖縄文学の残党が頑張るしかあるまい、と思っているが、何よりも懇意にしていた比嘉加津夫さんが亡くなったのは痛く僕の中の〈我々の空間〉にぽっかり穴が空いたような気がしてならない。

比嘉加津夫さんとの付き合いは大学生の頃（１９６０年代後半）だから長い。在学中、僕は琉大文学（琉大文芸部）、彼は『発想』という雑誌を出していた沖縄大学の沖大文研の主宰者だった。はじめて会ったのは、どこであったのか定かでないが、当時の学生運動と文学とはつながりがあったので、その流れであったかもしれない。学生運動しながら文学するものもいれば、文学しながら学生運動にのめりこむものもいた。僕も数年学生運動をやった端くれであった。当時沖縄大学は嘉数学園闘争の最中で労働組合と理事長との対立で闘争していて、琉大学生自治会も支援活動と称して沖大に行ったりしていた。比嘉さんも運動家の一人だったはずとおぼえているので、その過程で比嘉さんとは知り合いになったかもしれない。

学生運動家たちは政治活動（革命運動）が中心で、マルクス、エンゲルス、レーニンや唯物論哲学、革命理論書を読むのが主だった。僕はといえば、政治も文学も同時に平行して集会やデモしたりスローガンを叫んだりしていたが、部屋に帰ると文学書を手にしていた。そのうちに政治的思考と自分の当時抱えていた思考とが分裂して、悩んでいたなかで、かねてから関心を寄せていた詩や文学に傾き、段々と運動から身をひくようになった。すると組織のメンバーが間借りしていた部屋に夜中何度も来て、強引に運動に戻ってくるように迫ったのには閉口した。「おれは挫折した。政治は好きじゃない。文学でやっていく」と断言して拒否した。あのころは飲むのが好きだったし、政治も文学もやるような連中が多かったから、お互いに知るようになって、そのひとを介してまた他の人を知るようになり、仲間が増えていき、いつしか琉大文芸部に入っていた。離島の宮古から出てきたじきの僕の文学に関する知識は、今思うと近代文学程度で、沖縄本島の大学に出てくると、さすがに進んでいて同年代の彼らは、現代文学、サルトルとかカミュとか安部公房とか大江健三郎とか吉本隆明とか埴谷雄高とか読んでいた。清田政信とシュルレアリスム文学を知るのもそのころであった。比嘉さんもそういう青春の過程で出会った人だったと思う。

比嘉さんの文学への信念らしきものを感じたことは何度も感じたことである。『発想』の発行は、『琉大文学』の活動が弱体化していくのと逆に活発化していた。ページ数も多く色んな特集を組んでいた。その文学意識の高さは目をみはるものがあった。メンバーは比嘉さんのほかに金城哲雄や中曽根義人らがいたが、やはり比嘉さんのリーダーシップによるものが大きい。

『発想』の先進さは特集を組んで出したことだ。清田政信、勝連敏男、川満信一、沖縄現代絵画、などの特集はインパクトがあった。１９７０年７月に、発想編集部で『清田政信詩論集　流離と不可能性』という本を出したのはさすがだなと思う。評論（詩論）集が出たのは、沖縄では、この本が初めてではあるまいか。実に貴重な本である。比嘉さんが大学を卒業して（?）、１９７２年２月に沖縄建設新聞社に就職してからは『発想』は活動が下火になって終刊になったようだが、彼は個人誌『脈』をだすようになっていた。自分ひとりで表現の場所を確保したのは大したものだ、「個人誌」とはなあ、すごい、の一言であった。なにしろいまのようなデジタル時代とちがって、活字の時代である。継続するにはコストもかかる。その資金がどこからでたのか。

『琉球・島の宝　創刊号』（２０１４年３月）を見ると、比嘉さんが『脈』を出したのは、１９７２年８月である。その前年１９７１年に僕は宮城秀一と『群島』という同人誌を創刊している。『群島』も『脈』も創刊号は手作り（ガリ版）の雑誌であった。当初はほとんど素朴な雑誌を作りながら、発表する場所にしていた。資金のことを書いたが、『琉球・島の宝』で『脈』についての回顧があって、宜野湾市教育委員会にいた金城哲雄の声掛けで戦争体験者の聞き取り調査のアルバイト賃金で『脈』の発行費にあてたことがわかった。そのころは彼も僕も仕事についていたが、とにかく「雑誌を出すこと」に情熱を持っていた。比嘉さんは仕事について経済が成立したせいか、１９７５年に樋川の開南バス停近くの開南会館２階で恵子夫人と結婚式をあげたとき招待を受けて参加したが、そのあと勝連敏男や金城哲雄、中曽根義人らと、たしか名嘉勝さんがやっていた浮島通りの〈石〉という喫茶店で遅くまで飲んだような気がする。………と思ったら、それは勘違いで桜坂の仲若直子さんがやっていたスナック〈とんぼ〉だったようだ。「石」での飲酒は、おそらく７０年代前半頃かもしれない。「石」も「とんぼ」もいきつけの店で、いけば誰かがいるという感じの店だった。血気さかんなころで閉店まで酒やタバコをやりながらお互い侃々諤々の雰囲気で過ごしていた。深夜、比嘉さんが清田政信さんに何か言われて「石」から泣きそうな顔ででてくる姿に出会ったこともあった。

１９７９年ごろ『詩・批評』という雑誌を出そうという機運が持ち上がり、清田政信、新城兵一、上原生男、宮城英定、らとともに比嘉さんも僕も参加して出すことがあった。そのころ僕は『群島』同人をやめて、１９７７年に個人誌『アザリア』を出したものの、経費的な理由で、創刊号を出しただけで、後が続かず悶々としていたところに、『詩・批評』の話があって、すぐ参加したのであった。この雑誌は、１９８６年12月に12号をもって終刊となった。年２回発行という方針だったと思うが、結局は、それは守れずに終わった。比嘉さんは思うところあって、10号までという約束で入ってそのとおり実行した。定期的に出せない同人誌活動に不満でもあったようだ。比嘉さんらしいと思う。

比嘉加津夫さんの文学活動は瞠目すべきものであった。書いたものを本にして発行した冊数は、書誌に出ているように、沖縄ではプロ作家を除いて一番多く著作を出した人ではないか。大小さまざまであるが、しかも、ほとんど自費出版だから、その情念というか執念というか、著作を出すことに彼は精魂をささげた人だったといえる。詩集だけに限ると伊良波盛男が多いかもしれないが。

比嘉さんは多彩な人だったなとも思う。もともと小説を書く人だったが、評論や詩や短歌を書いたり絵も描くようになっていた。とくに島尾敏雄に熱をあげた。平敷屋朝敏にも熱をあげた。読書量もすごかった。色んなジャンルの本を読んでいた。とにかく文学好きな人だった。いつだったか、酒の座で「おれたちは文学するしかない人間だな」とお互いに調子を合わせていたことがあった。しかし、いつだったか文学に嫌悪感らしきものに襲われた僕は、比嘉さんに聞いたことがあった。「なぜ文学やるのか」。比嘉さんは「松原さん、そんな問いは意味ないよ。ぼくらはいい作品を書くことに力を注ぐべきだよ」と相手にしなかった。

比嘉さんの力量は『脈』の刊行継続もさることながら、かれのライフワークというべき島尾敏雄研究は特筆すべきことである。『発想』のころから島尾敏雄について書いていたし、長年の島尾敏雄に対する知識はそうとうなものだと感心する。立派な著作を出しているのもうなずける。それと平敷屋朝敏への関心の継続である。平敷屋朝敏が人気のある人物であることは知っていたが、僕には蔡温による処刑された悲劇の琉球歌人、和文学者という知識だけで、士族の遊び人という偏見があってなじめなかった。一部のひとから強い支持を受け美化されることも鼻について好きになれなかった。

比嘉さんの著作でもっと強調すべきは画集の発行である。比嘉さんには絵の才能もあった。それを生かして、『春は風に乗って』、「MODEL」、『流され王』(これは永山信春の絵と比嘉さんの詩が入っている)という詩画集を出している。詩画については、僕自身関心があって、若いころ宮城秀一と組んで那覇のリウボウで詩画展をやろうと計画したがとん挫したこともある。なぜ詩画展に興味があったのか。おそらくシュルレアリスムの影響で表現世界の拡大をはかろうと自分なりの野心的感覚があったせいかもしれない。比嘉さんの詩画集は完成度が高く羨望したくらいである。比嘉さんは〈造形美の感性〉ももちあわせていた。

ところで『脈』は22号まで個人誌で頑張って23号から同人誌になっていたが、79号から飛躍した。というのは、雑誌の構成を同人誌部分と比嘉さんが自由に編集する部分の合併号という形態にしたのである。そして毎号特集を組む雑誌にしていた。この特集形式への転換には比嘉さんの企画精神と編集構想の革新が反映していた。それは同人誌の惰性的狭隘性、ローカル性を脱した雑誌にしたいということだったのであろう。このやりかたには同人誌や個人誌を経験している僕に、そうとう意識の飛躍を確保したな、拡大したなという先進性を感じさせた。沖縄で出す雑誌だから、沖縄に特化するというのが、沖縄の従来の同人誌づくりである。だが比嘉さんはそれを脱した。本土へ目を投じることで視野を拡大した。といってもメジャーになるわけではない。誰を取り上げるかは、比嘉さん自身の文学的関心のある人たちであった。

その特集をみると、本土の詩人や作家が顔をだしてくる。79号の吉本隆明に始まって谷川雁、島尾敏雄、富士正晴、車谷長吉、森崎和江、黒田喜夫、渋沢龍彦、鶴見俊輔、葉室麟らをとりあげている。地元沖縄からは清田政信、川満信一、勝連敏男、東峰夫らである。そのいずれかの特集に僕にも声をかけ誘ってくれた。おかげで僕自身の活性化にも役立った。取り上げた人をみると、その編集背景には比嘉さんが、なんらかの〈生きざま〉や〈特異性〉を持った文学者への憧憬があったように思う。とりあげた面々をみるとたしかにそう思えるのである。

脈発行所というセミプロ出版社をたちあげ、色んな人の本をだしたのも特筆すべきだろう。把握しただけで83冊も出版している。なかには沖縄現代詩文庫、沖縄現代俳句文庫などがあって、アマ出版社で沖縄文学のシーンを創出したのも功績としてあげておくべきだろう。僕も沖縄現代詩文庫に加わるように誘われたことがあったが、経済的事情でできなかった。今思うと残念な気がする。

年譜をみると、合併号を出すあたりから、身体の病が生じている。いつからか比嘉さんと僕との間は、ほとんどメールになったし、重篤の病気になっていたことは後で知ることになるが、それでも、ごくたまに会うことはあった。病身でよく頑張っていたんだと今更ながら感心する。

『脈』という雑誌も消滅したので、僕が書くこともない、何かぽっかり穴が開いたような感覚が今も続いている。

比嘉加津夫追悼

川満　信一

２０１９年12月10日、南風原町内の病院で死去。74歳。人生百年といわれている近年では、早すぎた。あの、びっくりする程の多量生産をしていた比嘉加津夫が、90歳まで生きていたら、一体どれほどの仕事を仕上げただろう。遺された彼の仕事の結果をふり返りながら、多才な仕事ぶりに感嘆するばかりである。

私が思うところあって、個人誌『カオスの貌』を創刊したのは75歳であった。現在（２０２１年４月）までに、12号と別冊３号を発刊した。気分が乗らないためここしばらく休止している。死期ぎりぎりまで『脈』を発行し続けていた比嘉君のことを思うと、しっかりせんかと自分をいさめたくなる。

比嘉君との付き合いは、１９７０年代初期に遡る。彼が沖大の文学研究部で『発想』を創刊したころである。沖縄タイムス鹿児島支局で４年間、島尾敏雄さんと付き合ってきたのが機縁だったと思う。比嘉君が島尾文学に魅せられたのは、１９７４年、学生のころだったと、確か『島尾敏雄ノート』の中で書いていた。

『発想』で川満信一特集を組んだのも70年代初期である。すると記憶はおぼろだが、その頃には島尾文学をめぐって居酒屋で熱い議論をかわしていたかも知れない。その後、私が最初にまとめた詩集についても、１９７８年３月発行の『脈』で書評を書いており、同じく『脈』の94号（２０１７年８月発行）では、詩人・思想家として川満特集を組んでいた。

一方、私も彼が永山信春と共著で出した『流され王』や、『島尾敏雄を読む』（ボーダーインク）、『島尾敏雄』（言視舎評伝選）などの書評を新聞に書くなど、交流は生涯続いた。見方によっては馴れ合いのようにも受け取れるが、お互いに相手の特性を引き出す目の厳しさは維持したと思う。「目の厳しさ」という言葉で、記憶に立ち上がってくるのは、これも才能を惜しまれながら早々と亡くなった金城哲雄である。金城は比嘉加津夫と一緒に『発想』を創刊しており、お互いに初期の作品から付き合っている。自分の作品について自己批判の厳しかった金城は、１９９０年になって、やっと重い腰をあげ、脈出版から詩集『風のゆくえ・風の場所』を発刊している。また、２０００年３月に急逝して、翌年には同じく脈出版から追悼集『暁闇の風』が出版されているが、比嘉君は同人誌『環』終刊号での質疑応答から追悼文、座談会、編集後記など大事な同僚に対する誠実な対応をつくしている。沖縄の文化を守れ、とよく言われるが、浮き沈みの多い文学同人誌の活動は、沖縄の文化の傍流らしく、創刊も廃刊も気に止められないようだ。それでも比嘉君のように、生涯をかけて文学活動の下支えをする人種が絶えないのである。

『発想』から『脈』へと彼は同人誌の編集を続け、また、脈文庫や叢書の編集発行をも手がけている。沖縄では、ひたすら文学分野に絞った編集者として特異な存在であった。このように編集者・エディターとして特異な才能を発揮する一方で、評論、詩、小説、絵画など多分野の表現を貪欲に渡り歩く不思議な多才の持ち主でもあった。沖縄中世期の平敷屋朝敏を論じたかと想えば、島尾敏雄の作品・作家論を４冊もの単行本にまとめ、また、『喩の水源』(脈叢書１)に見るような、おそるべき読書の技術をも展開している。

大体の読書傾向は、読んで分かったつもりになり、そのうちに著者名も本のタイトルも大方忘却の彼方、というのが普通だと思う(いや、それは私の場合)。ところがこの『喩の水源』では、40人余の文学ほかの分野の著書を読んで、その書評を丹念にノートするという生真面目な作業だけでなく、さらにそれに手を入れて著作にまとめるという大変な仕事をしている。立原道造、山本健吉、水上勉、江藤淳、沢木耕太郎、吉本隆明、埴谷雄高。沖縄側では勝連敏男、清田政信他といった難物たちである。

また、『脈』43号の島尾敏雄特集で、「死の棘」エチュードを掲載しているように、彼は、絵画表現への関心も熱く、モデル教室へ出かけてヌードを写生するということもしていた。勝連敏男の俳句や短歌に言及しているのを見ると、俳句、短歌のノートも遺されているかも知れない。いずれにせよ比嘉加津夫の仕事が、沖縄の文学と思想の過去と未来を照射する手がかりになることは間違いない。惜しい才能の早逝である。

比嘉加津夫さんとの出会いを通して

安里　昌夫

比嘉さんと私とは、何時頃から接点が有ったのであろうか。いや、その様な問い掛をする以前に、「文学や思想」らしきものを生齧りしていた、私の「青年期」（学生時代）を掘り下げて行けば、比嘉さんとの内的な接点は私自身の「文学や思想」の課題と同様に、自ずと浮かび上がって来るのではないだろうか。勿論、比嘉さん自身の「文学や思想」の研ぎ澄まされた視線の先に、私の如き者が直接据えられていた筈もなかったであろう。だがしかし、数多の曲折を経て如何にか立ち続けていた、軟で優柔不断な私達の態度とは全く別に、「文学や思想」の世界に厳しく目覚め拘っていた幻の「比嘉加津夫」は、確かに私達の眼の前に存在し屹立していた。私達の誰もがその当時、自虐的な「青年期」特有の〈孤独〉の痛みに苦悶しつつも、荒れ狂う現実政治に満身の想いで抗わんとしていたのは確かであった。だがしかし、その「抗い」の根拠とはと自問してみれば、自分自身でも情けない程に全くちゃちで曖昧なものでしかなかった。私達の意識の水準は、残念乍らそこら辺りを浮き沈みしていただけであった。従ってと言うべきか、それともそれ故にと言うべきか・・・？　私達は、自らの未熟さを「未熟」なままに自覚して先へ進む以外に、方途がなかったのである。それでも現実政治の荒波だけで無く、様々な日常的な関係性の絡んだ事象が、容赦なく私達の頭上に覆い被さって来た。そして、誰もが頽廃に憑かれ疲労困憊していたし、それでいて「抗い」の心を失うまいとして必死に踏み止まっていた。それ故に、未熟であり頽廃しか知らなかった私達の「闘い」が、単純な「抗い」の形態にしかならなかったのは、已む負えない事であったのかも知れない。そしてまた、私達の「闘い」はその已む負えなさにきつく縛られていたがために、生きる事について何処か漠然としていて拘るべきものが何も無く、寧ろ諸々との気儘で変幻自在な関係性を常態化させて安穏としていたのである。この締まりのない感情は、いったい何処から生まれ、何処へ向かうのであろうか・・・？　残念乍ら、これらの自省は誰のものでも無い私達自身のものだったのだ。ほんとうの事を言うならば、私達が為して来た現実への「抗い」には、実は退引きならぬ「思想課題」が潜んでいたのは確かであり、私達の頽廃に塗れた「青年期」特有の感情は、無知を尻目に若さに紛らわせてその「思想課題」の探求よりも、寧ろ込み上げて来る感情を単純に昂ぶらせていただけであった。極端に言えば、実質性の無い単純な「抗い」（運動）に、現実突破の夢と尤もらしい「国家廃絶」の理屈を押し並べて、過激を究極の目標とするかの如く振る舞っていただけでしかなかった。つまり、国家は常に自らの外部に有り、自らが必然的に作り出す「政治」の裡の〈国家〉、言うならば自らの「幻想としての国家」については、意識の対象にさえしていなかったのである。勿論、そこに到るまでの苦しい自己確認の途上は、自らを痛く顧みて得られたものであった。だがしかし、私達はそれでも国家を漠然とした意識の裡で単純に制度に支えられた、何ものかとしてしか捉えてはいなかったし、根柢的に振り払う事が出来なかったのだ。もう少し厳しく見詰めて言うならば、最終的な「国家廃絶」の思想どころか、自らの内部に競り上がって来る「幻想としての国家」の翳りでさえ、想像的に捉えてはいなかったと言う事だ。だがしかし、国家は言うまでもなく底知れない魔力を秘めているが故に、自惚れに過ぎなかった私達の単純な「抗い」（運動）など、何物にも値しなかった筈だ。そしてまた、同時に編み出される曖昧な知識や軽薄な感情なども、その不可視の魔力によって必ず淘汰され、凡俗な理屈の闇に突き堕す筈であろう。そして、私達が痛く感知したこれら「国家廃絶」（現実揚棄）の「思想課題」は、一方で虚為に塗れた現実政治への無慙な「敗北」と、他方で私的な関係性に於ける敢え無い「躓き」から、苦渋や哀しみの涙を伴って焙り出されて来たのである。もう少し時代的な局面も加味して言うならば、稚気な「国家廃絶」（現実揚棄）の理屈でしかなかったとは言え、私達が目前に迫る国家との確執を、正面から感知して対峙せんとしたのは、おそらく沖縄の「復帰」が国家レベルに於いて、具体的な形で政治日程に昇り出した頃。即ち、六〇年代中頃から後半（学生時代）にかけての、混沌とした時節であった。

確か私達が体験したこの時節は、死に瀕して悶々としていた其々の固有時をも含めて、その内実を探索して行けば、政治的な運動のみならず思想的にも、従来とは全く異なった歴史的或いは現実考察の方途が必要であったし、それなしには解明し得ない困難な時代に突入せんとしていた筈である。そして、諸々の歴史の根柢に共通して有ったものを見据えて言うならば、私達は従来から口酸っぱく言われて来た、「沖縄差別」云々だけを唯一の根拠とした、他力本願に過ぎなかった様々な国家幻想と、これまで以上に厳しく対峙せねばならなくなっていたと言う事だ。それでもそこに到達するまでの私達は、唯々謂れのない「劣等意識」だけを彼方此方から植え付けられ、その都度恐々として畏れ慄かざるを得なくなっていた。「何故それ程、勝ちたがるのか。何故それ程、恐怖心を煽るのか・・・?」。返戻された言葉は単純すぎる程、余りに単純であった。「劣等意識」に憑かれたままで「勝利」したがる。私達は纏まった反論に到ってはいなかったが、ダーウィンが明らかにした生物界における、自然淘汰の顛末を密かに空想して対峙せんとしていた。そして、そこに〈人間〉の姿が浮かぶのか・・・?　尤もらしい「沖縄差別」云々が発する言葉も、私達の懐疑に真面に答えては呉れなかった。いや、唯々単純過ぎる程、単純な言葉で煙に巻くだけであった。それでも、「同一になりたい。同一があたりまえだ」。たったそれだけの純情な想いが、沖縄人の心をこれ程までにきつく縛り上げていたのだ。だがしかし、沖縄人の純情な想いを逆手に取るだけで無く、国家へのいじけた忖度を振りかざしてよしとする内部からの言葉には、余りにも多くの「性善説」に満たされた言葉が詰められていたがために、数多の人々の心はそこから逃れて身を隠す場所が全くなくなっていたのだ。私達が現実政治に関わる者や、その周辺にいた者の真っ直ぐな「善意」に対して、少なからず嫌悪感しか抱き得なかった理由は、様々な政治的な事象であれ、或いは社会的な現象であれ、宛も人々に非が有るかの如く責任をおっ被せて、言い包める彼達の姿勢が余りにも露骨に見え隠れしていたからだ。とは言え、彼達の視線は尤もらしい装いで包まれていたが為に、人々が戸惑い身動き出来なくなるのは当然であったし、人々は生きるために作り上げて来た、従来からの生活規範を全て壊さなければならなくなっていた。そして、それらの実相は沖縄戦の裡に末期的な形で現れていた。

私達はこれまで「闘い」とは無関係に、沖縄の置かれた現実を大和の人達の良心に真面に訴えれば、彼達が其れなりに振る舞い私達に温かくその視線を向けるであろうと、情緒に似た甘ったれた感情に拘りつつ、大きな期待を寄せてここまで歩んで来た。今にして想えば、何故それ程までに・・・?　の言葉は、現実批判の言葉としては初発のものであり、取り立てて目新しい論理に繋がるものとも想えない筈である。だがしかし当時は、これらに似た通俗的な幻想が沖縄中に満ち溢れ、大手を振って闊歩していたのだ。その結果が何を齎したのであろうか・・・？　そこに有ったのは、謂れのない「劣等意識」を克服するために夢見た、自己卑下を介在させた国家への見境の無い擦り寄りでしかなかったし、それによる病理を孕んだ自己喪失の極みであった。そしてこれらは、沖縄の歴史のみならず現実社会の隅々にまで染み渡っていたし、忌まわしい病を発病させて来たのである。私達は、これら謂れのない「劣等意識」と病が齎した卑俗な「同化思考」とを、込み上げて来る怒りを必死に堪えながら拒絶して来たし、また現実の矛盾に無自覚で全てに渡って大手を振って通り抜ける人々と、細々とした思考の窮みではあったが孤立無援を承知で「闘い」続けて来た。それでも、周囲から数多に聴こえて来る国家や秩序を忖度し前提にした言葉。そして、それらに直情的に反応するだけの反〇〇論など。これまで身を斬られる様な「敗北」の苦渋を痛く噛み締め、失ってしまった小さな命との重みを苦々しく体験した者として、安易に「沖縄差別」云々の言葉に身を乗り出して自らを語る訳には行かないし、また収斂させる訳にも行かない。そのためだったのであろうか・・・？　私達は痛い〈孤独〉の言葉だけを胸に刻む以外に生きられなくなっていたのである。そして、そこから齎される〈孤独〉は、或る意味「闘い」のためのリトマス試験紙にさえなっていたのだ。それらの込み上げて来る、無慙な想いに対比させて言うならば、歴史に込められた「沖縄差別」云々の言葉には、自らの内的な「闘い」を潜った確執なるものの実体が全く観られなかったし、厳しく踏まえられていなかったのは言うまでもないであろう。踏まえられなかった事を肯定的に捉え得る者は、私達とは別に今流行りの楽天病に獲り憑かれたかの如く、喜々として「沖縄差別」云々をこれまで通り語り続ける筈であり、そして其れなりに持て囃されるであろう。だがしかし、「闘い」の意思を秘めた言葉の奥底には、大前提として〈孤独〉だけしかなかった事を忘れてはならない。私達は、この様な過酷な場面に立つ事の苦しさを体験し得ない、幾つもの甘ったれた自惚れに、余りにも長々と付き合わされて来たのだ。

私達は耐え難い「敗北」や「躓き」から齎される痛みを強く噛み締めつつ、その裡から先述の様な苦し紛れの言葉を発し、現実政治に悶々とした想いで関わって来た。そして、「時代」は確かに沸騰していたと言えば沸騰していた筈だが、誰もが遣り切れなさに嫌悪もしていた筈である。反権力とは名ばかりで、実体は米軍権力から脱するために影の政治支配者として居座り続けていた、明治以来の国家権力の重みに凭れようとしていただけであった。だがしかし私達の「敗北」や「躓き」は、情況に対する批判が欠如していたから、「敗北」や「躓き」に堕ちてしまったのではなかった。抑々、「敗北」や「躓き」そのものの内実が問われていなかったのだ。言わばこれまた有り触れた事だが、私達は自らの内部に抱えて来た「敗北」や「躓き」の重さに、何ら思想的な解を与える事が出来なかったのである。そのため、自己克服の「課題」は遥か遠くに霞んでしまっていたし、通俗的な政治目標が云々されていただけであった。だがしかし、大方の「青春」がそれらの域内で何事かを叫び、周辺を彷徨い続ける事しか出来なくなっていた。とは言え、それ自体が間違っていたのではない。何故ならそれらは、人間の成長の過程に起こり得る当然の内的な飢えや渇きに由来するものだったからだ。勿論、飢えや渇きに由来した何ものかは、思考によって肉付けされなければならない。これらの「課題」に照らせば私とて例外である筈はない。とは言え、その時節に私達の反抗心がなかった訳ではない。ぶつぶつ彼方此方で不平や不満を呟きながら、ガリ版にちっぽけな曲がりくねった詩などを書き綴り、如何にか胸の内の鬱憤を晴らしたつもりでいたのだ。それでも、自らが作った「青春」の懐疑心について、宛も理想の極北から見下ろすかの如く、外部への働き掛けだけを課題として、振る舞う処が有ったのも確かであった。その単純な課題の形成に思想的な論証云々は全く関係がなかったし、現実のきつさは私達の様な「青春」ならぬ青二才の想い付きでは、どうなるものでもなかった。「政治」に関与すると言う事は、うすっぺらな現実政治の局面に直接立ち、「政治」をあれこれ口にして叫ぶ事では無い。これは自戒を込めて言う言葉だが、何某かの具体的な体験を重ねてそれらしき領域を見渡す事が出来れば、私達は必ず政治に潜む「魔物」を魔物とも想わず、他者を駆り立てるために安易に「言葉」を発出させてしまうのだ。そこでは当然の如く、「沈黙」の意味なるものが問われた事は無い。そして人間は、未だ過ってこの「魔物」に勝利した事はないし、この否定すべき「魔物」は現在にまで、脈々と生き続けているのである。その重大さに一度とて立ち止まった事のない考えには、それらは日常的な事象の裡の特異なものと達観して捉えられる筈だが、圧し詰めて凝視して行けば全人間的な「課題」(革命)の解明に行き着くのだ。私達が心の奥底に秘めていた「革命」は、〈革命〉の最終的な「課題」。つまり、自らのこれまでを顧みれば、「課題」の自覚的な確立以前に、通俗的な政治論ならぬ制度としての国家の範疇に、私達の論議が無慙な形で獲り込まれ、「青春」のあやふやな感情を持て余していた私達は、結局運動の尖鋭化だけを無意識の裡に求めざるを得なくなっていたのだ。それでも私達は外部に於ける通俗的な対応を批判しつつも、自らの内部にどうしても纏い付く「政治」の卑俗さを、隠蔽すべきではないと想って来たし、その轍は踏むまいと心に固く誓って来たのである。だがしかしそれらの「闘い」は、誓えば為される様な単純なものである筈がない。空虚な自らの存在を糾問し、他方で不可視に振り降ろされる現実からの圧力を凝視し続けながら、幻想としての関係性の真意を焙り出す。その様な或る意味、天文学的な自問（固有の幻想）に私達は烈しく飢えや渇きを抱いていたし、飢えや渇きの幅広い領域に「文学や思想」の「課題」を求めて来たのだ。だがしかし私達が、この天文学的な自問（固有の幻想）に飢えや渇きを抱いていたと言う事は、裏を返せば現実政治の愚俗さが余す処なく提示され、証されていたと言う事でもあるのだ。もっと言うならば、「過去の轍を踏んではならぬ」の想いを抱き、それでいて満たされぬ空虚さに悶々としていた私達は、飢えや渇きによる天文学的な自問（固有の幻想）を重く知覚した事によって、これまでにない新たな「思想課題」の地平に行き着くことが出来たと言う事だ。つまり、拒絶の対象にしかなり得なかった、暗黒を秘めた諸々の「政治」を介した集団から離れ、独自の歩みで現実が強いる全てと対峙せんとしていたのである。勿論それらは、試みたから為される様な単純なものである筈がない。そこでは敢えて苦悩や悶絶が必要とは謂わぬが、真摯な「闘い」の意思を放棄すべきではない。私達の心を支えているのは、闘おうとする強い意思だけだ。意思こそが私達の心を押し進めるのだ。何故なら私自身のこれまでを顧みれば、その想いにしか行き着かないからである。

私にとって比嘉さんとの事を、比嘉さん個人との出会いとして語るのは、何かやはり片手落ちの様に想える。それに比嘉さんが必死になって「文学や思想」に関わって来た足跡を、詳細に解き明かすには私は適任とは想えないし、それ程煮詰まった特別な何かを持っている訳でもない。従ってと言う事でもないが、遠くから眺めた学生時代の比嘉さんと、当時の私の貧相な姿とを重ね合せて語る以外にないし、それがなければ私は比嘉さんの存在を明確に捉える事は出来ないであろう。処で、比嘉さんとは「琉大文学」が主催した学園祭に於ける討論会で何度か会っていた。そして比嘉さん達（沖大文研）が創刊していた「発想」についても、それなりの知識を「琉大文学」の場合とは別に、亡くなった上原生男さんから教授してもらっていた。勿論、貧相な政治にかぶれ溺れていた私達には、「発想」や「琉大文学」に綴られた言葉は、文字通り天空を切り裂く様な「青天の霹靂」であった。いや、大袈裟な表現を許してもらえば、入学以降初めて出くわすほんとうの驚愕に値する、破壊的な「知」の集積にさえ想えた。おそらくこの驚愕は、単に私独りのものではなかったであろう。友人の数名が、青いガリ版インクで摺り込まれた質素な雑誌(発想)を、後生大事に輪読し合っていたのを今でもよく記憶している。そして私もまた、彼達の分け前に預かって驚愕したと言う事だ。それからどれ程、経過しての事であっただろうか。私達は上原生男さんを頭に、六九年の学園祭に「琉大現代思想研究会」なるものをでっち上げ、「明日への考察―沖縄戦後責任論」の題目を掲げて、著名な書き手の川満信一さんと新川明さんに論じてもらった。最早五〇年以前の事であり、記憶は定かではないが確か比嘉さんも熱心に、二人の「反復帰論」として纏まる以前の熱い論理に聴き入っていたものと想う。想えばその時以来の出会いであった。それから私達は、誰もが行き着く様な通路を通ってちっぽけな労働者となり、其々の細やかな足場を確保しながらも汲々として生きていた。だがしかし、比嘉さんが「建設新聞」にいてちょくちょく私の職場を訊ねる時があった。通り一遍のあいさつで済ますつもりでいたが、何と無く懐かしい想いが湧き立ち、つい言葉を掛けてしまったのが、運の尽きであったと言えようか。「脈」を精力的に継続しておられる事は、其れなりに承知していたし、また出来るだけ購入する事も心掛けていた。何時もの様に耳打ちされ、「一度、(脈)に書いてみてはどうですか。貴方達の(暦)については知っていますよ」との事であった。何度か、ほっそりとした目の笑顔で原稿を依頼されたが、私は無情にも断り続けていたのだ。だがしかし、遂に根負けしたと言うべきであろうか。「上原生男さんを偲ぶ会」で再び比嘉さんに捉えられてしまった。最早、これ以上逃れる事は出来ないなどと観念して、詰まらぬ固有時にかまけた奇妙な文章を書き送ってしまった。

処で再び私自身の事に戻ろう。入学して一年半、私達の誰もが凭れ合って空想して来た、これまでの曖昧で通り一遍の感情を無慙に打ち砕かれ、初めて運動の前面に立たざるを得なくなっていた。好奇心でも無く、使命感など更々なかった。唯々自らの確固とした建つべき位置を明確にしたかった。と同時にこれから先何と無く、「敗北」し「躓く」であろう事が予感された。それは書物を通してではあったが、先人達の切実な体験に接する事が痛く出来たからだけではなかった。ほんとうは、私の眼前に屹立する障壁の高さに、改めて愕然として打ちのめされたと言った方が確かであった。何もかもが「敗北」に繋がる様に想えて、苛立ちは極点に達していた。其れ故、「虚無」の澱みが私の心を烈しく通り過ぎたと想う。だがしかし、ほんとうの「虚無」の内実を知覚していたかどうかは知らないが、そこには何となく「敗北」や「躓き」に付き纏う甘美さも匂って来る様に想われた。私は極大の体験をして来た訳ではないが、幾つかの私的な体験を繰り返して、譬え小さな「敗北」や「躓き」であろうとも、平板な日常の事象にそのまま埋没させるのでは無く、其れそのものとして考究すべき事だと考えて来た。もしかするとその考究は、実体を伴わない形而上学的な追求で終わるのかも知れないし、或いは実現不可能な現実性を超越した、人生哲学の捏ね回しに止まるのかも知れない。私は無意識の裡に、「敗北」や「躓き」以前にもやもやとして持つ事の出来た小さな愛憎の「体験」を、無憇に遺棄すべきではないと想っていたのかも知れない。其れ故であったのだろうか・・・？　誰もが為す筈であろう小さな関係性を包み込み、それによって「文学や思想」の領域から離脱するかも知れない事を畏れなかった。寧ろ、そこに立ち続けて思考する事が、ほんとうの人間的な「課題」に繋がるのであるならば、追求するべきだし考求するに値する何ものかが潜んでいる筈だ。私は、たった一つの無名の〈命〉を遺棄せざるを得なかった経験から、私達が無意識に為して来た日常性を拒絶すべきではない、と考え続けて来た。「文学や思想」と言うものを、私達がどうしても抱え込まざるを得なかった、虚しい体験から思考し創り出して行きたかった。それを逃せば背負えない罪を再び背負う事になる。私はそれこそ将に、「罪悪」に値するものだと想っていた。其れ故でもあったのだろうか。無名の〈命〉を、出来もしない暗闇から救おうと藻掻いていたし、そこに私自身の「文学や思想」の課題を探り出したかった。

（二〇二一・五・二五）

小さな感想

下平尾　直（共和国）

そもそもわたしは、こうして誌面を汚すことができるほど比嘉加津夫さんとお付き合いがあったわけではない。近年になって何度かメールの往復だけ、ご本人とお目にかかる機会もついに逸してしまった。以下は、そういう遅れてきた人間による断片である。

比嘉さんとの微かな縁をつないでくださったのは、惜しくも昨二〇二〇年に「週休七日」となった京都の三月書房の宍戸立夫さんだ。たまに出張したときに立ち寄ると、奥のレジのそばの目立つところに、『脈』のバックナンバーが揃っていた。都内の書店でも、大手ナショナルチェーンやミニコミを扱う模索舎で見かけたことはあったが、手にするのはなぜかいつも三月書房なのだった。吉本隆明、谷川雁、森崎和江、火野葦平、上野英信、島尾敏雄、高木護、村上一郎……といった濃密な表現者を沖縄に引き寄せながら、季刊ペースで号を重ねるその膂力に、いったいどんな人が編集しているのだろうかと、脅威に近い畏敬を抱いていたのである。

清田政信さんの特集が組まれた同誌八一号も、そうした機会に入手はしていたのだが、その翌年だったか、新城兵一さんの慫慂で、三十数年ぶりに清田の新著を刊行することになった。それは二〇一八年夏に『渚に立つ——沖縄・私領域からの衝迫』として世に出たが、本腰を入れて清田政信の単行本や初出掲載誌を収集し、作品を選び、また解題を書くにあたって、『脈』の清田政信特集号全篇は何よりも得がたいテクストだった。手許には三月書房でもとめた一冊しかないが、できれば品切れになる前にもう一冊か二冊は確保しておきたい。新刊を出すにせよ、新しい清田政信の読者には、この特集号がなによりのガイドになるだろう。と、宍戸さんに連絡してみたら、うちには在庫がないけれども版元にはあるようですよ、と比嘉加津夫さんのメールアドレスを教えてくださったのである。

さっそく比嘉さんにメールしたら、少なくとも一梱包二十冊は残っているはずだとの返信をいただき、それなら小社の通販サイトでも販売できるのでは、と卸価格で十冊譲ってもらうよう打診したのが、最初のやりとりだった（結局その梱包は見つからず、発見次第連絡するからと、ひとまず自家保管分から三冊だけ譲ってくださった）。

なんとかようやく発売にこぎ着けた『渚に立つ』を送ったら折り返し御礼のメールが届き、とてもうれしい、もし続けて清田政信選集を出すのであれば、ぜひもう一度『脈』で特集をしたいとあり、また、『脈』をAmazonで売りたいけれどもシステム上の問題があるようで、解決策を知りませんか、近く『脈』で黒田喜夫特集号を出したいので、どなたか四、五名、書き手を紹介してほしいとの依頼などなど、しばらくメールの往復が続いた。

若い研究者から、いまでは稀覯本ともいえる清田の『流離と不可能性』（一九七〇年十月）を譲っていただいたのもそのころで、この秀抜な批評集の編者としてクレジットされている『発想』がそもそも比嘉さんの雑誌であり、比嘉さんもまた清田政信の長きにわたる協働者だったのだと知ったのである。

「黒田喜夫と南島」を特集した『脈』一〇二号は二〇一九年八月に刊行されたが、巻末の「編集後記」に、自身の深刻な体調が書かれているのが気になった。が、病状を深くお聞きするのもためらわれ、そのままになってしまう。

じつはその『脈』一〇二号の編集作業と並行して、比嘉さんから「お願い」された案件があった。——いま『脈』に「平敷屋朝敏の謎」を連載しているが、これを単行本化する前に、どうしてもかつて刊行した『平敷屋朝敏』を復刊したい、ついては共和国から出せないものでしょうか、ぜひ読んで感想をお聞かせください、と原稿のデータが添付されていたのである。このかんのやりとりや出版物を通して、この大先輩から共和国なり小生なりがそれなりに信頼されたのかと思えば、光栄なことに違いない。前版を未読だったのでとにかく添付ファイルに目を通してみたら、その丁寧に検証された歴史叙述と、それを担保する端正な文体に心惹かれ、また琉球史に昏いわたしにとっては蒙を啓かれる思いだった。

とはいうものの、小社はしばしば、わたしひとりで好きな本ばかり出版しているためか、（道楽とはいわないまでも）自由にやっているように見えるらしいのだが、しかし、その内実をいえば、出版以外にまとまった収入があるわけでなく、ベストセラーなるものとも縁がない。一冊二冊と全国の書店にならべてもらってようやく一人分が食えるかどうかというのが現状だ。『平敷屋朝敏』を再刊して、沖縄だけで五百部でも千部でも売れてくれればよいが、すでに一度出ているし、とはいえ沖縄以外の書店で最低限の売り上げを見込めるかどうか……と考えると、すぐにさあやりましょうとは言えないまま、返事が滞った。といっても一カ月か二カ月くらいのものだが、ややあって、「すみません、例の件はなかったことにしてください」という大変丁重なメールを頂戴してしまったのだった。出版の苦境は、比嘉さんご自身が痛感してきたことだったろう。そして体調がそこまで悪化していたことも、当方には忖度できなかったのである。

その年の九月に、清田政信研究会が中心になって、同会の会誌『あんやんばまん』の創刊と小社刊『渚に立つ』の刊行を記念したトークイベントがジュンク堂書店那覇店で開催されることになり、わたしも五十一歳にして初めて沖縄に立った。新城兵一さんはじめみなさんにもそのとき初めてお目にかかり、比嘉さんはとお尋ねすると、病状が芳しくなく出歩けないのだという。ああ、わたしはまたとり返しのつかない馬鹿をしたか。懸案の『平敷屋朝敏』が二刷として脈発行所から刊行されたと知ったのも、同じころだったろう。

そうこうしているうちに、年末の十二月十日、三月書房のメーリングリストによって、比嘉さんの訃報を知った。『平敷屋朝敏』の刊行を急いでいたのも、ご自身の体調を把握してのことだったと思うと忸怩たるものがある。なんとか比嘉さんの作品を小社から全国の読者に問うてみることができなかったものかと、いまだにもやもやが晴れないままだ。そして、いまごろになって、『発想』や『脈』のバックナンバーに眼を落とし、奥付に記された「比嘉加津夫」の名とその膨大な仕事を追いかけながら、こんな雑駁な感想しか記すことのできないていたらくなのである。

「比嘉加津夫の初期」論
詩集『記憶の淵』を中心にして

新城　兵一

比嘉加津夫がぼくらと幽明境を異にしてから、すでに一年有余の歳月がながれさり、やがて三年忌をむかえんとしている現在、コロナの第四波襲来による、視えない脅威と増大する感染の不安のなか、沖縄県もついに「まん延防止等重点処置」の政府指定をうけざるをえなくなった。

幸か不幸か知らないが、コロナ禍からもまったく無縁になってしまったあの世から、わが比嘉加津夫は、ぼくらのいまの、分断と隔離のなかでの孤独な慌てふためきぶり、いっきょに露呈した社会の根底の脆弱ぶりを、いかな面持ちで見ているのであらうか。どちらかといえば寡黙ですらあった彼の静かな〈肉声〉を、聴きとることは、もはや不可能になってしまったという実感を、いまはいよいよ深くする。

思えば、彼と最後にお会いしたのは、一昨年の十　月ごろだったか、「脈」同人でもないのに、彼に呼ばれて同人の話し合いに参加させてもらった時だった。何か大きな手術をして退院したあとのことで、だいぶ心臓が弱っているということだった。ふつう会合がもたれる場所は、二階にある彼の仕事場兼書斎が中心だったが、その日は、二階に降りるのが無理だったらしく、家族が住んでいる三階の応接間で、彼は車椅子に乗ったままの状態で、ぼくらと談話した。

ぼくは帰りしな、「じゃ」とか言って、彼のペダルのうえの両足に何気なく眼をやったが、そのむくみがひどかったので、不吉な予感とある種の危惧をいだかざるをえなかった。

その後ぼくは宮古島市に帰省している。そして、そこで彼の訃報に接することになるが、帰省したばかりであったためと、金銭面のことも重なって、不本意ながら彼の葬儀に参列することかなわず、弔電を打つのみにとどめてしまった。

それ以来、しかし彼の〈死〉の現実性があまりに希薄すぎるので、長い時間をかけて、「比嘉加津夫は、もういないんだよな、死んでしまったんだよな」と、何度もくりかえし自分に言い聞かせながら、やっと〈納得〉したのであろうか、いつしか彼の〈氏名〉も脳裏から立ち消えになって、コロナ禍から逃避するように、おのが〈生〉の卑小さと薄情さに巣ごもる毎日なのだ。「死んだものとは　死んだもののことだ。生きているものとは　生きているもののことだ。生きているものは、生きていることしか語らない」とは、埴谷雄高の言葉であったか。

その〈死者〉と〈生者〉のあいだに横たわる、埋め尽くしがたく、越えがたい深淵を、ちょっとだけ垣間見、触知するためにもまた、彼の〈死〉から今日までの長い時間を必要としたということであったのだろうか。

とまれ、いまは生前の比嘉加津夫との交渉史をものすることではない。彼の詩的出発というか、始まりの地点にまで遡行して、いわば多様な〈顔〉をもつ比嘉加津夫の、〈詩人〉としての起点（始点）は奈辺にあったのか、その内実の展開のダイナミズムの過程や限界、その可能性を、彼の「初期論」として構成するところにある。したがって、そのナイーヴさゆえの詩語の未成熟性や稚拙性をあげつらい限界づけて批判することではない。むしろ、洗練されてない「語彙」や舌足らずの「表現」や「文体」の背後に胚胎されてある、「言わんとして言いえざる」〈表出されざる領域〉に耳をそばだてること。そして、そうすることで、彼のその後の詩的展開につながる〈詩的鉱脈〉をさぐる試みにこそ、「初期論」の目的があるといわねばならない。

＊

いうまでもなく、比嘉加津夫の処女詩集は『記憶の淵』であって、その発刊は一九七八年二月である。ぼくの詩集―『未決の囚人』の刊行がその二年前であるから、詩集発刊の年代だけをもって判断すれば、自分で言うのは気恥ずかしいことだが、ぼくらをいわゆる「七十年代詩人」とみなすのもいいだろう。

その七年後、比嘉加津夫は、画家―永山信春との共著―詩画集『流され王』（ひるぎ社）を一九八五年七月に刊行している。そして、六年後、「比嘉加津夫文庫」と銘打って、①～⑳巻まで刊行し、その中には、詩集、小説集、作家論、評論、エッセイ集などが網羅され、いわば、『比嘉加津夫ワールド』を形成した相貌をもつ。むろん、文庫以外にも著作はあって、ここではいちいち採りあげないが、画家論、民謡論、詩論、また、彼のライフモチーフとも言うべき、文庫外の『島尾敏雄論』は、現視舎から公刊をみたし、死の直前には『平敷屋朝敏論』も発刊している。さて、この比嘉加津夫文庫なるシリーズものは、すべて一九九一年のうちに一気に刊行されたものであって、そのうち、①から⑥巻までが詩集である。その詩集名を巻順にあげると、『ゴッホの伝記』、『溶ける風』、『アジアの少女』、『一角獣の塔』、『詩はどこにあるのか』、『人形の家』などとなっている。その後は、絵を自ら描き、詩画集として『春は風に乗って』(一九九三年二月　脈発行所)、『MODEL』(一九九三年十一月　ボーダーインク)を発刊するという、果敢なる冒険を試み、彼の確かなデッサン力の在処を示してもいる。

さらに、追加して言うなら、高木護と出会ったのちの、肩の力を抜いた自然体で、まつろわざる無名の民の、自在で素直な肉声の詩法とも言うべき境地にいたった、雑誌「脈」のいくつかの号に掲載された、いまだ単行本化されない幾篇かの詩作品もあげられよう。

ここにあげた比嘉加津夫の全詩業のなかで、ところでさて、この「初期論」の対象的詩業の範囲をどこに置くかとなると、ぼくは、かなり粗雑な試行的区分だが、彼の処女詩集—『記憶の淵』発刊の時点までと、範囲を限定したいのである。

なぜなら、先にも触れた第二番目の詩画集—『流され王』を比嘉加津夫の詩作品のみに眼をおいて俯瞰的にながめてみれば、処女詩集—『記憶の淵』では、いまだ混沌として散在していた未明の詩的カオスが、いっぽうの『流され王』では、ひそやかだがしかしより強固な相貌で、比嘉加津夫独特の詩的スタイルにまで結晶化して、両者の差異性は明瞭だからである。

あとで触れることになるかもしれないが、七十年代の本土における詩的思潮の影響をもろにうけながら、それをおのが体験と感受性のフィルターを通して消化・吸収し、固有の世界を形象化せんとしたものだと、言えるにしても。

詩画集—『流され王』には、芹沢俊介が解説文を書いているようだが、あるいは、思想的には芹沢俊介からの影響が強いと言えるかもしれない。いや、もっと穿った見方をすれば、七十年代における社会の深層における変容にともなう、精神(意識)の内的要請として、感受性と表現の転位をうながす「時代の無意識」を鋭敏に感じとり、それなりの詩的格闘の痕跡が、その背後に見え隠れしていると言えるかもしれない。

ようするに、比嘉加津夫の詩的転位のすぐれた達成は、永山信春との詩画集—『流され王』に始まるという意味で、明らかに、いまだ未熟で、しかもその後、詩的展開の可能性を秘めた「未明の詩的カオス」という意味で、処女詩集—『記憶の淵』を、比嘉加津夫の「初期論」の対象に据えていいのである。

「詩人は生まれるものだが、成るものだ」とは、いくどもぼくが引用したことのある清田政信の言葉だが、しかし、ひとはたれでも最初から大詩人で生まれてくるわけでも、すでに「成って」いるわけでもない。吉本隆明が詩篇―「固有時との対話」をうみだすためには、それ以前に、いまでは「日時計詩篇」として知られる膨大なる習作群―「初期作品」を必要としたのだったし、ひとは、若年期（青年期）の、その真摯で未熟な精神と情熱、それゆえ稚拙なまでの格闘と苦悶の「顔」と所産をかるく扱ってはならないと思う。

その青春期の、未熟なるゆえの拙劣な、愚行にもひとしい「未明の混沌」の〈行為〉＝習作のなかにこそ、そのひと〈詩人〉の〈詩〉の可能性と不可能性のすべてが内包されてあると言えるのだから…。

＊

ところで、比嘉加津夫の処女詩集―『記憶の淵』に触れるのは、今回が初めてではない。じつは以前、ぼくの評論集『負荷と転位』（一九九三年十月　脈発行所）のなかの、「感受性の彷徨」という小さな論考のなかで、他の数人の詩人たちの作品とともに、それについても何ほどか言及しているのだ。

「感受性の彷徨」は、ぼくの評論集―『負荷と転位』の「初出誌一覧と執筆年月日」によれば、「未発表」となっており、その評論集が初出で、執筆年月日も不明となっている。

よそ道にそれるが、そのいきさつを述べると、実は、沖縄の当時の詩人たち数人の『アンソロジー』出版の企画があり、その数人のひとりに比嘉加津夫も含まれていて、その『アンソロジー』の「解説」として、「感受性の彷徨」は、ぼくの手で書かれたのである。しかし、どうしたわけか、企画は途中から立ち消えになって、解説文「感受性の彷徨」は、ぼくのところへ舞いもどってきていたのである。「感受性の彷徨」では、数人の詩人たちの詩作品を解説したあと、比嘉加津夫の処女詩集―『記憶の淵』にも触れ、最後に、若手の松原敏夫の処女詩集―『那覇午前零時』（一九七七年十一月　アザリア書房）にも言い及んでいるし、解説の内容からして、それが執筆された時期は、たぶん、一九七〇年代の終わり頃だと推測される。

「感受性の彷徨」をいまだ眼にしてない読者もいるだろうから、比嘉加津夫の『記憶の淵』に触れた部分だけを引用すると次のような文章が読める。

「比嘉加津夫は、沖縄における若手創作家のひとりだが、その彼が沈着な優しい叙情を秘めた詩集―『記憶の淵』をひっさげて沖縄の詩界に登場してきたのが一九七八年二月である。

本土の詩壇ではすでに、いわゆる『七〇年代詩人』と目される新しい詩人たちが、詩の言葉から意味性や論理を脱落させながら、感受性の『自然』に無批判にのっかるかたちで、感受性の自動記述ともいうべき方法で詩を成立させてから久しい、新たなる詩の混迷が深まる時期に相当する。そこには、時代の変容とともに、時代の底の闇の方から徐々に動き、変容する「民」の生存の様式と感情の在り方が透視できるけれども、だが、比嘉加津夫の詩集をひもとけば、本土の『七〇年代詩人』とは決定的に異質な相貌を突出させていることが明らかになるはずである。

そこでは、現実の体験は注意深く反芻されてありながら、単なる経験の記述ではなく、体験を超える意味を形成しつつ、不可視への夢は『少女』の像として鮮明に定位されつつある。

詩集『記憶の淵』の巻頭をかざる詩篇―『心臓にむかう言葉』の中の、『夢をもつ少女をかかえ／ぼくもあてのない旅をつづける』というフレーズは、まさに比嘉加津夫の詩の始まりへの果敢なる宣言であるとともに、彼の感受性の根拠でもあるのだ。小説家や評論家の書く詩がおうおうにして意味にとらわれすぎた観念性過多の作品が多いのに比較して、どうして比嘉加津夫の詩に、質素なふくらみのある叙情の実現が可能となったのか。また、比嘉加津夫をして詩の側へと追いつめたものは奈辺にあるのか。この問いは別個の論考を必要としているのでここでは避けねばならないが、一言で言い尽くせば、現実の細部への丁寧な注視と、それを超えようとする不可視の夢を、意図せずして既成の生活圏からはぐれたひそかな地点で、孤独な思念をはぐくむ謙譲な資質に由来しているといえるかもしれない。それは、比嘉加津夫の詩のなかに現出する『少女』の像の多くが、病んだまま自らのいたいけな生命をじっとみつめている少女たちであることによっても証明されよう。そして反現実としての鮮明な具体の映像をもっていなくても、現実でありつつ現実を超えようとする過渡の像として、それは詩人の優しい視線にとらえられているのだといえよう。

〈いま　暗い瞳を宙になげ
ぼんやり陽のしずむのだけを見入っている
きみの影には
どんな気持ちもとどかない
時間のながい
きまぐれのときの気なぐさめなのか
きみの肩は
南の国境の海のかなしさを染めている
いっさいの過去にみきりをつけ

砂漠の中心に駆けていくきみは強い
おれは　いま
だれの言葉にも　しばられない
生きることはどういうことか
と　たずねるきみに
辞書のごとく　しゃべりつづけた海神祭の日
おれは自嘲する意識に固縛されていたしろい浜辺の
白日の草むらにしげるアザミにひかれるきみの
うつろな姿は
だれよりも遠くにあって
おれをかなしくさせるのだ〉

（「海への道」）

そして、このような詩を生み出す比嘉加津夫の内奥には、『風景』へ常に直面しつづける受苦の痛みと、『顕在する生と／内在する死が／つねにおれの中にはある』というような、孤独な場所での執拗な思考の過程がひと知れずあることも言っておかねばなるまい。」

現在の段階から読みかえすと、荒川洋治を代表格とする本土の幾人かの詩人たちの詩に向けて、吉本隆明が名付けた「修辞的現在」という詩的状況への違和と批判の意図が強すぎるわりには、「修辞」を自己目的化する傾向への批判と、その根拠の提示が粗雑すぎたと反省する。また、本土のいわゆる「七十年代詩人」と沖縄の詩人たちとの差異性を強調せんとして、細部の展開にある種の偏向とぼく自身の理解の不足を露呈させてもいる、と言わざるをえない。

当時と現在とでは、社会の資本主義的展開と進展は、その高度化と緻密化において、かなり変貌してきているし、さらに詩的「状況」も変移してきているので、あの当時のぼくの詩的見取り図は、改めて再考・修正される必要がある、と思う。

しかし、比嘉加津夫の『記憶の淵』に関する解説は、大筋において現在も有効な批評言語となっている一方で、先に見た反省点に規定されて、十分に批評言語をどかせるべき彼の詩的特質のある側面を見逃してしまったり、細部の展開が不十分であったりと、その限界点が目につく。紙数に限界があり、また一度に数人の詩人のいくつかの詩篇を解説しなければならないことが、その一因のひとつであったとはいえ、ここでは、この点にも注意しながら、新たなる気持ちで詩集―『記憶の淵』を読み込んでみなければならない。

＊

さて再読してみると、かつて解説文「感受性の彷徨」を執筆する時点で「読んだ」と思わる「痕跡」が詩集全体に露わに残されている。ページの端がいくつも折り込まれていたり、詩篇のなかのいくつかの詩行に傍線や大きな丸印がつけられたり、読後の印象の書き込みがなされていたりという風に。

ところが、四十余年後の今回は、ぼく自身がかなり冷静さを保っているし、折り込みや傍線、丸印などが、なぜ、そんなところに施されたのか、当時の〈興奮と感動〉の所在が不鮮明になってしまっていて、〈時間〉のもたらす残酷さを、いやが上にも感じざるをえなかった。そしてわずかに、読後感の「書き込み」だけが、文字化されてあるので、当時のぼくの詩的思考（批評意識）の在り方を想起できる程度だった。

そして一方では、以前には思い及ぶことのなかった仕方で比嘉加津夫の『記憶の淵』の詩的特質の多様な在り方が見えるようになり、以前とはまた異なる視点からの新たな解読の必要を、この機会にやっておかねばならぬと思う。

むろん、以前のぼくの、幻の「アンソロジー」解説―「感受性の彷徨」で指摘しておいた、詩集『記憶の淵』の多くの詩篇に頻出する「少女」の像は、比嘉加津夫の詩的核心にかかわる最も重要な問題なので、決して手放してはならぬ主題のひとつでなければならない。

詩集―『記憶の淵』は、構成の点からみると、意地悪く言えば、無造作な作りといった感がする。章・節もないし、初出一覧や執筆年月日もなく、編年体なのか、その逆なのかも不明のままである。ただぼくらは、「あとがき」から、詩集中の十六篇の詩篇が、「一九七〇年から約五年間にわたって書かれたもの」であることを知るのみである。

作品数の少なさが、そういう体裁をとらせたと考えられないこともないが、「一つの詩集としてまとめたいという気持ちはありながらも、まだまだ時期的に早いという事情と、これがはたして『詩集』というていさいで出していい内容のものかどうかといった面で、かなり尻込みの心境を『維持してきた。』

しかし「勝連敏雄」のすすめで「決断がついた」という他律性から憶測すると、急に「決断」したその勢いで、そそくさと、詩集づくりが押し進められたと考えられるのだ。

しかし、そんなことはどうでもよくて、詩集―『記憶の淵』の詩的内実こそが問題であるから、集中の詩篇をすべて列挙してみることにする。ついでまでに、当時の時代背景を粗描すれば、七〇年代初頭に「祖国復帰」という茶番劇があり、以後沖縄の「村」は、いわゆる「本土化」の怒涛のごとき荒波によってより加速度的に解体されていった。

また、清田政信は一九七〇年に久米島に帰省し、七四年に那覇に戻ってきていた事実を押さえておくのもいいだろう。ちょっと、回り道になったが、早速、詩集―『記憶の淵』収録の詩篇をあげる。

「心臓にむかう言葉」、「ジャガタライモの村」、「海への道」、「くらがりのそこ」、「執務の内」、「高いビル」、「空虚がひろがっていく」、「唖者の傷兵」、「化石」、／「傾斜の旅」、「東部の島の位置から」、「加計呂麻島にて」、「異次元へ」、記憶の淵」、「二匹の犬」、「運河の夢」。(以上十六篇)

詩篇のタイトルを見ただけでは、どんな感慨もわかないというべきだが、しかし、「心臓」とか「執務」といった詩のタイトルとしてどうかと思える、彼なりの独特の語感がありそうだと、ちょっと注意を喚起し、詩篇「化石」と「傾斜の旅」の間隙に、「／」があることに眼をとめていただきたい。

この「／」は、ぼくがわざわざ、ある目的をもって施したもので、すぐこれから、その理由を明らかにしていくだろう。

さて、この小論を執筆するためぼくは、詩画集『流され王』から始めて、比嘉加津夫文庫の①～⑥巻までの詩集、詩画集『春は風に乗って』、『ＭＯＤＥＬ』を急流のいきおいで一読し、詩集『記憶の淵』ばかりは三～四回繰り返し熟読をかさねた。

ところが、さきに詩集中の全十六篇の詩篇を列挙する際、斜線を引いた部分―つまり「心臓にむかう言葉」から「化石」までの九篇と、「傾斜の旅」から「運河の夢」までの七編とでは、読む時の身体的受容感、すとんと腑におちる感性的速度というか、理解のしかたの難易度がことなるようなのだ。

すなわち、前者の詩篇群は、どちらかといえばすんなりと読みとおすことが出来ず、途中で立ち止まったり、読みを反復したり、単純化していえば、〈意味〉の文脈がたどりにくいし、イメージの輪郭も鮮明であるとは言いがたい。

ところが、後者の詩篇群は、なかには前者と同様な詩篇も含まれているとはいえ、その大部分は、すんなりと理解可能なものが多い。むろん、理解や共感(感動)の深さ・多寡で〈詩〉の善し悪しや価値が決定づけられるわけのものではなく、もともと〈詩〉とは常識的な「理解」や「共感」(感動)を拒み、それを超えた次元、いうなれば、いわく言い難いなにものかを〈表現〉せんとする不可能性を生きることが前提である。それゆえ、詩篇の中には、理解困難なもの、不可解で異様な禍々しきものや狂気、狂暴な暴力、突飛で奇想天外な事件や事物、その他いろいろなものが、その内容として含まれてもいいはずのものだ。話題が脱線しそうだから話題を本筋にもどして、後者の代表例として、「島尾敏雄の過去の位置まで来て」というサブタイトルを持つ詩篇—「加計呂麻島にて」の初連と最終の連を引用してみる。

妻とぼくは
加計呂麻島の呑の浦まできた
ここを訪ねるのは　二度目だ
あれはいつであったか
かつての隊長の痕跡に触れたく
ぼくは
湾の突端をさまよったことがある
……中略……
いま　妻となった人と　この地まできて
小心で病む内をかぎりなくおどらす
さあ
時をきざむ観念への出発だ

見られるとおり、文体は平易だし、いかなる注釈や説明も必要としない、たれでもすんなり入っていける内容であり、表面的には、むしろ平板ですらある「紀行文」といった趣を呈している。強いて、比嘉加津夫の詩人としての内面性が如実に表現されている部分を引用箇所だけから見つけ出そうとすれば、「小心で病む内」という詩句があげられる。だが、それはあまりにも簡潔すぎるというべきか、舌足らず言うべきか判断に迷うが、しかしこれは実は、内的自信にあふれた羞恥心の然らしめる含蓄ある重たい言葉であると見たい。しかし、いずれにしろ、後者に属する詩篇群は、文体が平易だし、容易に理解が可能な詩篇が多いのだ。その理由は、比嘉加津夫の「資質」として生来的に持っている〈散文性〉の大胆な導入にあるといえないか。詩集—『記憶の淵』の「あとがき」には、「私はあくまで散文を主体に、自己の内面を表現していこうと意志しているものであるが、いつのまにかこのような作品ができあがってしまった。これは瞬間的に精神状態が極度の緊張を強いられた時に表現されたものであると自分では思っている」という文章が読める。

ところで、読むのに容易ならざる前者の詩篇群はどうかと言えば、これについて、ぼくは今回詩集—『記憶の淵』の再読を数回くりかえしながら、最初は、処女詩集にありがちな、ナーヴな感性が時にもたらす、未熟な文体や洗練されない詩語のせいだとばかり思っていたのだが、実際はそうではなかったのだ。ぼくは今回の再読の過程で、さきにも触れておいたように、詩集—『記憶の淵』についてのぼくの解説文「感受性の彷徨」を思い出し、これまた、おのが恥の再確認のようにそれをぼくの評論集—『負荷と転位』からさきに引用しておいたのである。

その内容から勘案して、たくましい推測を加えると、要するに、詩集—『記憶の淵』の前者の詩篇群は、七十年代に本土に登場した荒川洋治を筆頭とする、「修辞」的な詩の書法を重視する詩的方法を学ぶ過程での、いわば過渡性の産物ではないかという事だ。もちろん、その詩的方法の摂取の仕方や方法的錬成はいまだ途上のものであることによって、詩的文体としての未熟性も含み持ちながら、余計に読者の読解を妨げる要因になっていたかも知れない。その十分な展開が果たされ、詩的文体の運動がようやく確かな輪郭を形成し始めるには、もちろん、詩画集『流され王』の発刊をまたねばならなかった。つまり、縮約的に言えば、前者の読みずらさは、実は、詩的方法そのものに由来する詩的文体の問題、しかもそれが学習と摂取の過程にあるための、展開の不十分さ、未熟性にあることが、うすうすとわかり始めたのだ。さらに難解な要因の一つとして、普段は使用しない難しい漢字の恣意的な使用や、誤字なのか意図的な造語なのか、判然としない詩語の多用、彼独特の癖のある語法などをあげておいてもいい。

さて、そうとわかれば、前者の詩篇群の読み方を変えればいいので、敢えて〈意味〉や〈詩的論理＝非論理〉に重きを置かず、思考のつじつま合わせではなく、自らの意識を捻じれさせたり、断絶したり、飛躍させたり、混乱した頭の中で、あるか無きかのかすかなる映像を追撃する、意識の運動自体になってしまえばいいのである。そうすることで曖昧模糊とした虚空のさなかで突如、遭遇するまともすぎる文体（話体）にであって、未知なる〈意味〉の衝撃に驚愕し、新たに打ちのめされながら…。

いうまでもなく、「修辞」を至上とする書法は詩集—『記憶の淵』の前者の詩篇群では、断片的に取り出すことが出来るだけで、よほど注意しないとそれと識別するのが困難だし、資質的に彼が持っている「散文脈」の文体も同時に随所に見られることも指摘しておかねばならない。

いっさいのものは狂ったままでくる
身辺の悪霊の影を裂いて食うぼくは
いつも真昼の風に痛打される心を痛む
かぐやかな熱病発作のおとずれ

〈もう　吹く風にはたえられない〉
よみがえる妖精にしばられる日常に
小さなひかりをおくれ

（「くらがりのそこ」）

なにもみえない過去からおりて
傷兵は　けなげな足をふみはずし
ちいさな食堂のまえに　ひれふすと
体中が無数の虫の巣窟になっている

（「唖者の傷兵」）

部分引用した詩行は、詩篇「くらがりのそこ」と、「唖者の傷兵」という、たぶんに黒田喜夫の影響の痕跡も見え隠れする詩篇からの引例だが、文脈の意味的なはぐらかしや捻じれは、微妙だが施されてあるし、詩行間の〈意味〉と〈像〉の、突飛な断絶や飛躍は、それほどの深さと振幅をもって表現されていないにしろ、かすかながら詩行の独立性を保存しつつ、かつ微妙なひずみを作り出すという修辞的技巧が見られるだろう。したがって、詩集―『記憶の淵』は、彼が資質として持っている「散文性」を意図せずして大胆に導入した作品の多い後者の詩篇と、本土の七〇年代の「修辞的現在」という詩的状況から学び取り、摂取しようとした「修辞」的書法の過渡的作品の多い前者の詩篇からなる詩集だと言えるのではないか。

しかし、本土の七〇年代に出現してきた「修辞的」詩人たちの書法をそのまま直輸入（翻訳的導入）するだけでは、言わずもがなのことながら、ここ沖縄で彼固有の〈詩的リアリティ〉をつくり出すことは困難だろう。つまり、沖縄の現実（歴史・社会・文化などの総体）の場所性はいうまでもなく、詩史的な現在の表現水準を踏まることなしには、学びと摂取の成果を充分に発揮しきることは不可能だったといえるだろう。

先に引用した、ぼくの小論「感受性の彷徨」は、このことに関してまったく不十分な展開しかできず反省点も多いし、当時と今とでは、歴史的現実の感受の仕方や言語・表現論・詩的な考え方も変わってきているので、自己批判と修正は是非必要だろう。詩的言語の修辞的なこだわりは、言語意識の高度化と緻密化にとって必要不可欠なことだし、ただぼくは、「修辞」それ自体が、言語現象（文学＝詩）の内部だけで自己目的的に処理されてしまえば、言語現象の外部との緊密な緊張関係（＝つまり〈「現実の根源との対話」（北川透）〉）を喪失し、詩の批評性を脆弱化して、その結果、詩自体の貧困化をもたらすと危惧するものである。

そしてさらに言えば、本土と沖縄とでは、辿ってきた歴史・社会・文化の総体が異なるばかりでなく、社会の矛盾の褶曲的な重層性の幅と深度が連続しつつ断絶しているし、詩史論的な側面だけに限ってみても、単純に一元化して語ることを許さない、十年〜二十年ほどの深い断層と空白、時間的に捻じれたギャップが横たわっていると、ぼくは観る。

そうであれば、そうとう緻密な論理と実証性をもって考察にあたらねばならないが、現在のぼくには、荷の重すぎる課題だし、いまは予見のかたちで言っておくにとどめたい。

ただ卑近な例として提示すれば、本土では、「修辞的現在」なる詩的状況が現出したのが一九七〇年代だったとすれば、沖縄で「修辞的な書法」のそれなりの達成と成熟をみるのが、一九八〇〜九〇年代であり、その担い手は、いうまでもなく比嘉加津夫や仲本瑩たちだったと、暫定的に推測が可能だ。

ともかく、いまから思うと、比嘉加津夫は、ぼくよりも素早い速度で、時代と社会の変容に機敏に反応し、本土の「七十年代の詩人」たちや、芹沢俊介などから多くを学び取って、その言語意識（詩意識）を先鋭化して、本土のそれとはいくぶん異なる「修辞法」を体得していったと、考えられるのだ。

ぼくは先に、比嘉加津夫を目して、「七〇年代詩人」だと言ったが、しかし、詩集発刊の時期をその判断の基準からはずせば、半分は六〇年代にも片足を突っ込んでいる微妙な位置にある人間だったのが彼であり、ぼくたちだったのだ。なぜなら、彼は、「沖縄大学」在学中から雑誌「発想」（「沖縄大学文学研究会」）を発刊し、のちに「脈」を主宰する名編集者としての鱗片を萌芽的に示し、青年期の情熱の多くを傾けて活動した事実があるからだ。しかし彼は、詩集―『記憶の淵』をそそくさと上梓し、時代の急激な変容をいくぶん受容しつつ、感受性と思想の歩幅を時代の深層のうごめきに同調させながら、自らの青春期の煩悶の意味を持続的に問う作業を早々と切り上げて、おのが六〇年代体験の呪縛を断ち切った。現在の時点から改めて振りかえれば、そのような側面が無きにしも非ずである。ぼくなどは、自らのほぼ半生をかけて、おのが「青春」への距離の賦与と「再組織」（大岡信）のための足場をやっと見出すことが出来たのだが…。きっと、彼から見れば、ぼくなどは「いつまでも六〇年代的感性と思想に拘泥しすぎる古臭い奴」に思えていたに違いないのだ。

このような視点からすると、比嘉加津夫の処女詩集―『記憶の淵』は、おのが無名の青春の早すぎた〈埋葬譚〉、あるいは〈青春の遺書〉の趣きを十分に備えていると言えないこともない。言い換えれば、感受性と思想の原質的基底部分における静かだが、しかし確実な新たなる転位―もう少し言い古された言葉をつかえば、人知れぬ内面の深部における〈転向〉は起動し始めていたと言えるし、それと引き換えに、彼の早すぎる晩年の貴重かつ多様な仕事が可能となったのだ。思わず、先走り過ぎた感があるが、いまはともかく、詩集―『記憶の淵』における比嘉加津夫の詩的核心へ直撃するように介入すべき時だ。

＊

ところで、さきに言った、青春の〈埋葬譚〉にかかわらせていえば、何よりもまず、ぼくらは詩篇「海への道」の考察から始めるべきだろう。その詩篇は、端的に言って清田政信の「ザリガニといわれる男の詩篇」の影響を受けながら、しかもそれに対抗＝拮抗するようにして、一九六〇年代以後の青春の苦悩と悲惨を、かなり構成的な意図のもとで叙情せんとした、十一節からなるかなり長い力作詩篇である。

「ザリガニと言われる男の詩篇」が、その発語の根底に政治的「挫折」の体験を色濃くひきずっていたとすれば、いっぽう詩集―『記憶の淵』の「海への道」は、政治的、あるいは共同的な行動の中絶または「挫折」体験の表出は希薄だし、代って漠然たる「生活現実」が信じられず、「先験的な挫折」または「日常的な蹉跌や稚拙さ」を強いられたものたちの、内的な煩悶と悲鳴が響いているように思われる。

いったいに、詩集に収録された十六篇のうち、十二篇に「少女」なる〈像〉が頻出し、比嘉加津夫の〈詩〉を成り立たせる重要なモチーフ（詩的語彙）となっていて、この「少女」像の意味は何なのか、比嘉加津夫に即して考えてみる必要もあるが、それは後ほどの課題としておこう。ともかくここでは、詩篇「海への道」において、他の多くの詩篇に頻出する「少女」像が、〈エミ〉なる固有名をもつ、詩中の登場人物のひとりに配置されている事に留意しておこう。

そして、詩篇「海の道」には、「エミ」のほか、詩的主格としての「おれ」が登場し、「おれ」は「エミ」を「きみ」なる二人称で呼称したり、いっぽう「エミ」は、自分を「わたし」と名乗り、「おれ」を「あなた」と呼んで対話体の詩行を成立させ、両者の関係性の歴史―「おれ」の青年期から幼年期まで遡行して、「おれ」の生の〈現在性〉のすべてが凝縮され俯瞰できるようになっている。

さらに構成的技巧は複雑化し、「おれ」なる詩的主格をより客観化するときには、「男」なる三人称となり、またもうひとり、「おれ」＝「男」の範疇に収まるとは思えぬ、さらに別の「男」も登場させながら、普通の詩行と、二字分下げて、「おれ」や「エミ」の内的独白にあたる詩行を〈 〉で囲み、それらを交互に交錯させながら、詩の運動は展開していくのである。とにかくこの「海の道」は、長編詩篇なので引用が困難だが、ここでは、「おれ」の青春期の一齣と思われる場面と、「おれ」の幼年期が想起される場面を引用する。

……中略……
せめぎあう日常のすきまで
かげろうの　よぎる夢におかされ
ぽつねんと
腕をくむエミがみえる
海が縦軸の中心からひろがり
いっさいの　虚偽に胸を焼かれて
にわかに　縮小していくエミがみえる
青年初期の
名称のない青春の日々
ますます老いゆく思念を扼殺した
共和国幻想を伝達するテ―ブルの暗い
奥のかたすみで
胸を乱打されるエミがみえる

〈おれは　これからの当分
　なにも考えない日をすごすだろう
　くぶらの岩のはざまをゆれるかげろうのごとく
　あらわれる　きみとの距離を
　めくらみながらはかり
　裏切り者の相貌をして
　深林の沼地を行くだろう〉
……中略……
男にとって
塩作り工場のならぶ　かれの町は
線のようにふるえている
隠忍の場所だ
そこでの
ひとりの存在者とのであいが
閉塞されているだけで解放を願望する
内部の眼球を覚醒させるのだ
身売りのごとく
ひとの家にあずけられた　幼少のころ
男は他者とのめくらむ距離に痛打された

町の洞穴では
それらすべてとのであいが
烙印されるのだから
男は　はげしい彷徨をもとめて狂いだす
……中略……

部文引用した詩行は、むろん詩篇「海への道」の、前者が五節、後者が八節の始まりの例示である。見られるように、前者は、比嘉加夫の青春期における、活動の様子を彷彿とさせるし、その内容は「共和国幻想を伝達するテーブル」でかすかに暗示されるが、どちらかといえば直接行動に向かうというより、連日議論に明け暮れる当時の状況に、辟易している「エミ」の内面が見えるようだ。後者にある「幼年期」にであった「ひとりの存在者」という言葉から推測すれば、「エミ」なる「少女」像は、明らかに「男」＝「おれ」の外部の他者であるが、前者の詩篇では、どちらかといえば、もう一人の内部の自己像でもあるようにみえるのだ。というのは、詩集『記憶の淵』に収録された詩篇の多くに頻出する「少女」像は、存在の位相をいくつかずらしつつ変奏されて、多様なイメージを誘発する、曖昧で多義的な語彙となっているという事だ。思いつくまま、詩篇の順序とかかわりなく取り出してみる。「放浪人のように光と対応する／夢を持つ少女」、「詩をいろどる方法で／愛をかたる」「心やさしい少女」、「柔らかすぎる肉体が／確実に　確実に溶解していく」少女、「今日の状態を音信する」相手としての「病床の少女」、「不思議な声」をもつ少女、「棒切れ」を自分の子供だとして抱き、「おちち」を呑ませようとする気の狂った少女、「ぼく」を「少女の牢の囚人」にしてしまう少女、「古代の中の少女」、「東部に位置する島」を旅する「ぼく」の「心のなかで病む少女」、「病弱な少女」など、列挙すればいくらでも挙げていくことが可能だ。単純化してまとめれば、詩篇「海への道」の「エミ」がそうであったように、多くの詩篇に頻出する「少女」像も、比嘉加津夫の外部に措定された〈夢〉を仮託された他者の像であるとともに、彼自らの内部に想い見られる「不可視の夢」を担う像でもあり、いわば現実と北村透谷流の「想世界」の間隙に現出する、はかない幻影のようなものである。とはいえ、後者の詩行にある「ひとりの存在者」という詩句から、多様な変奏形で現れる「少女」像の起源のようなものを、ぼくらは想定できるし、それが比嘉加津夫の幼年体験に依拠している限り、彼の中では確かな〈記憶像〉として「実在」するものだ。そして実際は、外部の他者像も内部に創出された「少女」像でも、ともに比嘉加津夫の「観念の世界」（想世界）として身体的に包摂されて存在するために、ときに、渇望や拒絶、親和や離反、信頼や不信、希望と絶望、健全と病理など「複数の他者」の混在と葛藤の場所となる。

ぼくが所有している『記憶の淵』には、七〇年代後半に読んだ時の書き込みが、詩篇「心臓にむかう言葉」の詩行の上の大きな余白に〈「少女＝内部のオブセッションでありながら、同時に不可視の夢」〉という書き込みがみられる。

ぼくは、この当時のとらえ方は、多少訂正するだけで、今でも通用するのではないかと思う。これまでのことどもを凝縮的に言いかえれば詩集―『記憶の淵』に頻出する〈少女〉とは、すなわち、比嘉加津夫の青年期の精神の内奥にはらまれた「自分のなかの複数の他者が／おたがいの方向をさだめて」対立し、拮抗し合う内的煩悶の混沌の凝縮形＝人格表象であるとともに、彼の「青春のオブセッション」そのものではないか。

比嘉加津夫は、詩集―「記憶の淵」の諸詩篇を書きつぐさなか、まさにおのが「青春のオブセッション」を、表むき穏やかでありながら内面の苦悩を激烈・苛酷にも通過しつつあったのであり、それ故にこそ、それは取りも直さず、彼の「青春の埋葬譚」＝「青春の遺書」となったのではないか。

表面だけを見せて
するどく寝かえりをうつ海は
ふかみで深傷の
汚物をはいてうめく
だから少女よ
きみはおれを拒絶するがいい
二人の胸裡のへだたりに
かさなりあう時間はないのだから
おれたちは
はじめから他人のままだ

（「運河の夢」）

詩的主格である「おれ」への「きみ」＝「少女」の「拒絶」の命令的指示・受容は、逆にいえば、「おれ」の「少女」への拒否＝訣別、つまりは彼の内部の「青春のオブセッション」の終わり＝それは同時に新たなる詩的転位への準備を意味していた。

それにしても、比嘉加津夫の感受性と思念（思想）の基本形は、古代的な「海洋」の時間というべきか、遥かな時を超えた不可視の領域を目指すがゆえに、自らの内部＝外部の「少女」像は、近代の病理を抱え込まざるを得ないという深い自覚があり、「病弱」・「病気」・「狂気」などの負の側面を色濃く付着させた運命を受苦のように担わざるを得ない。詩篇「海の道」における「エミ」＝「少女」が、健全な「生活の夢」や遥かな「不可視の夢」をもちながらも、何故か瀕死の状態（「委縮」・「縮小」）に見舞われたり、「影」となって消滅しながら、幾度も「おれ」の内面に蘇生しつつ、「おれ」の「内部の眼球を覚醒させ」続け、しかし結局、詩篇「運河の夢」では、「少女」による「おれ」の「拒絶」が承認されるのは、理由のあることだったのだ。つまり、「少女」＝おのが「青春のオブセッション」へ距離をひき、「過去」のすべてに決着をつけること―言葉を変えていえば、おのが青春期の六〇年代的ある種の呪縛を断ち切り、それから解放されることによって、新たなる詩の「修辞的」格闘の時間と場所へ転身していくことだったのだといえよう。

ところで、話題が相前後するが、先に詩篇「海への道」の八節を引用して論じた際に、書き残したことが多少あるので、もう少しそれに触れてからこの稿をとじることにしたい。

それというのも、いくつかの詩篇の詩句の中に、幾度か反復に使用される語彙で、那覇市の「安謝」に住んでいた比嘉加津夫しか知らないぼくでは、ちょっと見当のつきかねる場所の名称や幼年期のことがわからないので、仲本瑩にご教示を乞うことにした。それらは、「塩づくり工場」、「犬座花」、「ジャガタライモの村」、「幼年期の家庭」などといった、あくまでも事実にまつわる単純な事柄だが、しかし、そうでありながら、じつは、詩の理解にはそれが重大な陰影や襞々を与えることとなるのである。この小論の読者にも比嘉加津夫と彼の詩篇の理解に役立つこと少なくないと思うので、仲本瑩のメール内容を次に引用する。公的に発表するためのものでなく、たぶん即興的に書いた文章なので、ぼくが必要と思う部分だけ整序しながら引用すると、次のようになる。

〈比嘉さんは小学一年生の半ばにかけて、半年ほどコザの泡瀬に居ました。母の弟（叔父）夫婦の間借り先に預けられた。それから久志へ帰ることになります。この辺は彼の小説集『川岸で』での所篇でわかります。『川岸で』所収の「泡瀬」というタイトルの小説は泡瀬でのことが書かれています。

泡瀬は、昔はマース屋（「塩つくり工場」）があり、沼や運河状の水路が走っていました。また、『ジャガタライモの村』、『ジャガタライモの畑』、『犬座花』などが、繰り返し出てきますが、高原からコザ高校にいたる丘陵地帯の風景を彷彿とさせます。…中略…『犬座花』は、花のことではなく、比嘉さんが民謡研究で飛び回っているころであったと思われる、『与那国小唄』に出てくる「犬座はな」が踏まえられていて、『犬座はな』は『犬座鼻』のことで、鼻は崖の端っことという意味です。

…中略…もう一つ、小説『泡瀬』では叔父の姪が、レイコという名前で登場し、実際には、その『レイコ』なる姪と叔父の家で同居し、レイコと家出も実行しています。それが詩集『記憶の淵』のエミや少女の原型ではないかと考えています。〉

こうした、仲本瑩のご教示をうけて、ぼくはなんと一番近くの友人の作品すら十分に読んでいないのではないか、あらためて恥じ入りながら、小説集『川岸で』を取り出し、「泡瀬」を急いで読んでみた。小説とは言え、いわゆる私小説でありながら、内容は瑞々しい叙情性を孕んだ詩的掌編であり、比嘉加津夫の柔らかくも強靭な散文力に魅了された。

してみると詩篇「海への道」の八節に定着された「塩作り工場のならぶ　彼の町」とは、すでに現在は消滅してしまっている昔の「泡瀬」の風景＝「幻影の町」であり、「ひとりの存在者」との出会いも、「身売りのごとく／ひとの家にあずけられた　幼少のころ」も、辛い体験から抽出された〈コトバ〉であったのだ。幻影のなかの「かれの町は／線のようにふるえている／隠忍の場所だ」という詩行を、あらためて読みかえし、ぼくは幼いひとりの少年の魂の痛みの声をひそかに聞き取った。比嘉加津夫は、実はその〈場所〉へ何度も回帰し、想起しながら自らの青年期のすべてをあげて、〈青春のオブセッション〉としての「少女」像を造形し、そして自らそれらから決別していったといえるだろう。

（二〇二一・四・十八）

大城　貞俊

比嘉加津夫の詩世界〈鏡の街〉での個と表現

1　空洞化する自己

数日前、ある文章の中で私は「私の中に一種の空洞が流れている」と書いたことがあります。闇とも光ともつかない混沌が私の内部を覆いつくしているという程の意味でした。実体がつかめません。

こんなときは、おもいきって黙する世界に自覚的に向かっていったほうがいいのかも知れません。しかし、そう思いながらも、また一方では、誰が何と言っても、あるいはどんなに自分がものしている文章が駄目であっても、書くことで踏んばらなければそれ以上に駄目なんだという思いもしているのです。そういう声が響いてくるといったほうがいいでしょうか。

これは、比嘉加津夫が一九八四年に岩谷征捷に宛てた書簡の一節である。（注1）。〈書くことで踏んばらなければとする控えめな決意と、自己の内部に流れている〈空洞〉の自覚が語られている。おそらくその自覚から八年経った一九九二年の今日、比嘉はその位置から、それ程遠くまでは来ていないはずだ。今日、私たちは、比嘉のその感慨と同じ場所に未だ佇んでいると言っていい。〈空洞〉を埋める方法が、たぶんまだ誰にも見つからないのだ。あるいは〈空洞〉は埋められぬ性質を有しているが故に、埋められぬままに、〈書くことで踏んばらなければ〉とする位置で佇んでいるのだ。

この文章は、比嘉の〈書くという行為〉を通して表現に携わる者としての感慨が表出されたものであるが、しかし、〈空洞〉の自覚は、何も表現者でなくとも、同時代を生きる私たちの共通の感慨だろう。比嘉もたぶん、個的な感慨と同時に、時代を共有する人々の普遍的な感慨として予感していたはずだ。

私たちの生きている現在という時代は、意味が明確な輪郭を持たなくなっている。価値が多様化したぶんだけ意味が絶対性を喪失した。真理は形而上学の世界でのみ確固とした地位を占める位置へ後退した。真理と構築された価値の見直しが現代思想の最前線に位置する思考の方法だ。自明とされた価値や概念を疑ってみることから今日の困難な時代を再創造しようというわけである。もちろん、そのような現代思想の方法を借りるまでもなく、依拠すべき意味や価値への信頼は、私たちの生活実感として徐々にあるいは確実に喪失されつつあるというのが実感であろう。イデオロギーでは捉えきれない世界、形而上学では説明できない世界、あるいは二律背反的に思考することの硬直性、あるいは主観的思考や客観的真理の曖昧さなどは、私たちの体験として実感されていることだ。このような状況の中で依拠すべき場所を喪失した自己の空虚感を私たちもまた比嘉と同じように〈空洞化する自己〉と呼んでいいはずだ。

終着点を喪失した世界で思考することは空しい。しかしまた、人間はとにもかくにも思考なしでは生きられないことも確かである。日々の生活の中で判断を迫られたり、人間関係の網の目の中で蹲ったりしたところで、関係性は否応なしに揺れて基盤をずらされていく。絶望感や倦怠感に囚われることも少なくはない。ましてや書く行為は、〈疲労感〉や〈停滞感〉、あるいは〈自棄的な気分〉と格闘せずには成就されないはずである。

私たちの生きる今日の時代は、このような空虚感を有して生きるということなのだろう。信じられるものが喪失した時代の中では、主体もが浮遊せざるを得ないのだ。この空虚感は〈実体のつかめない〉自らの内部の〈空洞〉感覚へ転化してもなんら不思議ではない。書く行為を自覚的に行っている人々にとっては、書く行為のもつ〈空虚感〉と重畳されて、なおさらに陥穽的な感慨になるはずだ。

またこの〈空洞〉は、たぶん表面的な治療では満たされない性質のものであろう。〈空洞〉から目を逸らすことなく凝視することの中にこそ治癒方法はあると考えたい。〈空洞〉がブラックホールであるか、ホワイトホールであるか。私たちを沈ませるものであるのか、浮遊させるものであるのか。現代詩の時代のテーマの一つはこの捉え難い〈空洞〉を詩の言葉として昇華することにあると言っていい。

比嘉加津夫の詩世界は、このような場所から目を逸らさずに真摯な姿勢が創る世界である。空しさと共存することを忘れず、空しさから目を逸らさない。ここから普遍的な生の意味を掌握する。この営為は、時代の流行を追う表層的な営為ではなく、時代の深層を掘る営為なのである。このためには、自らを取り巻く生活空間や日常的な世界の中にこそ表現の舞台はあるのだ。

復帰二十年、比嘉加津夫のこの営為は、〈沖縄〉という地域への意味が総括され問いただされていく喧噪の中でも、常にこの問題意識と普遍的な視点を失わない。今やファッション化された〈方言詩〉にも媚びることなく自らの〈空洞〉を凝視する。それは、近代的な文学概念や、自らの日常や詩の定義を自明として画一化しようとする既成の権威とも全く関係のない場所である。

たとえば／ここに土蔵がある／だが／土蔵とは何か／ここに壁がある／だが／壁とは何か／影が光を叩く／未明のあかりに／とどける意味は何もない／煙のように踊って／そのまま散っていく／不思議が花を咲かす／川底の根／つり合う関係を／切ったのは誰だ／芽を噛んで／叫んだのは誰だ／どこから出発したのか／どこで／とどまったのか／意味とは／何だったのか／そのものが／見えなくなった／空洞なのである／何も見えないぼくは／見えないぶんだけ／すくわれている／のである。

（「未明のあかり」）

2 〈鏡の街〉

比嘉加津夫の〈空洞〉感覚は、もちろん、古代からでもなければ遠い未来からやって来るのでもない。それは私たちと同じように現実を生きる日常の中から陽炎のように立ち上がってくる。そしてもちろん、自覚的に生きる人たちにこそ、その感覚は比例的に重くのしかかってくる。私たちは、現実や日常に対して、どのように自覚的であるか。また、みずからの〈空洞〉感覚を問いただすことは漠然としていて一筋縄ではいかないことを知っている。同じように、比嘉加津夫の場合もまたそうであるはずだ。比嘉自身が、今それを問い続けている途上にあると言ってもいい。それは、論理的に分析することが困難な漠然とした感情である。また、剔抉してみたところで、そのような感情を消去することができないところにその特質はある。

私たちの生きている場所はどこか。比嘉加津夫は、象徴的な意味でも〈街〉という言葉を使用している。〈街〉は、あらゆる感情を飲み込みまた排泄し、あらゆる生活を育みまた拒絶する総括的な概念として抽象化されている。〈街の風景〉、〈街の生理〉、あるいは〈街〉の有する闇や狂気の世界は、またみずからの風景でもあり、闇でもある。〈街〉を拒否し、〈街〉を凝視する。あるいは〈街〉を愛撫し〈街〉と戯れる。〈街〉は、また家族でもあり世界でもあるのだ。あらゆる生命的な空間であり、同時にあらゆる無機的な空間でもある。比嘉加津夫は、このような〈街〉を内部に抱えて生きていく。

ノートに目を留めて／肩を落としている／島の街を
／一気に駆けてきて／知らない〈所〉まで来てしまっ
た／開いていけば／開いていくほど／緻密な生活実体
が／見えてくる／放蕩も見えてくる／風景が途切れた
り／時間が途切れたり／ぼくらの街は不可解だ／何故
あれほど柔らかく／人を求めたくなるのか／風を欲し
がるのか／昼間の時間から抜けて／影を食べて／自分
を埋めている男よ

（「水溜まり　1」）

時間だけを生き／呼吸するように落ちる葉／川辺の
街は狂っている／追撃の眼／非望の夢／／すべては川
辺の橋から始まる／だがここは／本当はどこなんだろ
う／寂しさだけで眠っている／名前のない街　（「無類」）

臓腑にからむ夢を飛ばして／ぼくは／転位をくりか
えしている／言葉はないか／食べる言葉は／あるいは
／限りなく／〈私〉に近づく街はないか

（「ひとつの故郷」）

〈街〉を見ることは空しい行為であるが、〈街〉で生きる詩人は〈街〉を見ることを拒まない。〈街〉を見ることは、生きることでもあるのだ。網膜に映った〈街〉、あるいは蠢いている〈街〉、あるいは〈街〉の中で蠢いている人間の情念が多くの言葉で紡ぎ出される。これでもか、これでもかといわんばかりのたくさんの詩行が表出される。しかし、それでもなお〈空洞〉は埋められないのだ。この孤独な営為をこそ、私たちは比嘉加津夫の詩編から嗅ぎとるべきであろう。

比嘉は自らの詩について「これは大袈裟に言えば『私の日常の生活との闘いの記録』である」と書いている。このことは比嘉加津夫の詩の生まれる拠点をよく語っている。中途半端な生活の場ではない。凝視も言葉も真摯である。

声は／どの声も苦しんでいるではないか／／（中略）
／いま／どんな言葉も／希望を形象しない／沈んでい
く声を／誰も助けることはできない

（「視界」）

人間が正面から割れる／人間は夜のふくろうのよう
に／眼だけで時間をはかり／彼方の空想に飛んで行こ
うとするが／敗亡の手で／全身が覆われている

（「暗号」）

見ておれ／これは神話ではない／人間が壊れていく
現場なのだ

（「宵の巨人」）

このような場所が、比嘉加津夫が生きている場所なのだ。もちろん、だれもがこのような場所を生きているわけではない。またこのように〈街〉を見る必要もない。しかし、このように見ている人にとっては辛い目前の現実であり、乗り越えねばならない現実だ。

私たちは、たとえば窓ガラスを通して外部の風景を見る。また窓ガラスの背後に闇を置くことによって、鏡として使用して内部の風景と自らの顔を見ることもできる。あるいは窓を閉ざすことによって外部の風景を見ないこともできるし、自らの顔を見ないこともできる。窓ガラスは、自在に外部と内部の鏡にもなる。

しかし、ガラスや鏡は、時には凶器にもなる。もちろん、見ることのできる〈街〉も〈自分〉も、時には凶器になる。その〈鏡の街〉を、比嘉加津夫は有したのだ。〈鏡〉に映る自己や家族の脆く危険な日常を見たのである。比嘉の詩世界は、たとえて言えば個を普遍化して〈鏡の街〉に映る人間の悲劇を表出したものである。

奴が来たのだ／黒い喪服を着て／それに目鏡を炊いて／目をちらちらさせて／手を振って／こわさのあまり／ぼくは目をそらした／灰のように沈む顔／何といったらいいのか／そのまま夜風につれられて／消えていけばいいのだが／夢をこわすように／激しく抜いた／からだの全部が怒りだす／（中略）／本当はみんな／黙ってほしいのだが／言葉がぼくに向かってくる（中略）／鏡に映った／喪服姿のぼくは／やはり手をあげて／激しく沈んでいく／明日が来ないうちに／扉の前の鏡を／割らなければならない／ふとそんなことを思う／からだは／極端なところまで来ている／というべきだ

（「鏡」）

3　なぜ書くか

私たちは、現実を生きている。おそらく、このことに誰も異論はあるまい。しかし、現実への対応の仕方、あるいは生きる感慨というものは、千差万別である。自らの生に自覚的であるものほど、その感慨の振幅も大きい。そして、今を生きる者にとって今を生きることこそが重要な課題である。この切実さの前には、過去や未来の規範や修辞は、画餅のように意味がない。

私たちは、生きるに弱い。あるいは、痛みを感ぜずには生きることはできない。それは同時に他者の弱さや痛みにも冷淡になれないということだ。このような拠点にこそ文学は生まれるのだと信じている。あるいは、人間の弱さに無頓着な文学を私は信用しない。

比嘉加津夫は、現実を生きている。極めて自覚的に生きている。この自覚の強さ故に、多くの表現がジャンルを問わず二十余年もの間持続的になされてきたのだ。個人詩誌や同人詩誌の発刊、詩や小説、評論の分野における活躍は、一九九一年の暮れ「比嘉加津夫文庫」として集大成され、「脈発行所」より出版されている。

比嘉加津夫は現代詩の困難な前線を生きる詩人であると同時に、島尾敏雄の文学世界の優れた研究者であり理解者でもあるが、書くという行為について、「島尾敏雄試論」の冒頭で次のように述べている。

　表現者が苦痛から逃げることができないというのは「書く」ということが日常の生活とうまく自然に調和し得ない行為であるからに違いない。書くという行為はもともとある何らかの記録性を含むわけだし、内発する叫びの内側を記録していくということと私たちの生活は少なくとも数段隔たっているはずである。

　しかし叫びは、叫びであるということで表現という行為をはるかに越えているように、表現するという行為は生活する行為から発して、全く相反しながら、固有な生を生きる筈である。生活の言葉が詩にたかまり得ないのは、それが余りにも具象化されきっている生活の中からの言葉が言葉だけとして出されるからであり、また詩が詩になり得る言葉であるのは、それが意味の深みで強靭な根をはって、ますます内のほうへと肉迫する言葉として出すからではないか。（略）私は、自分の生活の中から出ながらも、その現実とは違った別の現実へこそ至り着こうとする世界を持つものをこそ詩と呼びたい。（略）書くということも、おそらく別の現実に行きつこうとする行為だ。

ここには、比嘉加津夫の表現者としての自覚と、詩に対する考えが述べられている。当然、それはなぜ書くか、ということにも繋がるものであり、島尾敏雄への関心を述べる序章でもある。

また、一九八三年『脈』誌上で行われた詩人神谷厚輝との往復書簡は、書くという行為について真摯な問いが交わされた書簡である。この中でも比嘉は島尾への関心を述べながら次のように書いている。（注2）

「書く」行為とは、限りなく個人へ向かうことであり、生活なら生活、社会なら社会に思考の全体が溶かされてゆく、あるいは流されてゆく、その流れをある一点でくいとめることなのではないでしょうか。（略）極端な言い方をすれば「小説＝表現」の世界があったから、島尾敏雄は「死」から逃れることができたのだと思っています。文学するということが、なにかでもあるように、やたらに「社会性」をおしつけられたり、また自分でもそう思い込んだりする傾向がかなりあるわけですが、どのような方法であれ文学は個人性につなぎとめておくことが大事なのではないでしょうか。

比嘉加津夫は、詩を書くこともまた〈限りなく個人に向かうこと〉であり、詩を書くことで〈生活を越えて〉いくという基点に立っていることに間違いはない。そこから、詩はさらに「極東の朝」「アジアの少女」へと広がっていくのだ。

通り過ぎていくものは／どれも傷を負っている／川辺の樹木に／光があふれ／その光を測ろうとするが／光はどれも血で染まっている／愁気の心象／言葉の死するところ／どんなに追いかけても／追いつかない／その場所で／意志のように踊っている／深みよりも／ひろがりに向かう／夢のような地点／そこで／一行の詩を指向しようとするのだが／ぼくは突然／虫にされてしまった／平穏な壁をまたいで／あるいは／狭く範囲をかこって／ぼくは顔を埋め／夢を追ってきたのだ／川辺の街は／遙けき夢で／彩られていると言っていい／狂わされても／なお流れつづける／意識のガラス／今／戦後は始まったばかりだが／もうあたりは戦争の様相である

（「それだけの世界」）

〈街〉は多くの情報が交錯する中で、逆にそれ故にこそその実体をさえ空洞化させている。その〈街〉の現実と、そこに生きる人間の実存の深淵を照射する。ここに一回限りの生に立脚した比嘉加津夫の詩表現の特徴はある。

【脚注】

1　『比嘉加津夫文庫（15）　書簡　島尾敏雄』（脈発行所、一九九一年）。

2　個人詩誌『脈』5号、比嘉加津夫。

※本稿は、拙著『憂鬱なる系譜―「沖縄戦後詩史」増補』（一九九四年、ZO企画）に収載したものを、一部表記を改変してそのまま掲載した。比嘉加津夫氏への畏敬の念は当時も今も変わらない。冥福を祈りたい。

イメージ袋

上原　紀善

　比嘉加津夫さんからのハガキが小さな箱に納められていた。私の第一詩集『開閉』が出来上がったとき、同僚の高良勉さんが詩人達を紹介してくれた。私は面識のない詩人に詩集を送った。その中に比嘉加津夫さんがいたと思う。

　詩集『開閉』受け取りました。有難うございます。言葉が原初の形でピチピチはねているという感じです。「開閉」という詩の中の「開閉の先端はいつも繁吹いている」というのが印象に残っています。詩集全体が原初の言葉が繁吹いている、そんなふうに読みました。

　開閉と言う言葉は私にとって思い入れのある語で、自分なりに理屈を付けて使っている。開閉の先端はいつも繁吹いているという文は肝に銘じているもので正に、私の内を見透かすように言い当てていることに驚嘆した。

　どういう経緯があったかは承知していないけれども、琉球新報紙上に詩集『開閉』に関する比嘉さんの書評が掲載されている。前掲のハガキにあるような「言葉がはねている」なども見られるが、他に「全編を一応に覆っているのは色調の暗さだ」と直截に書いている。そのような性向があるのだと反省させられた。

　六年の後に、詩・連音『原始人』を発行し、比嘉さんにも送った。このときも、感想と励ましの言葉をもらった。

　比嘉加津夫さんの二つの詩作品を読んで、哀悼の意を表したいと思う。一つは沖縄タイムス社発行の沖縄文芸年鑑（沖縄・奄美　詩人の現在二〇〇七年）に掲載された、タイトルが「重力の終り」という作品。

　　　重力の終わり

　一日のおわりに
どうしても「おろかだよ」である

ひとかたまりの
知ったかぶりの列に吸い込まれて
波がぶつかる通りにでると
ぼくはその場で
呼吸をととのえ
自分の影をおおきくみせようとする

（中略）

ひかりをたべ
みずをかぶり
かぜにそって生きたいのに
無重力というわけにはいかないだろうが
負荷のない
だからといって無責任ではなく

そんなやさしさにつつまれたいのに
みじかい針がたそがれどきをさすと
言いなれた言葉に
囲繞されるのだ

「おろかだよ」
これから先がみえないのは悲しいよ

二つめは「潮境」（沖縄詩人アンソロジー　二〇一六年）に掲載された、タイトルが「イメージ袋」という作品。

イメージ袋

むしなのである
目はあるのかないのか
棚には
読んでないのがならんでいる
それでも
むしなのである
前に立つと気分が立つ
こころはたぶん満足なのだ
背のタイトルが世界になり
ひろがる
ここにいますと
うったえているようでもある
夢がしずくになって
イメージ袋におちていく
ずっとながめているだけで
飛んでいきたくなるのである

どこからみても
ほんのむしなのである

一日のおわりに「おろかだよ」と言い、「自分の影をおおきくみせようとする」。そして、やさしさにつつまれたいのに、言いなれた言葉に囲繞されるとうたい、撥ね除けたい思いを表す。なんと真っ直ぐなものいいであることか。日日の内省を住まわしていることが分かる。そして、目標に向かっていることを知る。

『潮境』の詩「イメージ袋」を読んでいると、少年の飛翔、想像力の豊かさを感じる。いつだったか何名かで比嘉さんの書斎に案内されたことがあった。大きな部屋の本棚にたくさんの本が並べられていた、あるいは主人を待っている本と言った方が良いかも知れない。棚の前に立ってイメージ袋にたまった物語が平敷屋朝敏であり、吉本隆明、森崎和江、島尾敏雄になっていったのだろうと思量する。謝意を表し、ご冥福をお祈りいたします。

おおしろ　建

比嘉加津夫・追悼　詩画集『春は風に乗って』

比嘉加津夫さんと私の縁は「脈文庫」の「沖縄現代俳句文庫」（全十巻）であった。同人誌『脈』の代表としての比嘉加津夫さんの活躍ぶりは昔から知ってはいたが、直接、会話を交えたことはなかった。時折、出版祝賀会などで会場の隅の方から眺めることがあった。その「脈発行所」から句集の話しが出たときはどきどきした。文学仲間からは「本の一冊も出してない者とは友だちにしたくない」など と冗談交じりにからかわれたり、励まされたりしている頃だった。一九九四年一月、三九歳の時、沖縄現代俳句文庫④『地球の耳』を出版した。「解説」は詩人で作家、評論家の大城貞俊さんに書いていただいた。新聞「書評」を仲本瑩（仲本彩泉）さん、金城けいさんに書いてもらった。身に余る「解説」「書評」であった。

俳句を作り出してから句集発行まで二十年以上もかかった。根が不真面目なので遅い旅立ちではあったが、沖縄タイムス社から賞まで頂いた。比嘉加津夫さんの「脈文庫」の話しがなければ、ずるずると時を過ごしていただろう。ありがたいことであった。「沖縄現代俳句文庫」（全十巻）には懐かしい名前が並ぶ。石登志夫、川満孝子、喜屋武英夫、作元凡、仲本彩泉、野ざらし延男、夜基津吐虫、野畑耕、よなは景子。もう鬼籍に入った方もいる。

仲本瑩さんから送られて来た「比嘉加津夫著作及び脈文庫等」「比嘉加津夫年譜」を見ると膨大な詩集や評論集、短編集が載っている。目の回りそうな数である。同人誌『脈』は一〇三号、個人誌『Ｍｙａｋｕ』は一八号まで発行。「脈文庫」は「沖縄現代詩文庫」（全十巻）もある。沖縄を代表する詩人たちの名前が並ぶ。「年譜」を見ると二十歳の頃から『作品集』を発行している。創作に対する執念、恐ろしいほどのエネルギー、人脈の凄さを感じる。一九七〇年代初頭は個人詩誌や同人詩誌、同人誌などが盛んに発行された時代だと聞いている。この隆盛に一役買ったのが、比嘉加津夫さんであったのは間違いのないことだろう。

雑多に並べられた本棚を眺めていると詩画集『春は風に乗って』（一九九三年二月発行）が飛び込んで来た。懐かしい詩画集である。比嘉加津夫さん独特なデフォルメされた人物画が目を引く。不思議な魅力と奇妙な味わいの詩画集である。紀行「香港・広州・桂林の旅」は私の新婚旅行のコースを思い出させる。一九八六年、旧ソ連の構成国ウクライナのチェルノブイリ原子力発電所事故（四月二六日）があった年だ。結婚したばかりの私は、ヨーロッパへの新婚旅行を考えていた。すると、外資系の会社に勤めていた友人から電話があった。「ヨーロッパは放射能で汚染されている。日本政府の発言は怪しい。旅行は止めろ」とのことだった。急きょ変更、「中国の旅」と成った。香港から入って、広州、蘇州、上海、南京、北京、桂林と二週間ほどの旅になった。そんな事などを思い出す。詩画集の詩は、旅行に行ったときのものであるという。宮古島生まれの私にとって、宮古島の詩は興味深いものがあった。宮古の風景が立ち上がり駆け足で去ってゆく。高校までの十八年を過ごした島。その後、十年の放浪から帰郷。三年間を過ごし、結婚を機に沖縄本島に引っ越した。

久し振りに取り出した詩画集は、色んなことを思い出させてくれた。今回、改めて比嘉加津夫さんの物凄さを知った。色んな場面でお話しする機会はあったのに、逃したことは残念である。

ご冥福をお祈りします。

追悼

喜舎場　直子

　人は誰れも「限りある生命」と心得てはおりましたが、加津夫さんの昇天は、いまだ受け入れがたく、この文を書きながら、涙抑えかねております。

　告別式の日も式場へ入るのをためらって、うろうろしていました。後日、ご家族の方がお車で、真地の私の家の前までおいで下さったのが忘れられません。私の住む地域は「田舎」と言われるほど那覇の街から遠くさびしい村だったようです。今でこそ琉球王朝の別荘だった識名園が一般の出入りが許され観光団もバスをつらねて参ります。とは申しましても、片田舎です加津夫さんの奥さま、よく捜しておいでくださいました。

　「脈」36号の「孤高の日本画家田中一村」特集号に加津夫さんと共に寄稿した文が印象的で、先ほども読みまして改めて深く心にしみております。

　「脈」は創刊から愛読者でした。これまでの継続誠に敬服の至りです。加津夫さん‼　加津夫と呼ばせてくださ い。加津夫よ、貴方は、沖縄の文化・文芸史に揺《ゆるぎ》ない足跡を残してくださいました。立派だったよ――‼　ありがとう。

　天国から、私共の生きざまを、笑いながら見ていてくださいね。

　〝あいつ、あんなヘタな物書きやがって〟とか〝どうした、この頃何も書いておらんごとあるが〟とか。いやいや時には〝めずらしくいい物書いたじゃん〟とか、〝やんばるの自然がよく描けているよ〟とか、なーんちゃってハッハッハ加津夫よ‼　一緒に笑いたかったよ。天国の貴男に読んでもらえる物を書く努力、精進致します。加津夫よ元気でな。君のこと忘れません。ご友誼ありがとうございました。

鈴木　次郎

追悼　文学の修羅比嘉加津夫

比嘉加津夫さんが亡くなった。

　朝刊に訃報が載っていた。二〇一九年十二月十日（火）死去。享年七十四歳。

　突然のことで、しばらく新聞を開いたまま、ボーッと項垂れていた。驚き過ぎて、ぼくは現実を受け入れ難かったようだ。

　その十数日前、刊行されたばかりの『脈』第一〇三号が届いていた。『脈』第一〇二号の短編に続いて、第一〇三号にも長編小説を連載予定で載せていただいた。すぐに「所定の金額を入金した」とメールを送った。『脈』は同人以外にも門戸を開いていて、ページ担当分の金額を払えば掲載されるのだ。ただしそれには同人の同意が必要で「会議に諮るのでしばらく返事は待ってくれ」と、比嘉さんは毎回釘をさすのを忘れなかった。もしかしたらぼくは、比嘉さんや同人の皆さんに御迷惑を掛けていたかも知れない、と振り返ったりもする。ただこのときのぼくは、すべての手続きを済ませホッとしていた。気掛かりは、いつもならすぐ来る返事が全然来ないことだった。「おかしいな。律儀な比嘉さんが返事をしないなんてあるのかな」と長らく返事がないのを不可解に思っていた。

　そこへ突然の比嘉さんの死の知らせである。人生にはこんなこともあるんだ、と改めて思い知らされた。しばらく信じられない気持ちとやり場のない憤りが混じった感情に支配されていた。

　十二月十四日（土）、那覇市安謝の港のずっと奥の葬祭場（浦添市）で行われた葬儀に参列した。埋め立て地らしく、大きな工場や会社の本社ビルなどが立ち並ぶ街並みを、道幅の広い道路が真っ直ぐ突っ切っていた。大型トレーラーや運送車輛が多く、騒音も大きい。港街ゆえ荷揚げされる物品が多いのだろう。明るい日光が、電信柱や建物だけでなく、なぜか急いで運転するぼくの心まで直射し、暗い影を長くした。見えるはずないのだが、埠頭に繋がれた貨物船の周囲をカモメが鳴きながら巡っているように思われた。

小綺麗な葬祭場には、多くの方々が焼香に訪れていた。入口付近に比嘉さん著書と『脈』が飾られている。文化関係者なのか、男女とも品の良い年配者が多かった。

不遜かも知れないが、ぼくはたくさんの参列者を眺めながら、意外な感じを抱いていた。比嘉さんは同人誌中心の文学活動をしていて、地元新聞に頻繁に載る人ではなかった。それでこんな後ろ向きの世界を知っている文学者なら手を合わせる人は少ない、との先入観をつい持ってしまったのである。だが比嘉さんは、ちょっと崩れた沖縄の文学者たちとは違う世界も、編集者として生きていたに違いない。ぼくは多面体の比嘉さんではなく、その一面しか知らなかったようだ。だから、あんなにたくさんの会葬者が彼の死を悼んだのだ。

比嘉さんとは一度だけお会いしたことがある。二〇一二年に自身の詩集『琉球海溝』(出版舎Ｍｕｇｅｎ)刊行の際、上間常道さんにお願いして、比嘉さんと岡本定勝さんの御両人と懇談する場を設定していただいた。初対面の比嘉さんも岡本さんも声高にしゃべる人ではなかった。文学を人間の土台としている人たちだと思った。この夜お目にかかったお三方は、全員故人になってしまった。寂しい限りである。

そのときから、いや、それ以前から今まで、詩人比嘉加津夫に対するぼくの印象は、文学の修羅、と言うのに尽きる。仏教用語の修羅ではなく、宮澤賢治の使う修羅である。

「ぼくの位置の狂いは／全世界の位置の狂いでもある」

(「歩幅」『脈』第十九号)

比嘉さんは激しくかつ華々しく文学活動をした人ではない。自分の関心あるモチーフと忠実に向き合い、テーマとして深め作品を造る。例えば島尾敏雄や平敷屋朝敏。また同人活動でもやれる範囲で堅実かつ鷹揚に動き、それでいながら沖縄の文学の隅々まで目配りが行き届き、気が付いたら中心にどっしり居座っている。そんな文学者だった。実際、沖縄の文学の砦だったと思う。気負わず、やるべき文学上の課題を淡々とこなしているように見えた。

比嘉さんが素晴らしいのは、これ以外にも幾つかある。ここでは二つだけ例を挙げたい。一つは文学者との距離の取り方。もう一つはどんな文学者にも偏見に囚われず声をかけたこと。

距離の取り方は、沖縄の文学関係者はいざ知らず、ぼくに関してはそうだった。余計なことを一切言わない。付かず離れず、微妙な距離で接してくれた。それが何より有り難かった。編集者であることが関係していたのかも知れない。でも、編集者でありながら詩も批評も小説も手掛けていた。あのような全方位の試みは大変で、それでいて比嘉さんはそれぞれのジャンルで高い水準のものを書いていた。ぼくは小品が気に入っていた。

比嘉さんとの最初の交流は、何十年前だろう？『脈』で清田政信の特集を組むので書いて下さい、という依頼文が突然舞い込んだ。米軍機の騒音のうるさい宜野湾市嘉数に住んでいたときで、ぼくはとても書ける状況にないので「今回は勘弁して下さい」と返事を書いた。これは偏見なく誰にでも声を掛ける比嘉さんの素晴らしさの例になるだろう。

それが一九九四年発行『脈』第四十九号である。書き手が少なく「特集」は「小特集」になっていた。相済まぬことをした、と思った。そのときの執筆者は、宮城英定さんや喜納正信氏や名嘉勝氏たちで、掲載されたエッセーを興味深く読んだ覚えがある。この人たちこそ清田政信氏の良き理解者だ、と思った。その後英定さんは山之口貘賞を受賞し、それまでの苦労が報われた。また喜納氏や名嘉氏は短歌集を脈発行所から刊行。ぼくは共感しつつそれらの歌を読んだ。実存の激しい痛みから絞り取るように発せられる二人の歌に「届け。届け。日本や沖縄の連中へ、もっとこの修羅たちの真実の鐘の音が響き渡れ」と、その振動の正直さに耳を傾け共鳴していた。

二度目は、いつ頃だったろう。『脈』の同人になりませんか？　と手紙で誘いを受けたことがある。手紙は見当たらずその時期も詳細も、返信内容も正確には憶えていないのだが、たぶん「今まで一人でやって来たので、これからも一人でやって行きたい」という風な返事を書いた、と思う。当時ぼくは「文学をする者は孤独を大事にするべきで、群れるべきじゃない」と頑なに考えていた。意固地だな、と思う。すると比嘉さんは「分かりました。誘って失礼。済まなかったね」と潔く引き下がってくれた。

ぼくは胸を打たれた。「ああ、この人は、文学の孤独がわかる人だ。この人、本物だ」と思った。ぼくからすれば、引き際の素晴らしさがすべてを物語っていたのだ。一人であろうとなかろうと、群れの中にいようといなかろうと、距離をとろうととらずにいようと、そんな個人の主観に関係なく、文学者が孤独であるのは自明の理なのに、比嘉さんは何も言わず、あえて誘い入れようとしなかった。ただ何か、久しぶりに文学者らしい文学者に出会った気がして、ぼくは満足だった。このときの印象は強烈で、以後ぼくは文学者比嘉加津夫をいたく信頼するようになる。

ぼくは、個人誌で比嘉加津夫論をものにしたことがある。詩画集『流され王』について書いたのだ。『思索者』第二号に掲載したもので、十数部しか発行していないから人目にはほとんど触れていないだろう。けれど自身気に入る批評で「ぼくの耳たぶは、木の葉のように新鮮で、ざらざらしていて、冷たく、水気の多い感じがした」と、カフカの日記の一節の引用から書き始めた。そしてキルケゴールなどを援用し、比嘉さんの実存的不安に迫ろうとした。比嘉さんの文学活動の援護射撃になったかどうかは分からない。だが、比嘉さんが生きている内に書けたのは本当に良かった、と思っている。

比嘉加津夫論を書いたのは、ぼくなりのプロテストでもあった。ぼくは不可解だったのだ。また不愉快でもあったのだろう。ぼくには、比嘉加津夫という表現者が不当に評価されているとしか思えなかった。「なぜ、沖縄の詩人たちは、この詩集の水準に気が付かないのだ。これは相当優れた詩集だぞ。これを見抜けないのは、目が雲らされているとしか思えない」本音をぶつけたかった。

しかし比嘉さんが偉いのは、何も不平を言わず、自身の出版社から自作を書籍にし、独り闘うように出版し続けたことだ。その作品量は膨大で、ぼくはそこに文学の修羅比嘉加津夫の文学への煮え滾る熱い情熱を感じてしまう。そこに、文学上の独行道を貫く比嘉さんの良さと、彼を静かに応援する人々の誠実な思いを感じてしまう。あの多くの会葬者たちはそれを物語っていたのではないか。

「ちょっと待て。独りの闘い、だって。そんなの比嘉加津夫文学のどこにある?」との悪口も聞こえてきそうなので、以下その答えになるかどうか自信はないけれど、一九八二年刊行の『脈』第七号に載った小品「浮沈」を御検討願いたい。内容を簡単に言えば、労組か何かの集会とおぼしき殺気だった集まりの運営を巡って主人公の私（ヒガ）があたふたする話である。地雷が破裂しそうな雰囲気の会場へ詩人のMが登場する辺りから、Mに議長を任せられないかと運営委員のKと私が話し合う過程で、私の混乱した心理がいつしか夢か現か分からなくなって浮沈してしまう味わい深い幻想作品である。

この系統など、比嘉さん以外沖縄では、二〇二〇年五月十二日（火）に亡くなった『脈』同人（第二期）の照屋全芳（奥武片里）さん、他数名しか書け（か）ないテーマだ、と思う。比嘉さんと照屋さんには、禁忌意識をさりげなくぶち破る度量がある。これをぼくは文学の闘士と呼ぶのだ。こんなぼくの目には、比嘉さんは一人でも禁忌意識へ挑む静かな闘士に見えたのだ。これは、日本の吉本隆明さんや沖縄の清田政信氏が文学の闘士に見えるぼく独自の把握だから、世間とは少しずれているかも知れない。だが比嘉さんの文学はカラクリへ従属する文学ではなく、自立を模索の文学だ、と思った。文学の修羅たる由縁である。

それから、ぼくが比嘉さんの『Ｍｙａｋｕ』や『脈』に偶に執筆するようになったのは、二〇一二年三月十六日に吉本隆明さんが亡くなったときからだ。沖縄で何の動きも感じられなかったので、意を決し、ぼくは比嘉さんに「吉本さんの追悼特集を組む予定はありませんか？　あるなら書かせてくれませんか」と手紙を書いたことがある。吉本さんを追悼するなら、沖縄では比嘉さんしかいないだろう、と勝手に思い込んでいた。皆もそう考えていた、と思う。

そして個人誌『Ｍｙａｋｕ』第十二号が「吉本隆明追悼号」となった。読み応えのある追悼特集だった。良い文章が多く、これまで何度読み返したことだろう。さらに見開きに裏に、一九八八年吉本さんが沖縄で講演した後の懇親会の写真まで挿まれていた。学生時代のぼくが密かに畏怖していた文学関係者の面々だ。その中の何人かはすでに物故し、今では懐かしい顔ぶればかりとなってしまった。

吉本追悼号の『Ｍｙａｋｕ』第十二号以降の比嘉さんの活躍は、破竹の勢いとはあれを指すのだろう、と言う凄まじさだった。面白い特集が続き、遂には個人誌『Ｍｙａｋｕ』と同人誌『脈』が合併する事態まで進んだ。

少し寄り道しよう。比嘉さんの人柄がうかがえるから。『脈』同人は多士済々《たしさいさい》で、比嘉さんと二人三脚で『脈』を牽引してきた仲本瑩（仲本彩泉）氏（第二期～五期）始め、他の執筆者の活躍も華々しかった。年齢を重ねるにつれ安定した詩の力量を示す宮城隆尋氏（第四期～五期）や第二詩集『うたう星うたう』で沖縄の詩の可能性を感性的に表現し新しい地平を拓いた瑶いろはさん（第四期）。木麻黄の描写が印象的だった知念和江さん（第二期）や『脈』で飛躍した大石直樹氏（第四期）。思わず読んでしまった瑞城淳氏（第二期～三期）や謝野洋子さん（第三期～五期）の小説。県外からは東郷毅一氏（第二期～五期）の徳之島を舞台にした懐かしい小説や青柳瑞穂さん（第五期）の女性が公然と「怠けたい」と語る論考が面白かった。他にも誌面には山入端信子さん（第二期～三期）や伊良波盛男氏（第五期）や親泊仲眞氏（第四期）など、沖縄文学界で有名な名前も見える。

ただぼくが注目する執筆者たちがいる。比嘉さんらしい声掛けを感じたのだ。安里昌夫氏（第四期～五期）の難渋な哲学的モノローグや非同人の崎原恒新氏の「沖縄地方文学史」の連載は賞賛したくなった。中でも宮城正勝氏（第四期）のインパクトは余りにあり過ぎた。この人を同人に迎えたのは英断だったと思う（第七十九号以降同人を降りたのは残念)。その評論は、世人の意表を突く処から発想され、振り下ろされる批判の激しさには、吉本隆明を読み込んだ人にしかできない思考の強靭さと教養の裏打ちがあり、また生活者としての確かな常識が底流している。とても真似できない、と読むたびに圧倒される。こんな豪快な人を見ると、沖縄の文学の人材の豊富さに感嘆させせられてしまう。

合併後の第七十九号からも、編集者としての比嘉さんの勢いは止まらず、裏表紙に「在庫無し」と銘打たれるくらい人の関心を惹く特集が幾つも続いた。ぼくは同人誌で「在庫無し」と記されたのを今まで見たことがない。本土でも売れている様子で「凄いな」と呟きながら「シタイヒャー」とほくそ笑んで、その活躍に拍手を送っていた。

ただその活躍の裏で、比嘉さんが闘病生活をしているとはまったく知らなかった。メールをしても、返事が来ないわけだ。

そしてとうとう比嘉さんも亡くなった。本当に文学を愛した人だったと思う。そして、文学を武器に文学のために闘った文学の修羅だった、と思う。この文学への真摯な情熱は、きっと誰かに受け継がれるはずだ。いや、受け継がれねばならないし、確かに受け継がれたことだろう。そうなれば、文学者比嘉加津夫が再評価される日がいずれ来るに違いない。ぼくはそう信じている。

沖縄の文学の山脈、鉱脈、水脈、人脈、そして血脈を顕現させた比嘉加津夫さんの御冥福を祈りたい。文学の修羅よ。安らかであれ。

比嘉さんからいただいたもの

青柳　瑞穂

　私が比嘉加津夫さんと出会ったきっかけは、二〇一二年の八月、詩人の高木護さんからこんなハガキをいただいたことだった。


　ことしの夏は異常で、老人にこたえます。

　お元気のようでよかったです。

　このごろはなんとなく、生きている感じです。

　谷川雁や吉本隆明の特集を出した那覇の雑誌が、年末ごろにわたしの特集を出すとか。一度は断りましたが、熱心なのでなんとかなるだろうと思っています。

　「Ｍｙａｋｕ」という雑誌で。那覇市曙三―二〇―一脈発行所発行です。比嘉加津夫さん発行者です。

　とにかく宣伝してもらうのはありがたいです。


　すぐにネットで調べると、直近で『Ｍｙａｋｕ』十三号が発行されていた。特集は「内田聖子の『谷川雁のめがね』」で、高木さんも寄稿している。十三号の購入のために、比嘉さんにメールを送った。大学の卒業論文で高木さんのことを書いた私としては、高木さんの特集に何らかの形で参加させてもらいたいという下心もあった。

　さっそく返信をいただき、特集に掲載できるかもしれないので卒業論文を送ってほしいとのことだった。すぐさま卒業論文を送ると、論文を『Ｍｙａｋｕ』の特別号として出しませんかという、想像よりも上をいくお誘いをいただいた。最初にメールを送ってから、たったの十日間のできごとである。

　そこからは、日々働きながらの編集作業だ。もとの原稿は曲がりなりにも学術論文としての体裁をとっていたので、膨大な注釈を本文に織り込み、しかしページ数に限りがあるのでまた大幅に削り、やたら多用していた「」や〈〉を封印し、言い回しを変える。大学生のときは稚拙ながらも論文とかレジュメとか、学術系の文章しか書いてこなかった。ましてや社会人となってからは、それさえも書いていなかったのである。編集作業は戸惑いと、困難の連続だった。

迷走する私に比嘉さんは、できるだけ研究論文的にならないように、というアドバイスを与えてくれた。ある日のメールにはこう書いてある。

わたしなどが「学術論文」を敬遠するのは、古いものより新しいものを重視するのが作者にとっても、現在の読者にとってもいいということ。つまり、誰がでも入手可能なものから迫っていったほうがいいという単純明快な意味からです。

その意味で学術論文はどうしても一般離れしているように思えるのです。

しかし、この論文は高木護さんのはじめての論であり、画期的です。

この簡潔で一見穏やかな言葉に、衝撃を受けた。より古いものを求め、原典や当時の表現に重きをおいていた。手に入りにくいからこそ、見てもらえる機会として引用するべきだとも思っていた。それは他方で、いま現在の作家の思いを無視し、読者の興味を削いでしまうことにもなるのだと、比嘉さんの言葉で気づいたのだ。研究と文筆は違う。

その後も研究気分は根強く残ったが、それでも私は比嘉さんに手をひかれ、なんとか「もの書き」としてのスタートラインに立てたといえる。

その年の十一月付で、私の元・卒業論文は『Ｍｙａｋｕ』の特別号『詩人　高木護―浮浪の昭和精神史』として発行された。三〇〇部という発行部数は、無名の人間の作品としてはかなり強気な部数だ。比嘉さんは売れると信じてくれていた。結果として売れたとは言いづらいが、高木さんの魅力を少しでも多くの人に知ってもらう機会としては、大きな意味があったと思う。そして私にとっては、著書を持てたことは奇跡であり、大変幸運なことであった。

同じ頃、『Ｍｙａｋｕ』十四号「特集・きみは、詩人　高木護を知っているか」も発行された。翌二〇一三年には高木さんの若いころの短編集『川蟬』が復刻刊行され、『Ｍｙａｋｕ』十六号では「今　再び　高木護」と、もう一度特集が組まれた。最終的に刊行はされなかったが、熊本日日新聞で高木さんが連載していた「一日は旅」「ゆっくりの道」も刊行するつもりで、比嘉さんは入力作業を進めていたようだった。

比嘉さんは、なぜこんなにも「高木護」に惚れ込んだのだろう。

『Ｍｙａｋｕ』十四号の「詩人　高木護・雑感」によると、比嘉さんが高木護の作品を知ったのは二〇一二年五月であり、その後四ヶ月の間に二十四冊の著書のほか関連書籍も多数集めたという。「ぼくにとってはまったく異例のことであった」とまで述べている。

十四号の編集後記に「今、なぜ、高木護なのかと聞かれたら、『彼の生きかたがいいからだ』と応えるしかない」とあるように、比嘉さんは、高木護の作品から感じられる彼の「生きかた」に惹かれていた。先の「詩人　高木護・雑感」のなかでは、何度も特集を組んでいる吉本隆明との類似点をこう語っている。

吉本隆明についてぼくなどが感じるのは、自前の思想を自前の言葉で語っているということと、真似のできない生き方をしているということであった。

それと同じようなことを、ぼくは高木護にも感じていると言うべきである。彼はおそらく他者というか、知識人、あるいは権威的なるものに同化することはない。それも似ている。

高木護は、誰に何と言われようが、自分は自分の道を生きていくということを、自然に身につけているのである。生涯一貫としてこれを通してきた稀な詩人なのではないか。

たしかに、これだけ独自の「生きかた」を感じられる詩人は稀有なのかもしれない。比嘉さんも詩人として詩をつくり、またたくさんの詩を見てきたなかでおっしゃるのだから間違いない。高木護の詩や文章は、まったく難しい言葉では書かれていない。でも、唯一無二だ。彼の「生きかた」がそのまま言葉になったような詩と文章なのだ。比嘉さんの批評から、あらためて気づくことができる。

どちらかといえば高木護はまだマイナーな詩人である。世の人にもっと知ってもらいたいという比嘉さんの想いが、四冊の高木護関連本の出版に結実した。その純粋な情熱を思うと、私にもまだまだやれることはあると気合が入る。

私はその後も同人として『脈』に参加させてもらい、「怠けて生きたいわたしたち」という題で「怠け」についての論考を連載させてもらっていた。たまに特集と連動したりもしていたが、ほぼ沖縄とは関係ない内容であった。しかし追い出されることもなく、逆に励まされながら、二〇回まで書いた。三ヶ月に一回の締め切りは、わりと早いペースだと思う。比嘉さんが病とともにありながらも、自身も原稿を書き、特集をまとめあげていたことには、ただただ敬服するばかりだった。比嘉さんの文学への情熱の大きさを感じて、私も下手なりにがんばろうとせっせと投稿していた。

一度だけ、夫とともに沖縄に行って、比嘉さんにお会いしたことがある。その頃も体調がすぐれないなかで、あたたかく迎えてくださった。初めてお顔を拝見したのだが、お優しいまなざしながらも、芯のとおったゆるぎないところがあって、今までのメールのやりとりの印象としっくりきたのだった。夜は同人の仲本さんと安里さんに、比嘉さんも行きつけだったという「スナック麦」に飲みに連れて行っていただいたのもいい思い出だ。

二〇一九年一〇月に高木護さんが亡くなり、『脈』の二〇二〇年一月号には高木さんの追悼文を載せたいと比嘉さんにメールした。十一月末の頃である。結果としてそれが最後のやりとりになってしまった。そのときの返信メールにも、私の論考を評価していただいた方のことが書かれており、比嘉さんはほんとうに最後まで私のことを励ましてくれていた。

比嘉さんはなかなか成長しない私に、才能がある、感心した、〇〇さんがほめていたなどと、なにくれと励ましてくださった。もとより自分に自信のない人間なので、比嘉さんに見出してもらったことに少々うぬぼれるぐらいがちょうどいいのかもしれない。比嘉さんから分けてもらった情熱の火種に息をふきこみながら、これからも私なりに文筆を続けていこうと思う。

見えない世界のほうへ

鈴木　智之

「走る馬」は、比嘉さんが１９８１年に『脈』(第７号)に発表した小説のタイトルである。

この作品には、幻視が現実に侵入し、見慣れていたはずの世界が相貌を変えていく様が描かれている。冒頭、男は仕事場から家に帰る道を歩いている。車が通り、人が行き交う。その風景のなかで、男は草原を走る馬を見てしまう。この別世界のイメージをどうにかはねのけて家に帰りつくと、妻が、自分は買い物に行くので子どもたちの面倒を見ろという。しかし、その妻の顔が「異容な動物」のそれに変貌している。魔物と化してしまった妻を恐れて、男は子どもたちを連れて家を出る。しかし、行く先はない。街中で途方に暮れる男の前に草原が現れ、馬が走る。この馬がぼくたちをどこかに連れて行ってくれるだろう、と男は思うのだ。

この一篇を私は、詩人の日常の寓意として読んだ。日々の生活の現場に、あらぬ世界が見えてしまう。よく知っていたはずの者が突然変貌を遂げて現れる。詩的想像力は、現実に介入してこれを突き抜け、実在の像を変形させ、別の顔を露わにさせる。造形とはすなわち、世界を異形のものとして表すことである。そして詩人とは、日常の只中にあってこの変形(デフォルマシオン)に立ち会ってしまう者のことではないのか。現実のさなかに、見えないはずのものが見えてしまうのではないか。生活者としては、それはなんとも厄介なことである。しかし、「走る馬」にも書かれているように、そこには「瞬間の喜び」があり、「快楽」がある。二つの世界を切り結ぶものとして、私という存在は昂揚する。そして、詩人はどこかで、「馬」に乗ってどこかに連れ去られてしまいたいと願っている。

そんな場面に、比嘉さんはどれほど立ち会いながら生きてこられたのだろう。

詩集『記憶の淵』(友古堂書店、１９７８年)の「あとがき」には、こんな言葉が記されている。

「不可視の世界にこそ行きつきたい、ということは文学をしようとするものにとって、避けられないことなのかも知れない、と思ったりする。文学する行為そのものが、なにかしら満たされない心的状態の反映であるように、しかし表現したあとも、現実にしか戻れないという痛ましい時間を経験することであるからこそ、見えない世界のほうへ、見えない世界のほうへと意志させるのかもしれない」(122頁)。

「現実にしか戻れない」ことを知りつつ、「見えない世界のほうへ」と意志は向かう。「意志する」のではなく、そのように「意志させる」ものがあるのだ。何が？　「文学が」であろうか。しかしそれが何であれ、精神的な緊張が昂じる時、そこにおのずから「不可視の世界」が現出してしまう。その痛ましい衝迫を引き受け続ける(引き受けざるを得なくなる)ところに、詩人という存在の性がある。

比嘉さんは小説や詩だけでなく、絵画や評論にいたるまで、表現者としてたゆまずに作品を著し、同時に『脈』の編集人として旺盛に実務的な仕事もなさってきた。病床にあっても、文学への情熱を絶やさない方だった。私は幾度かしかお目にかかる機会を得なかったが、これからもっと多くのことを教えていただきたいと願っていた。それは叶わなくなってしまったが、もう現実に戻らなくてもよい詩人の魂は、今どんな場所を疾走しているのだろうか。蹄の音をたてて、光に満ちた草原を駆けてゆく馬の姿を、私は静かに思い描いている。ご冥福をお祈りしたい。

比嘉加津夫の偉業にふれたくて

安里　英子

比嘉加津夫さんのことを、知らないのに、まして作品も読まずして、追悼文を書かなければならないと思ったのは、なぜなのだろうかと自問する。

「依頼」されたからということもあるが、それならば断わることもできる。

直感的に、私は彼の成し遂げた偉業が、陽のあたらないところで、だからこそ深く掘りあてた水脈となり、その流れはやはり、幾人かの詩人たちを巻き込んで、静かな渦を形作っているように思える。その渦の一員にはなれないが、渦の深みを覗きたい欲望がある。また、書くことによって少しでも、比嘉加津夫さんの世界を知り、自らの創作意欲をかきたてることができるのではないかと、ひそかに思ったりもする。

沖大文学研究会『発想』。その何冊かを今も大事にもっている。手に入れたのは20代のころで、ほとんど読んだ形跡はない。なにしろ今よんでも難解である。それでも比嘉さんの作品「秘儀」(『発想』71年3月発行)に挑戦した。主人公はおそらく、20代はじめの青年である「ぼく」。そして少女。「ぼくは少女と逢った時から、少女を犯す夢だけを追っていたような気がする」といきなりいう。この短編小説には「犯す」という言葉が何度も出てくる。

たとえば、「ぼくは夢だけで少女を犯してきたが、しかしそれしかできないというのは一体何故なのだろう」。あるいは、「すべての女を犯したいとも思う」等々。

うーん。私は女である。すでに熟年も超えた年齢になっている。動物的な欲情は静まり、その点は波静かである。そんな私が考えるに、「私は、づっと犯されつづけてきたのだろうか」と、考えこんでいる。男と女は犯すものと、犯されるもの、の関係なのだろうか。

いまさら、「男」というものが理解できない、などとは言わない。ただ若き日の比嘉のなんと、古い時代の鎧を身にまとっていることか。「性」から自由になり、解放されることとは、どのようなことをいうのだろうか。

私は、島尾ミホのことを、「サディスティク」な面があると書いたことがある。(『脈92号』「特集　島尾敏雄生誕１００年・ミホ没後10年」)。彼女はやはり男や女を「犯す」のである。

その後の、比嘉」の作品を追ってないので、熟年に達した彼がどのような脱皮をくりかえしたか、知りたいと思う。これからの宿題にしたい。

文学への熱い血

野ざらし延男

一九六〇年代は沖縄文学の勃興期だったかも知れない。比嘉加津夫さんも私もこの年代に文学の道を歩み始めている。

一九六六年四月「新沖縄文学」（沖縄タイムス編集発行）が創刊された。座談会「沖縄は文学不毛の地か」（池田和・嘉陽安男・船越義彰・矢野野暮）を編み、沖縄文学の問題点を探る好企画であった。この「沖縄は文学不毛の地か」の問いかけは沖縄で文学する人たちの文学魂に火を付けた感があった。一九六〇年代に文芸機関誌が幾つも誕生している。私の書庫にも幾つかの文芸誌、同人誌があった。

一九六〇年（昭和三五年）＝「琉大文学」二六号（又吉真吉・譜久村勝男編集。宮平昭・岡本定勝・清田政信・新城貞夫ら）／「塔」（真喜志康陽発行。当山全次・中村忠ら）／「夜と詩」（謝名元慶福発行。島袋英男編集。知念正真・喜屋武英夫・喜屋武進・桑江勝巳ら）。／／一九六六年（昭和四一年）＝「地軸」創刊号（山川文太編集。あしみねえいいち・池田和・仲地裕子・小嶺幸男ら）／「橋」二号（田中真人・新城兵一ら）／「沖縄文芸」一号（比嘉加津夫編集。たいらしのぶ・上原道子ら）。／／一九六七年（昭和四二年）＝「ベロニカ」五号（神谷毅発行・多和田辰雄編集。宮城英定・高良松一ら）／「ぶんがく」創刊号（琉球大学文学研究会発行。岸上仁・山本康八・中村清ら）。／／一九六八年（昭和四三年）＝「南星詩人」創刊号（伊良波盛雄編集。泉見亨・池宮治ら）。これらの文芸機関誌には文学への熱い血が滾っていた。私も大いに刺激を受けたのは言うまでもない。

一九六九年。比嘉加津夫さんが関わった「発想」が創刊されている。私の手元には三号から七号まである。三号「沖縄における芸術運動の情況」特集。四号「清田政信」特集。五号「勝連敏男」特集。六号「川端信一」特集。七号では比嘉加津夫が「島尾敏雄論の試み」を執筆している。刺激的な編集であった。「発想」は七号で終刊したが、すかさず個人誌「脈」を創刊（一九七二年）し、紆余曲折を経て一〇三号（二〇一九年）まで継続、発刊。死の直前まで己の命を削っての文学活動であった。

当時の沖縄俳句界は、馴れ合い俳句、点取り競争、賞品に一喜一憂し、句会の場が酒座と化すような荒んだものだった。「文学とは何ぞや」という根源的な問いかけがなく批評精神が欠落していた。一九六三年、風流のすさびに堕した沖縄俳句界に反旗を翻し、無季俳句も視野に入れた俳句革新を目指す「無冠」を結成した。結成記念として「俳句研究社創刊三〇周年記念全国俳句大会沖縄大会」を開催した。翌年、沖縄初の俳句同人誌「無冠」を創刊した。

この期、野ざらし延男は論考「俳句は風流の道具か」（上・中・下。六七年五月三一日・六月一日・六月三日。琉球新報）を執筆し伝統俳句を批判した。安島涼人は「『俳句は風流の道具か』に答える」（上・下。六月二四日・二六日。琉球新報）の反論を執筆。新旧俳句論争が巻き起こった。

一九八九年、比嘉加津夫さんは「沖縄現代詩文庫」（全一〇巻）を立ちあげた。勝連敏男・伊良波盛男・与那覇幹夫・新城兵一・あしみねえいいち・幸喜孤洋・高良勉・大城貞俊・西銘郁和・佐々木薫ら一〇人の詩集を発刊している。

この詩文庫が完結の目処がついたころであったと思われる時期に、「相談したいことがある」と電話連絡があり、中部の某喫茶店であうことになった。

「沖縄現代詩文庫」と同じような「沖縄現代俳句文庫」（全一〇巻）を発刊したい。一〇名の人選や編集企画などの編集責任を野ざらし延男さんにお願いしたい。――病弱な私は酒は飲めない。だが、昼間なのにビールを注文し、盛んにグラスに注いでいたのが印象的であった。この企画は無季俳句を含めた現代俳句を世に出したいと熱っぽく語った彼に根負けして企画編集を引き受けることになった。

一九九四年、「沖縄現代俳句文庫」（十巻）は完結した。①石　登志夫句集『逆光』②川満孝子句集『胸の高巣』③喜屋武英夫句集『旋律』④おおしろ建句集『地球の耳』⑤作元凡句集『へその城も』⑥仲本彩泉句集『地獄めぐり』⑦野ざらし延男句集『天蛇《ティンバウ》――宮古島』⑧夜基津吐虫句集『天秤座のブルース』⑨野畑耕句集『青春の挽歌』⑩よなは景子句集『弾奏』。――彼との約束が果たせ、大きな仕事をやり遂げた達成感があった。

比嘉加津夫さんが生涯をかけて文学世界に果たしてきた功績は大きい。その労に報いる形で第四〇回「沖縄タイムス出版文化賞」（二〇二〇年）において「特別表彰」された。新聞社が彼の出版、文学活動を歴史的に評価した朗報であった。野ざらし延男作品のよき理解者でもあった比嘉加津夫さんが逝ってしまったことの喪失感は大きい。

夜基　津吐虫

追悼

詩人、編集者、小説、誌画、評論、と多彩な才能を見せていた比嘉加津夫さんがお亡くなりになって3年にならんという。

比嘉加津夫さんとは脈発行所の１９９２年の現代俳句文庫シリーズへの参加に声を掛けてもらっていらい数回しかお会いした事が無い。「近頃小津安二郎にはまっている」と話された事が妙に印象に残っている。

私は比嘉さんの読者としてはあまり良い読者では無かった様に思う。しかし毎号発行される脈の要旨は新聞紙上で注視していた。清田政信を知ろうと思えば脈のバックナンバーを読めば大方理解が出来るし勝連敏男、を知ろうと思えば脈のバックナンバーを読めば良いその他、関広延、島尾敏雄、どれだけ文学を志す者にとってありがたい詩誌であったか想像に難くない。

晩年の病歴の凄まじさ、入退院を繰り返し、退院するとすぐさま次号の企画、編集にとりかかる。少しの身体の変調で憂鬱になり布団を被って寝込む私とは大違いである。

そのどれもが読み応えのある脈の特集だったが、愉快だったのはある賞への県内詩人の応募作品を鼻をつまんで読んだ」と誹謗した某大家と称される選考委員のひとりが選考委員を辞退して逃げ出さざるを得なかった特集を組んだのも痛快だった。

おもえば比嘉加津夫さんは自らは表面にしゃしゃり出てくるような文壇世渡りの巧い人物では無く終生裏方に徹した文筆家だったと思われる。

自身の発行する脈で比嘉加津夫特集を組んでも良かったぐらいだが追悼集が事実上の比嘉加津夫特集になってしまった。

加津夫さんとの思い出

與古田　増秋

比嘉加津夫さんとの出会いは、彼が「沖縄建設新聞」の記者として、私の職場「沖縄県建設業協会」に来たときに名刺交換をしたのが最初で、それから何回か会っているうちのある日、加津夫さんが冴えない顔をしているので、何かありましたか？　ときくと私の同僚Nが相手にしてくれないという不満をきいたのがお付き合いの始まりで、それから何度か会っているうちに親しくなっていきました。

ある日のこと、「沖縄建築士事務所協会」の金城政栄専務理事と雑談をしていると、たまたま加津夫さんの話が出て、彼（加津夫さん）を励ます為に食事会でもしょうと言うことになって、三名で食事したのが最初で、それから何回かやっているうちに参加人数も多くなり、「翔べる会」の発足となった。そこで「翔べる会」として何かやろうという意見が出て話し合ったところ、とりあえず自分の為になるようなものはないかと意見が出て、話し合ったところ誰かが酒座ですぐ役立つカチャーシー踊りを習いたいが良い指導者はいないかといわれて、座波建設の仲宗根寛明さんが知っている人がいると言うので、彼に一任して第一回目は沖縄芝居の平良さんを講師としてカチャーシー踊りを教えてもらった。

その結果が良くて、二回目、三回目と会を重ねるたびにいろんなジャンルの方々をお招きして勉強会を充実させていった。そのうち旅行の話が出て、沖縄ツーリストの平良健さんから、沖縄ツーリストでは旅行のための積立制度があるので利用してはどうかと、といわれて、協議の結果全員賛成して毎月積立ることになった。

最初の旅行は近くの離島にしたいとの意見が出て、座覇建設の仲宗根さんから渡名喜島に座波建設が工事した時に使用したプレハブ宿舎があるがそれを利用したらどうか、と言われて、話し合ったところそこに行くことになった。

島での食事は自分たちで魚を釣ってそれを夕食にしたが、島民からの差し入れ等もあって豪華な宴会となって楽しい旅行となった。

その後は次第に遠くへ行くようになり、九州や北海道、海外では台湾、韓国、タイ国と楽しい観光をしてきたが、加津夫さんが一番喜んだのは韓国での観光の後の自由時間で垢すりをさせたことだと思います。彼の話によると自分の体にこんなに垢があったのかと思うほどの多さであったと言っていたのが印象にあります。

仲宗根寛明／髙江洲実／宮城正雄／仲本瑩／比嘉正純

翔べる会と比嘉勝男

インタビュー
２０２０年11月21日
沖縄県博物館・美術館
ミュージアムカフェ「カメカメキッチン」

仲　本　ざっくばらんにはじめましょうか。

仲宗根　私は仲宗根《なかそね》寛明《かんめい》と言います。昭和52年くらいでしたか、私が建設産業界に入ってきて、15年くらいしてから比嘉勝男さんにお会いしたと思います。座波建設では建設新聞とっていろいろやっていました。その流れの中で比嘉さんとはいろいろ話した覚えがあります。

髙江洲　髙江洲《たかえす》実《みのる》と申します。私は建設業の大城組で安全担当を、60年頃やっておりました。與古田増秋さんとか安全指導者として会いまして、比嘉勝男さんという同人誌の『脈』で小説を書いている人がいるので、その方を励まそうという会、励ます会を立ち上げた。それに参加してから知るようになりました。積立模合で旅行も行きましたが、ほんとに楽しかったです。それから、比嘉さんはビールが大好きでしたから、桜坂のスナックとか、居酒屋でよく飲んだのを思い出に残っています。

宮　城　宮城です。時系列にはわからないですが、勝男さんと会うようになったのは翔べる会という、旅の会、建災《けんさい》防《ぼう》指導員の集まりの中で與古田さんに誘われた。翔べる会の中で勝男さんを知ったということです。彼もビールだし、私もビール一辺倒で、ほかの酒は混ぜきれなくてビールを注文しあっていた。比嘉さんはいくらおちょくっても絶対怒らない、話の中心にいつも、どこへ行ってもいたというイメージですね。翔べる会の中でよくばか話などをした。新聞とかのなかみではなく、遊ぶ仲間としての想い出がある。

仲　本　これ平良健さんから頂いた会員名簿と旅行先の一覧です。奄美から始まって……

仲宗根　宮崎はよく覚えています。比嘉さんは旅の途中よくはぐれる。意識して。取材しているという感じですね。自分の小説というか、そのネタというか、そういう取材活動が多くてね。宮崎で夜の街をホイホイしていたら、彼もホイホイしていて。おそらく熱心に取材していた筈。台湾も一緒にいきましたけど、食事の時くらいしか本人の顔みた記憶がない。

仲　本　その時山入端信子さんも。

宮　城　私と山入端さんともうひとり、三名でガード下で食事した記憶がある。

仲宗根　比嘉さんは

宮　城　もうその時すでにどこいったかいない。

髙江洲　勝男さんとは印象薄くて、あまり一緒に行動していない。山入端さんの方が豪快で、印象に残っている。

仲宗根　正純さんこの建設新聞に写っているのは君のお父さん（勝男）だよね。

正　純　そうですね。

仲宗根　建設新聞との座談会か何かのときだと思う。

※仲宗根さんが持参した、沖縄建設新聞平成元年7月5日の4、5面の第62回全国安全週間紙面企画座談会記事について、しばらく歓談。座談会スナップに取材する比嘉勝男が写っていた。座談会は與古田増秋建災防業務部長を司会に、上江洲盛治（国場組・安全管理長）、中村喜昌（南洋土建・安全部長）、髙江洲実（大城組・安全管理者）、仲宗根寛明（座波建設・次長）が出席している。

仲宗根　私は建設新聞はよく利用した方。翔べる会は建災防のメンバーが中心で、異業種交流ということでメンバー構成されていた。金城政栄さん（沖縄県建築士事務所協会事務局長）もメンバーだった。

仲　本　この前お会いして、書いて貰うことにしています。

仲宗根　勝男さんは建設新聞の社長は何年くらい？

仲　本　２期４年（２００４年～２００８年）、それから会長（～２００９年）として１年ですね。

仲宗根　わたしも業界紙あっちこちと情報交換した。古元さんとか。後で合併した？

仲　本　古元さんとこの「沖縄テレコン情報」と、大浜さんとこの「建設新聞出版」と、「沖縄建設新聞」の三社合併を比嘉社長時代に着手し、会長就任の年に調印となりました。いろいろありましたが、沖縄建設新聞に一本化したのです。

※暫く人物評でもりあがり歓談。

仲宗根　比嘉さんは旅よりもどうしたら部数をどんなしたら伸ばすか、部数を伸ばすためには記事を面白くしないといけないということで、與古田さんと僕には、どうしたらいいかどんどん意見いってくれと。僕も言うほうだから。

仲　本　私と比嘉さんが組んだ時代も、読みやすくくだけたものを、くだけた記事書くというのが一番むつかしかった。わかった上でのかみくだしですから。

仲宗根　入落札情報のＦＡＸニュースでは、朝には結果くるのに、一週間遅れで、入札結果建設新聞の紙面に乗せられてもね。紙面がもったいないよ。

仲　本　僕がかかわった時は、他二社に負けないシステムの構築を課題としました。その構築途上で三社合併で入落札情報の速報化をクリアしました。新しくシステム構築するより、三社合併した方がベターとの認識を比嘉さん共々持っていました。合併が不発に終わった場合の為、入落札情報のデータベース化は比嘉さんに言われて、営々と僕の方でやってました。

仲宗根　一週間前に終わったやつを、紙面が勿体ないとよくいったよ。比嘉さんの囲み記事はおもしろいのがあった。

高江洲　そうそう。

仲　本　人物記事なかんかもそう。どこにどういう女性の監督がいるか、あるいは設計士がいるかシリーズ化もしました。

仲宗根　むしろそういうのが生の記事だからね。

高江洲　勝男さんとは、桜坂も紹介して貰って、今でも続いているお店がありますけど、びっくりしたのは、桜坂に有名なおでん屋があって、店には覗き窓があって、一般の人がはいれない、一見《いちげん》さんが入れない店で、勝男さんに連れていかれて、ママさんが開けて、「あぁ、勝男さん」と入れてもらったところが翌日ひとりでいったら断られてしまった。そんな思い出もあります。もうひとつは、同じ桜坂「ゆーばんまんじゃー」という店。そこに連れていかれて、ビール飲んでそこはカラオケないので、別のところいってカラオケを唄って帰った。そういった飲み会の思いが幾つかあります。翔べる会を通して長いつきあいです。もう40数年ですか。あの時営業マンだった平良健さんが今では社長ですか。いい気配りの人だった。平良さんは。比嘉さんとの一番の思い出は飲んだことですかね。楽しかったですよ。

仲宗根　みんなが行くところはいかないでおこうという翔べる会それは、勝男さんのためだったのかな。台湾台中の山の上の温泉。繁華街は見えるけど、そこには降りられない場所だったり。

高江洲　韓国。寒かった思い出。勝男さん見たら、着込んでいて、服が歩いているみたいで。着込み過ぎていて。ほんとビール党だったね。

仲宗根　飲ませば10杯くらい飲んでいた。

仲　本　僕でも桜坂で一緒に飲んでいて、気が付いたら朝になっていてというにはありました。昨年あたりまでは、少しは出てましたけど、去年からは出てないと思います。

※雑談風に思い出し思い出し勝男さんを語り、コロナで店との打ち合わせ時間となり、散会となった。

仲村　栄進（元沖縄建設業協会北部支部事務局長）

翔べる会をめぐって

インタビュー
（２０２０年11月19日Ａ＆Ｗ名護店）
仲村栄進／仲本瑩／比嘉正純

仲　村　翔べる会のことは知っていた？
仲　本　翔べる会については『脈』の同人会の折聞いていました。比嘉加津夫さんは、沖縄建設新聞の社長やめてもう十五年？
正　純　十五年なります。
仲　村　そんなものなの、もっとなるかと思った。
仲　本　沖建協北部支部の記念誌つくる頃はまだ社長でした。
仲　村　その時仲本さん建設新聞にいて、記念誌の編集やってもらったし、社長比嘉さんでしたか。翔べる会と僕等は、與古田さんはともかく、建災防（建設業労働災害防止協会沖縄県支部）ＳＴ友の会とごっちゃになる。ＳＴ友の会は建設業だけだが、翔べる会はそうではなかった。比嘉さんは頑張り屋ですごいと思った。身体に不自由なところはあったが、前向きで、翔べる会にも積極的に参加していた。旅行なんかもしっかり参加していた。普通でも疲れるのにね。よくがんばったよ。
仲　本　あの頃、比嘉さんが何か書いているというのは皆分かっていたのですか。
仲　村　はい。物書きしているねという話は聞いているし、知っていた。ほんとは皆が一堂に会している時が話はつきないし、いいのだが……。
仲　本　これ、翔べる会の当時（１９８８年）の会員名簿です。平良進（沖縄ツーリスト現社長）さんから頂きました。
仲　村　なつかしいね。金城政栄（当時沖縄県建築士事務所協会事務局長）さん、そういえばいましたね。與古田増秋さんが建災防の事務局長の時か。與古田さんがいたからまとめられた。與古田さんが中心でしたね。與古田さんの門中が、大きいと聞いた。

仲　本　そうですね。阮氏ですね。泉崎の阮氏我華会（久米三十六姓）の事務所に與古田さんを訪ね、事のなりゆきを説明し、事務局の人にコンタクトをとって貰いました。

正　純　そこは13年前におやめになっていますということでしたのでー。與古田さんに仲本さんと一緒にお会いした時に聞いたんです。翔べる会の発足について。比嘉加津夫を励ますために立ち上げたといってましたね。記者時代、取材がうまくいかない時に愚痴を與古田さんにこぼし、それを励ましょうや、ということだ、最初の飲み会みたいなことをきっかけとして、翔べる会へと発展したといってました。

仲　村　僕はその後だね。まぁ、與古田さんらしいわ。人の面倒みるのが好きだった。まとめ役として適任だった。

仲　本　STは何の略ですか。

仲　村　セーフティトレーナー。安全指導員。STも翔べる会も中心メンバーは一緒。與古田さんが司令塔で。この際集めたらよかったのに。

仲　本　與古田さんは執筆しますということでした。

仲　村　指導者会議の時には、比嘉さん取材ということで来ていた。翔べる会の旅行で韓国とか、熊本とか行った。比嘉さんは手帳とか持っていて何か書きつけていたと思う。翔べる会の中で比嘉さんが書いていることは知っていった。翔べる会のことは比嘉さんから聞いていた？

仲　本　『脈』の同人の集りでも、翔べる会の集まりがあるとか、旅行の話とか出た。旅行してる会なのだと認知していました。最初「飛べる」と字だと受け取っていて、いろいろ比嘉さんの書いているのを読んでいくうちに、「翔べる」なんだとわかりました。『脈』で「泡盛」特集した時、比嘉さんと瑞泉酒造の取材の折、瑞泉から出していた「翔」は社長が柴田翔のファンでそこからのネーミングと教えて貰った。それが翔べる会のネーミングへ比嘉さんを介して流れたのかと思った。真意はわかりません。今考えると柴田翔の小説『されどわれらが日々』の先への飛翔まで視野にあったのか、考えてしまう。

仲　村　與古田さんが原稿書くと言う事なら、與古田さんの原稿に網羅されていると思うよ。

仲　本　個々人のそれぞれの思いもあると思いますから。原稿書ける人は書いて貰って、集まってインタビュー形式で思いを語って貰うという風に幾つかの要望毎のかたちになりそうです。仲村さんは名護ですし、足を運んでみようということになりました。

仲　村　いろいろな思いが集まって比嘉さんを励まそうという動きの中で翔べる会になったということだろうと思う。比嘉さんは頑張り屋で振り返ってもすごいと思う。

（元沖縄建設業協会北部支部事務局長）

風景の声が聞える

親泊　仲眞

比嘉加津夫さんは作家として執筆を続けながら、数多くの文芸誌を創出してきた。沖縄が本土復帰の年に(株)沖縄建設新聞社に入社し、後に社長、会長の重責を担いながら、精力的に作家活動を展開、車の両輪として命を燃やし回転し続けてきた。氏は去る大戦の最中に久志村で生まれた。ボクは戦後生まれの団塊世代で、復帰前に本土の大学へ留学し、そのまま就職。帰沖したのは、沖縄国際海洋博覧会が開催された時期だったと思う。

そのうち、共通の知り合いだった文筆家や詩人が集う席で言葉を交わすようになったと記憶している。

氏は、入社の年に個人誌『脈』の創刊号を発刊し、2019年の亡くなる年まで発刊し続けて103号で終刊した。

途中から同人として参加していたボクは、氏の、多彩な構想力や緻密な企画力と同時に表現者としての比嘉加津夫を身近に感じてきた。

比較的に小柄で、穏やかな印象を与えながら、対象となるものを深堀し、忍耐強く推し進めて行く姿を感じてきた。

特に印象に残るのは、清田政信、島尾敏雄、平敷屋朝敏、吉本隆明の特集を思い起こしている。詩人で批評家の仲本瑩さんとの密な連携がさらに充実度を増していたのであろう。

吉本隆明追悼集は県内だけではなく本土の作家も寄稿し充実した内容となった。

加津夫さんのネットワークは横断性があり、吸引力があったのである。ボクはその追悼集に『ハイイメージ論』を読んで、書いたのである。他の寄稿者はみなさん、吉本を解読し深堀して解釈していると自覚させられた。おそらく吉本崇拝者には届かないので、視点を変えて書いたのだが、他者の見解が気になりだし「加津夫さん、あれで大丈夫?」と顔色を窺った記憶がある。

そんなこんなで、吉本隆明の肖像画を描き、特集の装丁の表紙になり点数を稼いでいた。同じようなことを谷川雁特集でもやったのである。

２００５年のうりずんの頃だったと思う。かつてボクが所属していた建築家協会の総会の開催会場に加津夫さんが見えていた。建設新聞の取材を終えたのであろうか。会場の後ろの壁にもたれて立っていると、いつもの柔らかな佇まいで近づいてきた。同人誌の話題などを語り合ったりしたところで「ところで、今度、建設新聞の新たな企画があり、建築家に連載を書いてもらいたい」趣旨を述べた。

「君に、書いてもらえないだろうか？」と言ったので「ボクよりも、ずっと先輩でもある國場幸房さんが適していいます。彼は、本土で学び、沖縄と本土を復帰前から往還し、リゾート観光ホテルの設計の先駆者でもあり、いろんな意味で大切なことだと思います」と３０分くらいかけて力説した。

「はい、それは承知している。それで何度も執筆依頼をし、何度も断られた」「新しい企画なので、つぶす訳にはいかない」

流石、すでに何度も依頼してのことだったのか。

「それで君に」

ちょっと待って、ちょっと待って、プレイバックと言いそうになったが、プレイバックなのである。


「君が書かなければ。幸房さんとは親しいはずだから、君から頼んでみてくれないか？」

アイ、加津夫さん、じょーじやっさー（独り言）ということで、後日、ボクは幸房さんにそのことに触れずに連絡すると、案の定、いっしょに飲んでみよう。になり、会うことになった。一合徳利で先ずスタートし、ほろ酔いになった頃を見計らって、例の話を切り出した。

「いや、それは出来ない。書けない」

「あんた、書き慣れているから、あんた書きなさい」

「幸房さんが書かなければならないのです。幸房さん個人の問題ではなく、沖縄全体の問題として重要です。沖縄にとっての普遍性です」

「エーあんたは、難しい言葉、言って。僕は、文章はあまり書いたことがない。そーとー時間かかる」２７分くらい応酬が続いて、一合徳利が３本目になった。

トーフチャンプルーを摘まんだところで、急に幸房さんが「僕が、しゃべるから　あんたが書きなさい。そうだったら、録音して書いた文章を校正編集してやれるから」

チャンプルーを食べたので、閃いたかもしれない。「しゃべり」と「書く」ことをチャンプルーしたのだ。

何が何でも、考えていたことなので、即座に「やります」と言った。酔いが醒めて、気が変わらないようにと思い、幸房さんと仲良しの、ボクも仲良しの敏子さんにも連絡し、挟み撃ちにした。

ボクが名付けた『沖縄ん　建築紀伝』の連載が始まった。比嘉加津夫さんは頗る喜んだ。沖縄建設新聞の社長に就任したばかりだった。

連載は11回に渡り、毎回、一合徳利をたおしながらの会話は苦労も多かった。いっしょに飲んでいるのに、録音したりメモしたりで酔えないのである。毎回、会話を文章に整えながら往還しながら続けていった。途中から、自身も書くようになりコラボレーションしながら最終回までこぎ付けた。

連載が終わりホッとしていた矢先、幸房さんから連絡があり、再び、一合徳利を間にしてユンタクしていると、薄い冊子をうれしそうに差し出した。いつの間にか冊子にしていたのだ。強引に進めてよかったのだと今でも実感している。

加津夫さんのお陰である。冊子を差し上げると満面の笑みだった。

作家としての加津夫さんの小説も読んだことがある。特に印象に残ったのは少年期の久志村を舞台に書いた「川岸まで」である。海辺の川べりを舞台に繰り広げられる登場人物たちが風景を駆け回る。作者本人の自我と言おうか、内面まで繊細に表出された言葉で散りばめられる。

ある一編の詩を読んだことがあるがタイトルを忘れてしまった。原稿用紙に自筆で書かれた詩のコピーをある人から「加津夫さんに会う機会があるようだから、会ったら渡してください」と頼まれた。気軽に返事をしたが、今、考えるとコピーではなく原本だったかも知れない。

大切に仕舞い過ぎて、探せなくなった。渡せなかったのである。その詩は、著者の本の中でも見たことがない。ひょっとしたら？　探していたのかもしれない。

那覇の親戚宅にあずけられた加津夫少年が、久志村に住む母親に会いたくて、とうとうバスに乗って行く。名護あたりで下車し、久志村までの山道を横断、歩き続けている。森のざわめき、鳥のさえずりを感じながら、日が暮れていき、辺りが薄暗くなっていく。恐怖感が襲ってくる。久志村に住む母親は中々、迎えに来ない。

概略そのような詩だった気がする。その道行の光景が、忘れられずに、記憶の底に沈んでいて時々、浮上してくる。

加津夫さんを思い出すとき、毎回、その詩が風景と共にやってくる。

風貌は文学青年

金城　政栄

最初に「比嘉加津夫」追悼集発刊の企画を聞いたとき、故人の人望の厚さを知り、うらやましく思った。生前に一緒に仕事ができておれば、思い出も深くなったが、今さら悔いても仕方がない。

追悼集を企画した実行委員の仲本瑩氏と愛息の正純君が一緒に原稿依頼に来たのは昨年の11月だった。執筆を引き受けるにあたっては、涙ぐむような思い出もないし、ためらった。何より故人とは同世代で生前に言い尽くせなかったことを詫びる機会になると思い何も考えずにゴーサインを出した。

私は昭和39年3月から昭和46年6月まで沖縄建設新聞社に勤務し、故人はその後に入社しており、初めて接したときの風貌は如何にも文学青年という印象だった。私が沖縄建設新聞社を退職後に会社の増資の話が持ち上がり、同社OBのよしみで出資に協力してくれと持ち掛けられた。金額も大きな負担ではなかったので気軽に応じた。

故人はその時は記者で編集部の幹部だったと記憶している。業界紙の編集部に飛び込んだ経緯も聞いたことはない。建設業界と無縁の世界だったとしても書くことが好きだから何の抵抗もなかったと思う。記者として編集部長から常務取締役へと、あっという間に駆け上り最後は取締役社長に就いた。重役に就いてから取締役会や株主総会で頻繁に顔を合わすようになった。そしてプライベートでは沖縄県建設業協会の建災防というメンバーが中心となって親睦会「翔べる会」が発足し、毎月一回飲食を共にして友好を深めた。泡盛もよく飲んだが、どちらかというとビール党だった、という話を正純君に言うと、幼少のころ自宅でビールを飲み、在庫が切れたら自販機で缶ビールを買いに走らされたという。故人と酒を酌み交わすときは常に他の仲間たちがいて二人っきりで飲んだことはない。

酔えば取材で知りえた業界の裏話や文学談議を熱っぽく語ったのが印象深い。議論がかみ合わないときは、例の口調で、「いやいや僕はね～」と切り出し、強行に相手を押さえつけることはなかった。

記者稼業のかたわら若いころから文学仲間と同人誌「脈」を発行するなど文学活動にも精を出した。ある日、「脈」は難解だと愚痴っぽく言ったら人が苦労して作ったのにどこか一つぐらい褒めてくれ、と口を尖らせた。

また田中一村という画家にぞっこん惚れ込んで「脈」で特集した。私は田中一村のことは全く無知で、彼が熱っぽく語られても関心を示さなかった。絵心も知らないので、どうしようもなかった。故人は著書の中で「田中一村が遠いところから励ましの言葉を聞いている感じだった」記しているほどだから、もう少し真剣に耳を傾けておくべきだったと後悔している。そのことを遅ればせながら心からお詫びしたい。

ある先輩に天国はいいところでしょうか、と聞いたら「誰も帰って来た者はいないから、きっと良いところだろう」と大笑いした。安らかに眠っているところを起こして申し訳ないが、「おい、加津夫さんホントにそうなのか」と聞きたいが、返事はない。本当に残念無念である。

拝啓　比嘉加津夫様

前泊　美紀

私が比嘉勝男さんと出会ったのは、２００８年の夏。沖縄建設新聞の契約記者として入社した時だった。

その年の冬までの４ヶ月間、比嘉社長の下で記者として働いた日々は、来年五十路を迎える人生の中でも、「楽しい季節」のひとつだった。沖縄建設新聞社と建設新聞出版社、沖縄テレコン情報が合併する前の年である。「建設業界と行政をつなぐ記録紙」としての役割をもつ沖縄建設新聞の取材と記事の切り口は、前職のケーブルテレビでのニュースや一般紙とは異なる面があり、視野が広がった。その経験は、現在の議会人としての活動にも役立っている。

「どうだい。上手くいっているか」。仕事や人間関係を気遣って、比嘉社長はよく声をかけてくださった。私の所属した編集部は個性派揃いで、毎日が刺激的であったが、同部がある建物3階に高く位置した半円形の窓から差し込む陽光は、そのコントラストを中和しているように思えた。

一方、社長室と事務室がある2階は穏やかで、私の記憶では、比嘉社長はいつも柔和でほっこりした癒やし系の印象がある。

その比嘉社長に、功績の高い文化人としての顔があることを、恥ずかしながら、今回の追悼集の原稿依頼を受けて知った。

「前泊さんはあまり社長との接点はなかったと思うけど」と、ご子息の正純さんから今回のお話しを頂き、比嘉社長への感謝を込めて、お引き受けすることにした。「比嘉社長の作品を拝見したい」と申したところ、家にたくさんあるからと、大量の同人誌『脈』と著書数冊をお贈りくださった。

同人誌『脈』をめくると、沖縄の文化を愛する思いや精神を文字にすることへの渇望と気迫を感じた。インターネットやＳＮＳの普及で、気軽に文章を発信できる時代になったが、一方で「書くこと」が消費され消耗していくような疲労感を覚えていた私にとって、『脈』の熱量は、改めて文章のもつ力を感じる機会となった。「比嘉加津夫」さんを知るには、まとまった作品を、中でも小説を読みたいと思った。追悼集のタイトルであり、『脈』での広告でも気になっていた『走る馬』を図書館に求め、『比嘉加津夫文庫⑨走る馬』を手に取った。

感想を述べるには僭越に過ぎるが、少しだけ。『走る馬』は、草原を駆ける馬をモチーフに、何気ない日常から家族（というより作者）が恐怖に陥っていく、空想と現実が交差する。文庫に収められている同作の他四作品も同様、ごく普通の家族生活の現実と空想の世界を作者は自由に行き来する。その自在さゆえ、読者もその境界がわからなくなり、さらに物語に引き込まれる。作者の家族の情景を思い浮かべたり、「作品のあのくだりは、この辺りだろうか」と具体的な地理を描いたり、私自身、現実と小説の区別がわからなくなってしまうこともあった。ただ、根底にあるのは、文学者気質としての浮世離れした感覚と現実とのジレンマ、何より家族への深い愛情であると感じた。

正純さんから頂いた年譜によると、比嘉さんは最期まで文学に向き合っていた。「比嘉加津夫」さんと出会った今、もっと聴きたいこと、話したいことがある。遅ればせながら、これから比嘉さんや同士の作品に触れ、その時代の文化人の躍動を学び、脈動を沖縄の未来へ受け継いでいければと思う。

比嘉社長、大変お世話になりありがとうございました。これからも沖縄のこと、温かく見守ってくださいね。

（那覇市議会議員・沖縄建設新聞元契約記者）

追悼

上間　かな恵

比嘉加津夫さんとは実は1度しかお会いしたことがありません。（株）沖縄建設新聞の代表取締役社長の頃、同じく同社に努めるご子息の比嘉正純さんを通じてその頃発刊されていた季刊誌「おきなわ企業空間」の「ギャラリーから」というコーナーに寄稿する機会を得て、佐喜眞美術館のコレクション作家のことを２００７年5号から２００９年8号まで4回書かせていただきました。その時期に来館してくださり、受付で初対面の自己紹介と寄稿への簡単な挨拶をしただけで、２０１９年にご逝去され、じっくりお話を伺うということも叶わないままになってしまいました。比嘉加津夫さんのとてつもなく深く広い思索、そしてその過程で生み出されてきた膨大な著作のことも、ご逝去後に初めて知ったような私が追悼集へ寄稿する資格などあるはずもないのですが、「おきなわ企業空間」の貴重な誌面に芸術について「書く」という得難い経験への感謝の意を込めて寄稿することにいたしました。

最初に原稿の依頼をいただいたとき真っ先に感じたのは「建設業の専門誌に美術作品のための誌面を割くなんて、なんと文化に理解のある業界誌なんだろう」ということでした。それまで常設の丸木位里・丸木俊《沖縄戦の図》については書く機会があったのですが、その他の作家を取り上げて集中して書くということは初めてで、フランスのジョルジュ・ルオー、鉛筆画の木下晋、日本を代表する前衛芸術家の草間彌生、60歳を過ぎて初めて筆を執り晩年にその才能を開花させた大道あや（丸木位里の実妹）、の4人を取り上げました。その頃の自分なりに一生懸命書きましたが、比嘉加津夫さんは私の書きたいこと、書けていないこと、作品や芸術家について深められていないことなどすべて読み取っていたに違いなく、そのことを伺う貴重な機会を得ることができなかったのはいまさらながら本当に残念でなりません。

第一回目で取り上げたのは、ジョルジュ・ルオーの銅版画集《ミセレーレ》58点のなかのNo.22〈世は様々なれど、荒れ地に種蒔くは美しき仕事〉という作品でした。その作品には、草木もない荒涼とした大地にひとりの男性が種を蒔くように右腕を差し出しているように描かれています。世界の芸術家として著名なルオーですが、その彼も独自の表現を罵倒・嘲笑されながら、また人間の究極の愚かさである戦争の最中で恐怖と孤独と絶望の淵にあるとき、詩人である友人シュアレスの「芸術家というものは、苦悩の世界に愛のもっとも美しい形を与えることによってその世界を救う者だ」という言葉に励まされ、妥協なく自分の芸術の種を蒔き続けました。

比嘉加津夫さんもまさに「苦悩の世界に愛のもっとも美しい形を与えることによってその世界を救う者」であったのではないだろうか、と年譜でそのお仕事の一端をみながら感じています。１９６４年から詩や短編を出版として形にし、それは晩年の厳しい病との闘いのなかでもけっして途絶えることはなく、「表現する」という人間の持つ最も崇高な種を最期まで蒔き続けたその〈美しき仕事〉の軌跡は、この追悼号にも溢れていることでしょう。そして「書く」機会を与えてもらった私もまた比嘉加津夫さんに種を蒔かれたひとりなのだ、ということを今さらながらにかみしめています。


（佐喜眞美術館学芸員）

追悼

内海　正三

比嘉加津夫氏が最初にでいご印刷に尋ねてきたのは１９７０年代である。当時の印刷所は小禄中学校の裏に林立する外人住宅街の外れにあった。

外人住宅に印刷所を構えたのは床がコンクリートでできており、頑丈で印刷機の振動に耐えられるからであった。印刷所のすぐ横は小禄の赤タンク、白タンクと並び称された給水塔の白タンクがあり、それが迷路のような小禄の道を辿りながら印刷所に来る目印であった。

それにしても辺鄙な外人住宅にある零細印刷所をどのようにして比嘉氏は知ったのであろうか。

玄関で大きな声で「こんにちわ。失礼します」と入ってきた風貌は、サッカーのマラドーナのように見え、堂々としていた。入って来るなり「印刷所の中で印刷機が傘を差しているのですね」と痛い所を突いてきた。

米軍治世下で闇雲に造られた外人住宅は、コンクリートに海砂を使っており、含まれる塩の作用で鉄筋が錆びて膨らみ、天井からコンクリートの塊が落下してくるほど建設から時間が経過していた。印刷機に落ちると大損害なので大きな傘を天井からつるして機械を守っていた。

私も「ええ、沖縄の台風は風雨がすごいので、来る前から予防しているのです」と惚けた。

比嘉さんは、早速ですが同人誌の印刷を頼みたいのですが、と単刀直入に切り出し、次いで、お金が無いので出来るだけ安くお願いしますと言葉を続けた。

当時でいご印刷には筑豊炭鉱闘争を支援した経験を持つ森井良勝氏が在籍しており、沖縄大学の新崎盛暉氏や琉球大学の岡本恵徳氏と共に『琉球弧の住民運動』の事務局を担っていた。森井氏は上野英信氏や森崎和江氏とも交流がある文学通で、比嘉氏が持ちこんでくる同人誌を楽しみに、いつも読み込んでいた。森井氏が比嘉氏を評して「これほどの文才が有ると一生文学から離れられないだろうな」と言っていた。

その言葉通りに、いやそれ以上に、比嘉氏の文学世界はどんどん広がっていった。脈発行所として取り組んで出版した文学特集は比嘉氏の面目躍如たるものがある。眼光紙背に徹すると言う言葉があるが、まさに彼によって取り上げられた作家は、その精神までもが裸にされるがごとくである。共通しているのは作家に対する深い愛情で、短所や嫌味すらも快いものとして俎上に上る。

比嘉氏は多くの作家を対象化することによって、豊かな文学世界を読者に提供し続けてきた。なによりも比嘉氏自身が作家を具象化する作業を楽しんでいたと思われる。

次は誰をどのように凝視するのか。その楽しみが突然私から奪われた。喪失感を例えようもない。

追悼

大城　元臣

沖縄建設新聞元社長比嘉勝男さんの訃報に接し1年余りになる昨年10月息子さんの正純さんが訪ねて来られた。故父比嘉勝男さんの3年忌に向けて追悼企画に一筆寄せていただきたいとの依頼でした。比嘉勝男さんとは仕事のお付合いで深く人となりを存じ上げなかったのですが、息子さんの比嘉正純さんのお話を伺い多才な方だったのだと改めて知り比嘉勝男さんの人となりを改めて想うのでした。

絵画、文学にも精通し小説家を志望していたとも伺いました。叔父故大城立裕とも親交があったとは自分の人との関わりの薄さに恥じ入るばかりです。正純さんからお借りした資料は沖縄の歴史人物への考察や季刊『脈』の発行等、その博識にも始めて触れました。評論集『噴射する言葉』では復帰後の沖縄の建設設計に活躍し話題を呼んだ作品に触れていて大変興味深く読ませて頂きました。建築にも大いに関心を持たれていて建設新聞の仕事にも関わっていたのだと改めて思い及びました。

父の3年忌に向けての正純さんのその純な追悼企画に寄せて一筆したためさせていただきました。勝男さんにつたない文を笑われながら喜んでいただける事を願って筆を置きます。

２０２１年4月14日

窓を付ける男

中本　清

比嘉勝男さんは、窓を付ける天才だった。一九九五年二月に、沖縄建設新聞の紙面に「建設論壇」という窓を付けた。窓からは、建設業界をはじめ、関係各界の論客の人物が、沖縄の建設業の現状や未来について幅広く持論を展開する様子が見えた。

逆に、窓を通して、やぶにらみの論壇執筆者は、その時々の社会情勢の課題を抽出して、問題点の提起や指摘を行なった。その企画は、復帰後の沖縄の歩みを映し出すという点において建設情報誌の枠を超えていた。

さらに、一年間で六回も掲載された各執筆者の論稿は、その後一冊にまとめられて、冊子『建設論壇』として出版された。私も二〇〇七年、第十三巻に執筆者のひとりとして参画せていただき、多くの読者から賛同の意見やディベートの嵐に遭遇した。建前にこだわり、自己制御に徹した行政機関の役人が、思わずポロっとこぼす本音に「シタイヒャー」とエールを送ったこともある。今でも、比嘉さんの目論見通りに、「沖縄県の知見のストックあるいは夢のポケット」のひとつとして、建設業界のみならず多くの人に読まれている。

当時、私は比嘉さんに、表現者として別な顔があったことは知らなかった。太眉で精悍なジャーナリストのお顔が思い浮かんでくる。今、「建設論壇」を読み返してみると、執筆者たちが語っている言葉が、まるで詩のように思えてくる。詩人としての比嘉加津夫さんは、論客をも詩人に仕立てたのかと思えてしょうがない。二〇一九年十二月十日、惜しまれて逝去された。どこかで見てみているような気がしてならない。安らかなご冥福を祈りたい。

詩人の星ひとつ加へて冬銀河　　清

比嘉さんは、もう一つ窓を付けた。二〇〇六年三月九日から連載が始まった建築家・国場幸房さんの「沖縄ん建築

紀伝　横断する眼差し」の連載は、実に痛快な企画であった。この企画を立ち上げた時の苦労は大変だったらしい。さもありなん、幸房さんは遅筆で知られていた。中々承知してくれなかったと思う。やっと、親泊仲真さんが聞き役になるという条件でスタートしたと聞いた。

連載は、その生い立ちから始まり、建築設計の道を選択し、多くの人物との出会いがあり、数多くのプロジェクトを手掛けた建築家の生き様を余すことなく伝えた。観光産業こそがこの島の生きる道との信念で、兄の国場幸一郎さんと手がけたホテル・ムーンビーチは、建築的にも時代のメルクマールである。

私が俳句を詠むきっかけとなった那覇市久米の「ふう」という店のカウンターには幸房さんの定席がある。愛煙家だった幸房さんのために今でも煙草と灰皿が置いてある。サマセット・モームがシンガポールのラッフルズホテルでドライマーテイニを愛したように、「うるま」と泡盛を愛でた。幸房さんのひとり語りが途切れがちになると、オーナーの前田貴美子さんの優しい風が届いた。

それからと問うて風やる蒲葵《くば》扇《おおじ》　清

ホテル・ムーンビーチの構想が始まった時、私は(株)国建の構造設計の担当者として、幸房さんを補佐する役になった。海からの景観、国道五八号からの景観で建物高さは十五ｍに制限されたために、幸房さんは低くて横に広がる大きなガジュマルの木蔭を設計のコンセプトとすることを決めた。

さらに、半月状の砂浜と岩礁や植物を保護するために、土地の高低に関わらない自由な人工地盤を計画した。床面積一万二千坪の建物は三千坪のピロテイの柱で持ち上げられたのである。長さ四百ｍの建物は土木的スケールとなり、その大きさは宇宙船からも見えると評判になった。

ホテルが竣工すると、東京の建築評論家には、激賞する人が多かったが、ハワイのマウナケア・ビーチホテルに似ていると、酷評する人もいた。私は、その後ハワイ島の現地を訪ねたが、基本的なコンセプトも形も全く違い、ロックフェラーが建てた超富裕者のための建物と、恩納村民がピロテイの下で莫蓙を広げてくつろぐ建物とは明らかに別物であった。

幸房さんは病のため、二〇一六年十二月二十四日に自ら「沖縄ん建築紀伝」を完結してしまった。

群星《むりぶし》や那覇は聖夜の鎮りに　清

二〇一九年十月三十一日深夜、正殿をはじめとする首里城公園の枢要な建物が焼失した。一九八六年から四年間、復元設計に全エネルギーをつぎ込んだ者として、その現実は背筋が凍る思いをした。しかし、しばらくすると設計者魂が沸き立ってきた。再建を阻害する要件は何もないはずだ。復元資料はすべて揃っている。実施設計の記録を読み直したら、四十歳だった往時の気迫が蘇ってきた。

年酒の塩の白きを初心とす　　清

同じ年の四月にはパリのノートルダム大聖堂も焼失し、ユネスコの世界遺産を二つも失ったことになった。パリは二〇二四年に、首里城正殿は二〇二六年に再建するとのロードマップが示されている。目の黒いうちに二度も、正殿の復元を見ることになろうとは、私自身も数奇な運命を感じている。

鷹一羽碧天広き首里御嶽　　清
厄除けのすすき結びや首里八坂
歓会てふ城門月に固く閉づ
灰燼に拾ふ瓦や新北風来
巌穿つ王陵鷹の渡りかな
城垣の焦げ跡鷹の尿雨しづか
ゆく秋へ繙く首里城絵巻かな

（建築家、俳句結社「りいの」、「万象」同人）第四十二回琉球俳壇賞受賞

『唯々　無念』

渡久地　克子

訃報が届いたのは、告別式の前日でした。

突然の訃報は私にとって霹靂のようなショックでした。

何で！　何があったの？

あれほどお世話になりながら、罹患のことをも知らずにいたなんて。

せめてその間に、一度お会いして今の状況をお伝えし、いろいろと示唆を与えてくださったことに感謝の言葉の一言でも・・・。

唯々悲しく、唯々無念で、悔恨の重さで胸がつぶされそうになりました。

数か月後に、ご子息の正純さんからお電話がありました。

父の追悼集を作りたい旨を、誇らしく思う父への思慕とともに力強くその趣意を語られました。

賛同すると直ぐに、加津夫社長の丁寧な年譜が届きました。

これを見て、またもや、晴天の霹靂。

加津夫社長は作家だったのだ！多くの本も出版なさっていたのだ！

その本が届いたのは、数日後でした。

隠された宝物を筐底から取り出すような、初めて見るような、そんな震えで包みを開きました。なんとも難解なタイトル。

私は即、作家であることを知っているかの電話を数名の知人にしました。

皆様ご存知でした。知らなかったのは私一人でした。すみません。

改めて、加津夫社長は作家だったのだ！

最初にお声をかけていただいたのは、建築士会の新年会でした。多くの方々と談笑の後も長い時間、建設業界の展望について口角泡を吹き飛ばしながら2人で語り合ったのを覚えています。生意気な論客ぶった私を煙たがらず、満々と穏やかな笑顔を湛え、真摯にそして、楽しそうに受け止めてくださいました。

いつも変わらない、どこか茶目っ気なその笑顔に救われたのは私一人だけではありません。それは、深い文学的土壌からにじみ出た笑顔だったのですね。

建設新聞の狭義的枠を取り除き、視点を広げ常識を超えたのも文学作家の目線だったのですね。だって、私を建設新聞の企画に参画させてくださったのです。

考えられないことです。その決断が速かったこと。私の小さな他愛のない提案を、意味あるものに変えてくれただけでなく、それをシリーズ化してくれたことなど、今思うと、通常では考えられないことでした。

『建設Ｐｉｃｋ—ＵＰ』も画期的でした。『おきなわ企業空間』もユニークでした。社員全員が営業にまわっていました。あの頃、沖縄建設新聞の中でマグマが動いていたのですね。

加津夫社長の文学をベースとした思考とのコラボレーションが活発に動いていたのですね。

今、コロナ化の潮流の中で、これからの建設業界の未来はどうなるのか。

どう捉えるか。詰問されると答えることが出来ません。ですが、文学的視点とアートの感性が建設業界の閉塞感を解決する大きな要素だと私は強く思っています。そこに鍵がある気がしています。今、この時期に、加津夫社長の出番でした。見解を聞きたくなりました。

でも、待てよ。今残された年譜の中に、きっとその兆しが隠されているかも知れません。

社長のおおらかな笑顔と、果敢に飛び跳ねる思考を楽しみながら残された年譜を追うことにします。そして、あらたに語り合いたいと思います。建設業に魅了された者として。

潤沢な時を共にしていただきこの上ない光栄でした。ありがとうございます。

ご冥福を心よりお祈りいたします。

『一粒の麦がもし地に落ちて死ななければ、それは一つのままです。しかし、もし死ねば、豊かな実を結びます。』

ヨハネの福音書12章24節

比嘉加津夫さんを偲ぶ

松井　美代子

山路越しちゃる　文人よ語て
三十年余の　ご縁偲ば

比嘉加津夫さんが極楽浄土へと旅立たれて、もう一年以上も経過されているのですね。私の中では今だご存命かのように、何処かでバッタリと出会い、「オゥー松井さん元気そうだね」なんて声が掛かるのではと、思ったりもする今日この頃、時間だけは容赦なく過ぎ、ボーっとしながら暮している自身に時々ハッとしながら迫り来る加齢に溜息まじりに黙想する日々である。

世の中はコロナ、コロナと目に見えぬウイルスは、危急の如くメディアは報じ不要不急の外出自粛、自粛と日本国いや世界中が宇宙戦争のような、不思議なご時世の出来事に自粛生活も少しずつ、慣れてはきたけれど時々大声で叫びたくなる。そんな日常生活も、慣れてみると苦になる程ではない。

そんな折「比嘉加津夫追悼集・走る馬」の執筆依頼が届いた。なぜ私？　と思ったりもしたが良き方向に物事を考えるとし、文学評論などというのは書けないから、私の知っている『脈』と比嘉加津夫さんのことを中心に記す事にした。

比嘉加津夫さんとの出会いは、平敷屋朝敏の作品「貧家記」を平敷屋部落の出身が中心となり、約一年位週に一度集まっては、学習していた一九八四年以降、一九八五年頃と記憶をしている。

そこに良き偶然が重なったとでも申しましょうか、平敷屋朝敏研究会の又吉洋士・仲本瑩氏等の研究本が出版されたと沖縄タイムスで紹介され、その後「貧家記」研究会の先導的、役割を担っていた西銘郁和氏と大城清一氏（貧家記研究会会長）等が交流。平敷屋朝敏、没後二五〇年記念に向けて、平敷屋区も事業の一環として「平敷屋朝敏歌碑建立」や組踊「手水の縁」上演に向けて、実行委員会が発足の運びとなり、区長真鶴重吉さん始め貧家記研究会、朝敏の子孫、平敷屋朝敏研究会等も没後二五〇年記念、歌碑建立事業に携わることになった。

一九八四年、県の文化事業の一環として、「平敷屋朝敏—シンポジウムと組踊の夕べ」が、勝連町では六月二十四日、町教育委員会と県の主催で開かれ、歓迎の挨拶に当時の勝連町長吉野勇吉氏は出身地平敷屋部落における朝敏の口承伝承など熱い思いを語られていた。

シンポジウムは「平敷屋朝敏、その現在的意味を探る」で、司会進行に芸能史研究会の当間一郎氏、パネリストに池宮正治氏（琉球大学教授）、田里修氏（浦添市史編集室嘱託）、仲本瑩氏（平敷屋朝敏研究会）など四氏による研究報告と、討論を中心に話は進むのだが、地元に関連の深い「貧家記」や組踊「手水の縁」は口承性が強く、「手水の縁」も朝敏作だと考え方を固定せずと、池宮正治氏は論を展開し、三名のパネリストも話が噛み合わず、立ち見が出る程の観客から怒りに満ちた響めきが沸き起こった。地元勝連でのシンポジウムは住民の朝敏に対する思いに池宮正治氏に水を差され、後味の悪いシンポジウムとなった。それに比べ組踊「手水の縁」の上演は、不思議な程に格別な鑑賞会となった。

立ち方は、今は亡き初代・宮城能造率いる、宮城能史、赤嶺治、宮城能舞、宮城能葵、五名の実演家が務め、玉津（能葵）と山戸（能舞）の瑞々しい演技に能造先生の山口の西掟、能史先生の志喜屋の大屋子、赤嶺さんの門番の芸は、いずれもが重厚感を漂わせるものであった。また、歌三線の地謡たちは、「手水の縁」の挿入歌の数々を心込めて歌った。中でも二揚仲風節、述懐節は平敷屋朝敏を手繰り寄せるかのような歌に朝敏の心音を聴く思いだった。

その後、宮城能造先生、宮城能史先生は数多くの舞台を踏み終え、その遺志を若い実演家に引き継ぎ、現在は、勝連町で玉津役を演じていた宮城能葵さんが、二代目宮城能造を襲名されて活躍されている。

六月の二十四日に続き、浦添市でも二十六日夜、浦添市教育委員会を中心に「近世諸問題シリーズ」第三弾として「平敷屋朝敏とその時代」と題しシンポジウムと組踊りが上演された。折しもその日六月二十六日は、平敷屋朝敏の命日だった。

勝連に続き浦添市でのパネリストは、池宮正治氏（琉大教授）・関根賢司氏（琉大教授）・大城康洋氏（那覇市史編集室・主査）・田里修氏（浦添市史編集室嘱託）四名のパネラーと司会の高良倉吉氏（沖縄資料編集室長）によって進められた。

池宮正治氏は、組踊り上演の時代的条件と内容の両面からも「手水の縁」の作者平敷屋朝敏否定説をまたしてもシンポジウムで展開し、客席からの質疑応答も収まりきれず、新聞紙面への「手水の縁」論争と発展していった。

池宮正治氏の「手水の縁」作者否定説に「貧家記」研究会の西銘郁和氏が反論する形で新聞紙面ではかつてない反響を呼び、謎につつまれた平敷屋朝敏の闇路が解明されていく一歩となっていった。

朝敏没後二五〇年忌をきっかけに出版界も一九八四年十一月に、沖縄総合月刊誌「青い海」がいち早く平敷屋朝敏の特集を組み朝敏に関わる論文が多く発表されることとなり、シンポジウムの論争は大きな収穫となった。

平敷屋朝敏――「脈」再読

一九八五年八月に発行された比嘉加津夫個人誌だった『脈』は新たに又吉洋士・仲本瑩・西銘郁和氏が加わり、一段と賑やかさを増し内容の濃い「平敷屋朝敏」特集、脈二十三号から再スタートとなった。

勝連・浦添で開かれたシンポジウムと組踊「手水の縁」上演以来、作者否定説は多くの反響を呼ぶ事となり、新聞論争に発展していった。そして、「脈」二十三号には、平敷屋朝敏研究の為にも重要な論文が掲載されている。

朝敏の子孫であられる大井浩太郎氏論文「平敷屋朝敏」、平敷屋朝敏研究会・又吉洋士氏「朝敏研究余緑」、平敷屋朝敏研究会・仲本瑩氏「朝敏考」、貧家記研究会・西銘郁和氏「朝敏説否定の内実」、脈発行者・比嘉加津夫氏「平敷屋朝敏論（二）」等々。その他詩・評論、エッセイと充実した内容となっている。時代背景や口承伝承などから見えてくる平敷屋朝敏研究は、二五〇年の時を経て歴史の闇に葬られた「平敷屋、友寄」事件を長い眠りから目覚めさせるかのような勢いで、「平敷屋朝敏」を揺さ振る研究発表に、同人等の並々ならぬ情熱を伺い知る事が出来る。

比嘉加津夫さんを中心とする同人誌『脈』は、二十三号〜一〇三号迄、同人変遷はあるものの、様々な形態を保ちながら沖縄人《ウチナンチュ》の歴史の陰に埋れた魂の叫びを取り上げ、広く読者に感銘を与える研究者の発表の場となっていた。

「平敷屋朝敏」特集を仲介しての読者ですが、振り向けば自身の家族の情景まで、懐かしんだ「脈」の再読、その中から掻い摘んで記念に記することにした。

◇脈二十八号、特集「琉球芸能への視点」評論

真喜志康忠先生の「常設芝居小屋があれば」の論文に、幼少期に平敷屋部落にも、時々仲田幸子一行も訪れて、綺麗にお化粧した沖縄踊りに憧れ、若い頃の仲田幸子さんに大笑いし、伊江島ハンドゥ小の芝居に涙を流した。次の日、学校の休み時間に女生徒（小6）は、ハンドゥ小のセリフを最初から最後まで繋ぎ合せる遊びをしていた。今に思えば不思議、首には方言札を下げていた。

◇「エイサーについて」比嘉常俊

沖縄の年中行事の中で盆は、七夕の墓掃除から始まりウークイ迄の十日間（中の日）は、あの世（後生）と現世の往来が許される（門開き《じょうびらち》）期間であり、よって十三日のウンケーの日は仏壇を締麗にし祖霊を迎えて、花や果物、沢山のご馳走を供え、歓待を施し、ウークイまでの三日間は親類縁者は仏前に供え物を並べては、感謝や健康祈願、近況報告に線香をあげる沖縄独特の風習は、大切な心の絆の風習でもある。

在りし日の家族の愛しき日々を覚え、空しい盆だったけれども、比嘉常俊氏の「エイサーについて」を再読するにあたり、輪廻という言葉に行き着いた。今年の盆からは、溜息を漏らさぬよう、好物だったご馳走を作り、お酒に煙草、打ち紙（五万貫）を沢山供え、盆供養しようと思えた。

比嘉常俊氏も早すぎた逝去でしたが、心に響く論文を二十八号に寄稿されていて京太郎《チョンダラー》、エイサー踊りは無縁仏の供養をする為にエイサーが行われたと学び得ることができた。

◇脈三十七号特集、「泡盛」

勝連半島には泡盛酒造所が三ヶ所あって、屋慶名・平安名・古島（旧内間）部落で営業していたが、アメリカ世で二ヶ所の泡盛工場は洋酒の波に抑れ廃業していった。

本土復帰二、三年前迄、営業したのが松井酒造所で泡盛「命宝《メイホウ》」を作っていた。特集「泡盛」で掲載された酒造所の写真は、諸味の発酵するにおいを感じ、米麹と寝食供にしながら首里から住込みで働いておられた、野原さんという名の杜氏さんのお顔や、「米麹・諸味の発酵・蒸留・醸成」を経て瓶詰され、店頭に並ぶまでの過程はすべて人の手で作業していた事などが懐かしく思い出される。中でも泡盛コレクターの、座間味宗徳氏所蔵の泡盛コレクションの掲載は、子供達も一緒に銘柄「命宝」のラベルを拡大鏡でチェックした、遠い日の家族の光景さえ目に浮ぶ、泡盛特集であった。

後日義理の伯父にあたる、元県議会議長の（今は亡き）平良一男氏から、酒の入った「命宝」の二合瓶を見せて頂き、復帰っ子の我が娘は実物の「命宝」を深々と見つめていた。比嘉加津夫氏を偲べば、在りし日の家族の光景も浮び長々と記してしまった。

◇平敷屋タキノーと比嘉加津夫さん

話を戻そう、一九八五年八月に『脈』二十三号（特集「平敷屋朝敏」）が発行され、最後の扉には、平敷屋朝敏没後二五〇年記念、平敷屋区の事業として取り組んでいた、タキノーへの平敷屋朝敏歌碑建立への趣意書、「選定歌」、寄付金の振込先、期成会設立等々、大きな見出しで扱って頂き、大きく貢献して下さった。

感謝の意を込めて私も『脈』二十三号の紹介を新聞投稿した。そのことがきっかけとなって、一〇三号迄の同人誌『脈』が手元にある。

私自身、三〇年余の読者の一人として、比嘉加津夫氏との面識は数えるほどでしたが、自分の都合で、ちぎり絵の個展の案内に、時たま電話を入れると、「自分の家、百メートル圏内は歩いたことない現状だよ」なんて笑いながら話されていた。病院へ入退院なさっていること迄は、知らなかった。後日入院のことを知り、一度だけ友人と一緒に病院に見舞ったのが最後で、二度とお話をする機会はなかった。比嘉さん達が植えたタキノーの桜木が少しではあるが、しっかり花を咲かせたので、写真のコピーを合評会に参加する友人に託し、少しでも元気になるよう願ったこともありましたが……。

多くの著書を残し、走馬灯のように走り去った比嘉加津夫さん、本当にお疲れ様でした。心よりご冥福をお祈り申し上げます。

二〇二一年四月

私にとっての比嘉加津夫さん

田場　由美雄

あの情熱は、どこから来るのだろうか。比嘉加津夫の名前を知り、その人物（と活動）を遠目に見やるようになってから、私の心の中にずっと持ち続けてきた問いである。あの情熱、とは、他ならぬ、「限界」まで書き続けて表現し続けていこうとする意志・情熱のことである。熱しやすく冷めやすいものの謂いでは無論なく、持続する意思のような静かなる勁い情熱のことであり、個人誌・同人誌を、表現者として、また主宰者、編集者として運営・活動し続けて来られた姿勢・態度を指して言っている。根っからの表現者、物書きとしての比嘉加津夫さん。その存在と活動の軌跡に今さらながらに圧倒され驚嘆し立ち竦んでしまうだけである。そのようなことを含めて、比嘉加津夫さんの人物研究や作品批評は、他のそれに相応しい方々に今はお任せすることにして、ここでは、二人だけが知るごくごく私的な付き合い・交流の一端を書き留めて、比嘉さんの人柄を偲ぶよすがとしたい。

その前にひとこと。比嘉さんの個人誌・同人誌『脈』の、沖縄の文芸史・表現史における様々な評価が、これから為されるだろうが、『脈』は個人誌・同人誌の枠を超えてかつての沖縄文芸総合雑誌『青い海』や『新沖縄文学』と並んで、また他方で、内容の広さ、深さの充実から吉本隆明さんの『試行』と類比されるといいのではないかと急いで手控えておく。

さて、比嘉さんとの思い出はいくつかある。安里にかつてあったイベントスペース居酒屋「あけしの」と比嘉さんのご住居の二階のそれぞれの急勾配の階段を一緒に昇り降りした時に、また吉本隆明さんが亡くなって、急遽追悼号を出すことになった折の原稿締め切りのやり取りの時に交わされた会話などが懐かしいが、今は触れない。一気に最後の時に来る。

比嘉さんの最後の本となった『平敷屋朝敏』の校正を頼まれた時のことである。校正の上での私の質問、疑問に病を押して健気に応答していただいたことが、早、夢のようで、また愉しいひとときでもあった。遠くに見やっていた人が、いきなり身近な人になってしまった距離感、曰く言い難い親近の度の距離感が、私にとっては、既に故人となられた上原生男さんや上間常道さんと似ている。友人というには年上すぎて、敬遠の気味が交じって遠慮の心が働くが、親しく情をかけてもらって、いろいろの教えを授けられてきた。暗黙の裡に、叱咤激励を受けてきた、ような気がする。内々でもいいささやかな出版祝賀会が叶わなかったことが今では心残りとなった。

この場を借りて最後に、本の校正では、小さな文字に目が適わずに、私が見逃した、例えば「王」と「玉」の区別を見つけてそっと直していただいたりと、印刷所の担当のオペレーターさんにも助けてもらったこともありがたい思い出で、感謝の心を記しておきたい。これを書きながら、比嘉さんの太く柔らかな声が今でも懐かしく内耳に響いている。

比嘉加津夫断章

宮城　正勝

比嘉加津夫さんが亡くなって三年が経つ。さまざまな想いが交差するが、記憶の一端を記しておきたい。

ここ数年間で、ぼくが親炙した文学関係者で、亡くなった人は、ほかに東風平恵典（二〇一四年逝去）さんと岡本定勝（二〇一七年逝去）さんがいる。東風平さんも岡本さんも五十歳代から、旺盛に詩作をしたが、長い中断の時期がある。だが、比嘉さんは、スランプとかで書けない時期があったかもしれないが、中断と呼べるようなことはなかったのではないか。はたから見て、書くことが好きなんだな、文学が好きなんだなという印象であった。文学への打ちこみかたが尋常一様ではなかった。

象徴的なのは、比嘉さんの島尾敏雄論である。沖縄の文学・思想の世界で、島尾論というと、判で押したようにヤポネシア論である。ぼくのみるところ、十中八、九そうである。だが、比嘉さんの関心の中心にあったのは、『死の棘』をはじめとする小説作品であり、小説家としての島尾敏雄であった。

後年まとめられることになる『島尾敏雄を読む』（二〇一二年）の副題は「『死の棘』と『死の棘日記』を検証する」であり、二〇一六年に上梓された言視舎評伝選の一冊『島尾敏雄』も、モチーフの基軸になっているのは作家としての島尾敏雄である。『島尾敏雄』はのっけから、「ぼくはこのたび島尾敏雄について書こうとしたとき『作家になるということはどういうことであるのか』という問いからはじまっているのである。比嘉さんの島尾論と他の論者の島尾論との、このコントラストはきわだっている。比嘉さんは一見すると、沖縄の知識人・文化人たちとも親密につきあい、その世界の空気になじんでいるようにみえたが、自分の資質とモチーフにいかに固執していたかがわかる。

文学を文学として、自分のエロス的感度で読み込む比嘉さんの姿勢は、失礼な評言になるかも知れないが、文学を盲愛していると言うほかないように思えた。そのために意識高い系の人たちからは、軽くみられることもあったように見えた。しかしあなどられるべきはあれらの知識人であることは明瞭である。あれら知識人たちの思考は、根底を欠いた、たんにイデオロギー的であるというにすぎない。

比嘉さんの仕事でもうひとつ特筆すべきことは、同人誌などの発行がある。

仲本瑩さんが作成した資料によると、比嘉さんは、一九六六年、二二歳の時に、一号で廃刊になっているが「沖縄文藝」発行に関与して以降、その死去にいたるまでに、切れ目なく同人誌や個人誌を発行したり、発行に関わったりしている。主なものをあげると次のとおりだ。

「発想」　　1969（25歳）
「脈」創刊　1972（28歳）
「南海」　　1979（35歳）
「環」　　　1984（40歳）
「脈通信」　1985（41歳）
「月刊症候詩」1986（42歳）
「Ｍｙａｋｕ」2010（66歳）

比嘉さんは、学生時代から晩年にいたるまで、同人誌や個人誌を発行し続けてきたわけだが、表現することと自前の発表媒体をつくりだすこととは切り離すことはできなかったのだとおもう。書き手としては無名で、しかも地方に在住しているということから、それも自然のなりゆきであったかも知れないが、表現と雑誌発行が車の両輪のような関係にあった。このふたつのことを比嘉さんは、長年にわたって愚直にこなしていたのである。

ぼくは一時期「脈」の同人であったからよくわかるが、比嘉さんの仕事ぶりはじつに素早く無駄がなかった。しかも、身体的なハンディーを負っていたにもかかわらず、力みがない。原稿はＥメールで提出していたのだが、さほどの時をおかずに校正の連絡が入る。雑誌の割り付けや、本土や遠隔地の寄稿者との連絡や郵送など、同人などの手助けがあったかもしれないが、煩雑な事務的な作業をスピーディにこなしていた。

雑誌の編集発行のほかにも、自身の作品集をはじめ、ほかの人の詩集や俳句集を数多く出版している。サイドビジネスとしてならともかく、ほかの表現者の表現がかたちなすのにも、力を尽くしたのである。業界紙の記者の仕事をしながら、どこにそのような情熱と目配りとエネルギーがあったのか。

このような人は二度とあらわれないにちがいない。つくづくそうおもう。

田中　眞人

事象の隙間に真実を剔出する人
今は亡き比嘉加津夫さんへ

　沖縄のみならず日本においても類まれな批評家・編集者として知られていた比嘉加津夫さんが身罷れたことを知らされた日から幾日か経ったある夜、彼が脳内で建築したと思われる、バベルの図書館の夢をみたことがある。鬱蒼としたヒカゲヘゴの高木にかこまれて石組で聳立した、蔦のからまるその図書館の内部は、琉球の蔡温の政治に叛旗をしめしたという廉で死を迫られた悲運の首里の貴公子平敷屋朝敏の映像に加えて吉本隆明、谷川雁、島尾敏雄、また黒田喜夫、村上一郎、森崎和江、清田政信、勝連敏男らの映像が書庫の壁面に揺らいでくるのだった。書架は多層で多次元の様相をしている。彼の比類のない労作によって建築されたこのバベルの図書館という幻（?）の富はマルクスのいうようにわたしたちの価値をはるかに超えようとしている。これはけっして大仰にいっているのではない。

　比嘉加津夫さんがなしたことはあらゆる事象や言説や表象をその柔らかな胆力でなめしていくことであったが、それを論理に頼って強引に突き進むことではなかった。そのなめした事象や表象を、なめした自身のカミソリで切り刻んでいき、あらたな真実を剔出することであった。

　彼をかれならしめたのは、その広範な情報の集約力と行為にあった。文芸総合誌をめざす「脈」を編集発行し、沖縄での地を這うような、これまであきらかにされなかった表現者たちの、事象の、細部にわたったあらゆる機微をあきらかにしてくることであった。そしてそこにかくされた全体像がうかんでくることがあった。「脈」に拠った「吉本隆明の「全南島論」の展開はこれまで本土の論者が言及しなかった全琉球の魂のテオゴニア（沖縄の魂の消長）を克明にしようとするものだった。また村上一郎の日記の採録は彼の一次情報ともいうべき肉声が当時のまま伝わり往時の全体の息吹が新鮮であった。

　またあまり膾炙されているとはいえないが、彼が吉本隆明の島尾敏雄論に刺戟されて展開していった島尾敏雄の世界の追及は、私にとってある驚きを波及させてきた。それは不朽の純文学ともいえる『死の棘』の「離脱「の章への言及である。ここでは愛人である『あいつ』の脅迫電文によって夫婦の関係がこじれにこじれてしまう作品のキーとなるシークエンスだが、これを妻「ミホ」が電文を仕掛けた作為ではなかったか、と指摘していることである。このことは彼の評伝集『島尾敏雄』はじめ「脈」に発表した論考の中でも発表しているが、吉本隆明や埴谷雄高ら日本の文学者らはそのことにあえて言及せず、私はそこまでやるか、作品は作品として読み込んでいったらいいのではないか、とかんがえていたが、やがて『死の棘』の世界で重要な解読のヒントとなっていることを思い知らされた。このことは島尾敏雄研究家石井洋詩の「島尾敏雄の文学世界」でも少し言及しているが、はっきりとそのことに言及したのは、比嘉加津夫がはじめてではなかったか。そのことについて評価しているのはノンフィクション作家の梯久美子が島尾敏雄の妻で後に作家となる島尾ミホの評伝『狂うひと』によってそのことを推理実証したことで決定的になったことである。彼の優れている点は、第一次情報を丹念に追究していって物事の真実を明らかにしていくことで、歴史や表現者のバリューに関わらず水平の視線で物事の真実を追及し続けていったことだろう。こうした彼の表現活動は、沖縄の文学にすくなからず波及していった。

彼の最晩期・心房細胞の手術後の苦しさのなかでなお「脈」一〇二、一〇三号で黒田喜夫や勝連敏男の特集を編み、論考を続けることをやめなかった彼を思ったとき、多和田辰夫のことを思いださずにはおれなかった。多和田の「脈絡のない季節」を読んだ私は彼と会いたくなり、コザの小さなかれの新聞社を訪れ、急速にかれと親しくなった。もともと心臓が悪かった彼は、吉本隆明の仲介で昭和医科歯科大学で手術を受けることになったが、手術後、彼が全身に点滴の針を通されたままの姿に私は傷んだ。以前に私は吉本隆明宅を訪ね、詩集『星への歩み』を手渡していたが、その吉本宅で、私の苦しさをはがみせずにはおられなかった。そのことを思い致し、比嘉加津夫さんの苦しみに想いを馳せていた。

比嘉加津夫さんとは一度もまみえたことはなく、ただ一度電話でその優しい声に接しただけだったが、清田政信と島尾敏雄についてメール対談し「脈」誌上に掲載されたことがある。また車谷長吉、島尾敏雄、黒田喜夫、吉本隆明、谷川雁、清田政信などについても拙論考を寄稿させてもらったことがあったが、いずれも私の貴重な財産となっている。

比嘉加津夫さんには汲めども尽きぬ感謝だけが残り、おかえしすることがなかったことに悔いがのこったままである。

岩谷　征捷

「走る馬」――一九八三年の比嘉加津夫さん――

小説「走る馬」（『背光と影・沖縄文学同人アンソロジー』所収、一九八三年）は、「深い野原を馬が走っている」という絵画的なイメージの書き出しを持つ。（比嘉さんは絵も巧かった。賀状の絵がたのしみだった。）その後、「思考は別方向に回転し」、日常と非日常とのあわいの時空に展開する。ここには明らかに島尾敏雄の影がちらつく。

ぼくの目の前は、それら非自然的な物象にとりまかれて　いるのだが、目の奥では回転速度のおそいフイルム操作のような感じで、走る馬の画像と沈んでいく自分の像が映し出されている。しかも、手を伸ばせば届く近さで、展開されている。その奥は、レンズのぼかしが効果を出して眼の力をこばんでいるが、よく見ると身を沈めている男はぼくなのだ。

観る人である語り手の位置どりと、切りとられたその映像は鮮やかだが、むしろこれは、小説によって「島尾敏雄論」を展開しようとしているように思えてくる。日常から非日常へ、ということは、島尾文学と同じく、個人的体験を語っていながら、実はその先へ、つまり「普遍」へと向かう技法なのだ。そして、その個人的な体験を探ってゆくと、やがて家族への「祈り」があらわれてくる。

たとえ、やむを得ないことではあったにしても、知人の亡くなったことを、一年間も知らずにいたことは罪である。その間の私の日常はどうだったのか？　と振り返ってみると愕然とする。せめてもの罪の償い・祓いとして、あらためて比嘉加津夫さんの「不在」を自らの身深く刺そうとしているところだ。

先日必要があって、島尾敏雄関連の古い資料を整理していると、比嘉さんに触れた拙文が出てきた。一九八三年の日付のあるこれが、おそらく知り合った初めの頃のものだろう。

さらに南の郡市には比嘉加津夫がいて、『脈』14、15号に「島尾敏雄論」を連載中である（一九八三・五、八）。比嘉をしてその論を書かしめたのは、「死の棘」「日を繋けて」の章に登場する女と、手紙とか訪問というかたちで「妻」の口から言い出される女とは別の女である、という発想にある。これは単なる細部の問題ではなく、私たちに『死の棘』の新しい読みをも要求しているのである。筆者もかって「〈女〉をも作者・島尾とミホ夫人は〈共有〉した」と書いたが（『島尾敏雄論』近代文藝社、一九八二年）、いまは「作品において〈妻〉の創造した〈脅迫する女〉の像を、〈私〉は受け入れることになった」と改めなければならぬ。

（「研究動向／島尾敏雄」『昭和文学研究』第八集）

比嘉さんと私との関係は、島尾敏雄という作家を介して、まさに遠くから同行し合うかたちで始まった。したがって、『脈』に連載された「往復書簡」なるものも火花を散らすといったものではなく、互いの意見を確認しあうかたちになったのもやむを得ないことだった。その「かたち」は、梯久美子さんの『狂うひと』（新潮社、二〇一六年）にまで流れこんでいる。一種のなつかしさとともに引用しておく。

比嘉は著書『島尾敏雄』（昭和六十二年刊）の中で、「通信は「女」が出しているように描かれているが、これは「妻ミホ」が「女」になって手紙を書き、郵便箱に入れ、夫「私」を角度をかえて責めているのである」としている。しかし作中の「私」は、妻のそうした粗雑な仕掛けをあえて見抜こうとせず、作品はそのまま流れていく。これは、「作者島尾敏雄が自己を閉ざし、深く沈黙している」からだという。

この比嘉の指摘を「卓見である」としたのは岩谷征捷である。岩谷は「『死の棘』考―創作意図の固有性について―」（平成四年刊『島尾敏雄私記』所収）の中で、島尾は通信文がミホによるものだと見抜いていたはずだが、ミホの意に逆らう位相で作品を書くことはできなかったのだろうとしている。

いまは論の当否を問う暇はない。私が比嘉さんのいるそちらへ行くのもそう遠いことではない。現世での残された時間、もう少し島尾さんと比嘉さんに思いをいたそうと、私の比嘉加津夫コーナーの本を開いてみることにする。まず『桂林人』を再読。冒頭の短編「病院へ」は島尾さんが亡くなった鹿児島の病院を訪ねる話で、なまなましい。「S先生」の言葉として「過去も夢も今のこの時間との境界をとっぱらってみんなそれぞれ自在に沸騰させる」とある。それをそのまま方法とした小説である。日常と非日常が区別がつかないように、ついに生と死との境が消えて、すべてが「実体のないもの」になっていく。亡くなった「場所」に、必然、亡くなった当人が生きている。

　同じように、私がこれから訪ねていく「場所」には、島尾さんも比嘉さんも生きているだろう。そこは再び、語ったり、書いたりできる「場処」でもある。しかも、決して特別な「場処」ではない。日常を通り過ぎて駆け抜けてゆく「走る馬」は、瞬時の出現にしろ、やはり救いとしての存在なのだ、とあらためて思う。

　走る馬よ、さようなら、そして、また会いましょう、比嘉加津夫さん！

（二〇二一・三・二五）

追悼

島尾　伸三

【地理上の我ら】

比嘉加津夫さんの追悼文の依頼を受け、幾ばくかなりとも気の利いたことを書かねばならないのかと、気後れしましたが、数年前に同人誌『タクラマカン』の同人である寺内邦夫さんが、「もっと書きましょう」という添え書きと一緒にノートを何冊も送ってきたことがあったと、そんなことが脳みそのどこからともなく浮かんできたので、そうだ、頼まれたら何でも書いてしまえと思い直しました。

那覇も名瀬も東シナ海に面した港を持つ街なのだけれど、どういうことなのか2つの街はどちらも私の頭の中では南太平洋に面しているように配置されています。だから、日本列島の足下や大陸の端っこに描かれた地図上の位置は、政治的な策略で事実を曲げて記載されているのではないかとさえ疑うのです。湿度の高い大気がゆっくりと北上していることに気づく日などは特に、あの港や街の空気の底流には、南太平洋の生暖かい風が息をこらすようにして、島全体を包むようにして流れているに違いないと信じられるからです。

それなのに、列島が太平洋を背にして、目の前の東シナ海の鼻っ面には大きくて複雑な荷物を背負った大陸が居座ってしまって在り、頭上の海の向こうには邪魔臭い列島が居座る事実を押し付けられているのです。事実だと認めざるを得ないその時に味わう鼻っ面にわき起こる不愉快は、時間をかけて飲む大ジョッキの底に残された汽の抜けた生ビールのように、ぬるくなったビールがその苦くて不味い正体をあらわにした時のような、欲望の化身としか思えない舌が面食らう齟齬に似ています。

太平洋を回遊してきたマラヨ・ポリネシアンであることにこだわらずに、たとえ少し地図上の事実に妥協して、大陸沿いに太古を夢想するなら、我ら古くから琉球列島に住む人間は、モンクメールとも無縁ではないのかもしれません。アイヌやニヴフなどの北方に親近感を抱いてしまうのは、どうしてなのでしょうか。シナ・チベット語族から少し離れた場所で消滅危惧に在りながらもしぶとく長らえている彼らと我らが、修復や転覆の可能性を秘めているとでも妄想しているのでしょうか。奄美語群の消滅傾向は１９５０年代にすでに始まっていたのだけれど。比嘉加津夫さんはどう考えていたのだろうか。

【出会い】

薄っぺらな紙に印刷されたモノなんて、スローファイアーという神の手によってやがては塵に帰す虚しいモノなのだけれど、立派な本に仕立てたって、内容の善し悪しなどおかまいなく、ありったけの知恵を振り絞って知力を注ぎ込んでも、やがては消えるビールの泡のように、どんな作品も時代の変遷には逆らえず、いつまでも新鮮味が続くわけでもなく、私の落書きなど、はなから汽の抜けた生温い小便もどきの濁り水なのだけれども、そんなふうにつまらなくならない新鮮なうちに、どんどん杯を重ねるのが比嘉さんだと思い込んでいました。それは、どうやら間違いだったのだけれど、何を隠そう、比嘉加津夫さんを知りません。いいえ、言い直します。その人の人柄を知りません。もっと言うなら、何も知らないに等しいのです。残念ながら、一度も杯を交わした事が無いような気さえしています。いいえ、これも言い直します。何度も合って乾杯を交わしていたのかもしれませんが、１対１で相見えることはなかっただろうから、踏み込んで観察することが無かったわけです。

西洋料理店の軒先に並べられたテーブルに這いつくばるようにして腰を据えて、薬臭い生温いビールを飲み続ける趣味が在る訳でもないので、ポルトガル人のように冷えきった金色の金属コップから冷えきったビールが、灼熱の湿地帯には最適のはずで、だから私もそうなのに、もしかして、比嘉加津夫さんは温いビールをねちっこく両掌に抱えていたのでしょうか。

そもそもの始まりは、外見も気配も南方系に違いない濃い男が震える両手でビールを飲む姿を見て、アルコール中毒ではないかと疑ったことがあったけれど、あれは、いつだったのだろうか。それは、多分、沖縄タイムス社の講堂のような場所で「島尾敏雄を偲ぶ会」が行われた後での、懇親会だったような気がしてなりません。そうだ、彼は、私と潮田登久子（妻）が床に腰をおろすやいなや、飛び込んでくるような具合にして目の前に現れたのではなかった

か。（※図1）

宴会が性に合わないわけでは無いのだけれど、騒々しさに極端に落ち込んだまま周囲から気持ちや態度が遠ざかってしまう時も多いし、突然のように羽目を外してしまうこともあって、どうもうまく振る舞えない私なのだから、その時だって、無愛想に尽きたのではなかったでしょうか。

そうそう、少しずつ思い出して来ました。その時、多分初対面の比嘉加津夫さんは、多弁でした。親しげにしてくれたのに、うまく調子を合わせられない私を置いてけぼりにして、あんなこと、こんなことをやりたいと、言っていたのかもしれません。

楽しいことに警戒心を解くことの出来ない私の痩せた気持ちは、彼の熱意に冷淡だったに違いありません。

幾度も顔を合わせる機会に恵まれでもしたら、胸襟を開く程になれたのでしょうか。それは分かりません。クレオパトラの鼻が高かろうが低かろうが、地中海世界の政略や恋愛沙汰など、アフリカ大陸のどこかの港でニワトリが蒸されていようが焼かれていようが、どうでもよいことだけれど、琉球海溝上の波に浮かぶ隣り合わせの島と島で、互いに時代を同じくして暮らしながら、比嘉加津夫という大きな魂に触れること無く、失ってしまったことは、私にとってどうでもよいことではありません。

【失礼だった私】

父・島尾敏雄が鹿児島の病院で死んで、宇宿町の自宅へ運ばれてきて、遺体がまだ棺桶が届かずに、座敷に横たわっている時のことです。敏雄の似顔絵と何か原稿を描けと私に電話がかかって来て、それが比嘉加津夫さんだったのだけれど、その時は何かに夢中になっているハイエナのような人だと感じました。

奄美人の野生動物のような野蛮さと警戒心の混じった気風が心身に染み込んでいる私に、沖縄本島人の振る舞いが、どうしても威圧的に思えてしまうのは、どうしてなのでしょうか。本島人が優しさを売り物にしたところで、言葉遣いをオブラートに包んだって、あるいはそんな気がまるで無くたって、奄美人の私には「なふぁっちゅ、うとるしゃ」です。差別が潜んでいることに、差別される側は敏感なのです。彼には、毛頭それが無かったとしても、私は嘗威しました。かてて加えて、どっちみちそうなんだけれど「見よ！先生の馬鹿息子だ」と、見せ物にされることを。

例えば、『脈92号』に書いた「おかあさんの謎」では、冒頭から、その最初の小見出しが、

「1)むかつく」、

そして

「梯《かけはし》久美子《くみこ》さんの連載が終わって２０１６年11月に『狂う人』(新潮社)という単行本に収まったので、ほっとしていたのに、おとうさんとおかあさんについて原稿を10枚から20枚も書けという「脈」の発行人は残酷です。おとうさんが死んだ直後にも「脈」には原稿や似顔絵を要求され、気持ちに反して字を書いたり絵を描いたりしなければならなかった息苦しかった時のことさえ思い出しました。しかも原稿料はありません。いったい、文学の世界に興味の無いぼくに何を望んでいるのでしょうか。ぼくの存在が奇妙な経験をした見せ物に過ぎない事は百も承知で、さらし者にされるのもおとうさんとおかあさんの為だと思ってはいますが、どうしてぼくは嫌々ながらも字を書くのでしょうか。これが鬱憤ばらしになるのでしょうか。」

その続きも、無礼極まりない作文を書きなぐったはずなのに、そのまま『脈』に掲載されたのでした。どうしてなのでしょうか。わからない。

比嘉加津夫さんには、ずいぶん礼儀を欠いた態度で接して来たことになります。それなのに、彼は、幾度も原稿を依頼して来たのです。あげくの果てには、「写真家島尾伸三・潮田登久子」という、際物としか思えないような特集さえも組んだのです。

その際物の特集の打ち合わせに沖縄建設新聞に電話をかけたら、受付の女性は、人を疑った事が無いかのように、すんなり彼に連絡をとってくれ、折り返し比嘉加津夫さんから電話がかかって来ました。

比嘉加津夫さんからの応答があるまでの、ほんの30分ほど、電話を手にした女性事務員の居る場所の様子が目に浮かび、灼熱の奄美群島の１９５０年代の空気を思い出していました。名瀬の永田橋あたりにあった木造平屋のトタン屋根の事務所で、書類や設計図を手書きで複写している、濃ゆ濃ゆとした脇毛をノースリーブからはみ出させた女事務員たちは、仕事を放ったらかして誰彼かまわず相手を見つけてはおしゃべりに浸り、ひとしきり好奇心を満たすとそれから電話を取り次いだり仕事の続きを再開するのです。

比嘉加津夫さんは電話口で、何でも良いから書いてくれというのです。それなら、折角の写真の特集なのだから、胸に支えたままの写真論でもまじめにぶちかませば良いも

のを、父や母の写真にいい加減な思い出ばなしをくっつけた、お茶を濁すような程度にしてしまいました。潮田登久子はまじめに作品を提出したのに。

【熱風の人々】

果たしてそうなのかは疑わしいのですが、「希望は失望に終ることはない」だそうです。比嘉加津夫氏は息も絶え絶えの中で意志を貫き通し続けたようなのだけれど、私の母・ミホは言いました「患難汝を殊にする」。それは彼のように資質や環境と努力に恵まれた人に当てはまることは明らかです。

それにつけても、人の死はあっけないもので、また人生も。だから、生きている間に崇高な魂に一皮でも出会えるなら、人として至福に違いないのだろうけれど、私は、その機会を避けてきたばかりに、比嘉加津夫と名乗る琉球人の熱く震える魂に触れる好機を逃してしまったのです。

また、考えてしまいます。友達になれたのではないだろうか。いいや、あの溢れて止まないエネルギーにうんざりさせられるのかもしれない。滅多に遭遇出来るはずの無い、得難い魂に接する機会を失ってしまったのだろうかなどと。

彼は未だ成し得ぬ何かに、私などの理解を越えた大いなることに、狂おしく燃え滾る魂が台風のように猛り狂う、琉球列島の不穏な上空に、また大きなエネルギーが一つ加わり、いつまでも逆巻き浮遊し続けるであろうことは、明白です。既存の構築物の歪みを解こうとした、閉じ込められた真心を解き放とうとした心意気は死滅出来ずに、周辺海域ならず北方列島群や大陸部をも暴雨風となって席巻するに違いありません。

そして、先に死んでいった父や母の魂だけでなく、幾万もの物語を抱えながらエーテルになってしまった比嘉加津夫という厄介な魂の存在に悩まされ続けねばならないのかと思うと、決して気持ちが安らぐことは無いのかもしれません。

「加津夫やくめ　むん考えぬうふさや　ぬーんじめへらん　やしやしとぅいや　行きやならん　死でが山路」

【私は夢想する】

私は夢想してしまいます。どこかのシマで、同じ小学校に通う僕たちは、寄せては返す不快の持病を互いに抱えながらも本を読む事に夢中で、本の貸し借りをしていました。満天の星空が海の火照りを冷ます夜半に、いつだって僕は加津夫君から借りた本に寝床でのめり込んでいるに違いありません。

あの本は読み終えた、これはまだ読んでいないなどと、自慢足の指の間に小石が挟まっているのも気にしないで、足音が寄り添っているとも、つかぬ読書歴を披露し合いながら、足音が寄り添っている事も忘れて互いの言葉に反応しあって歩いています。とっくの昔に遠慮を忘れた南洋の直射日光が、命在る者も無き物も全てを焼き尽くすようにして路面を透明に輝かせます。気まぐれに生えている木立の枝々では空飛ぶものたちが羽をたたみ息を潜め、遠くでは熱さに懲りたヤドカリが砂浜に深く潜り込んでいて、行くあても無く彷徨う針千本の群れを忍ばせた大海原を蜃気楼のように遠くに添えた、夜になって空気が冷めるのを待つアフリカマイマイたちが、葉裏にしがみついてはみたものの容赦のない太陽熱に堪え兼ねてポトッと逆さに落ちるキビ畑の景色の中を、裸足の僕たちのたまご頭はすっかり茹で上がって湯気を立てています。

はるか向こうから聞こえてくるはずの浜辺に戯れる波の音さえ灼熱に吸収され、物音一つ聞こえて来ない焼けた空気の中を、防音室の中でしゃべっているような三半規管の戸惑いに包まれ、僕たちの頭髪は焼けた針のような具合でも、快晴、体感温度42度、風力0は、坊やたちの脳みそが互いの関心事に夢中になっているのを阻止することは出来ません。背伸びした私は上級学年の学年雑誌を購読している事に優越感を抱いたりするのですが、加津夫くんの読んでいる大人びた本に驚かされたり、意味深な読後感に打ちのめされたりしているのです。浮き世の憂さを知らなくても、生物ならではの生きる苦痛の逃れられぬ拘束と、時空の束縛から解き放たれたようなこの至福の時間が、これからも続くとは限らないことを、脳みそのどこかで思いながら小学生の僕は自分と加津夫君を眺めるのです。

仁衡　琢磨

沖縄の遠くて近き人に

四度目の沖縄であった。思いがけない、日帰りでの沖縄。作家、詩人にして文芸誌『脈』編集・発行人であった比嘉加津夫さんが二〇一九年十二月十日に急逝されたのだ。長く患っていらしたとはいえ、つい数日前にメールのやり取りをしたばかり。病状を知っていた方にはまた別の感懐があるやに思うが、遠くにいてメールでのやり取りしか無かった私には俄《にわ》かに信じがたいことだった。

比嘉さんの告別式に急遽駆けつけたのは四日後の十四日。極月《ごくげつ》とはいえ、沖縄の気温は二〇度を超える。しかし、あづまびとの私には葬式用のかりゆしウェアの持ち合わせは無い。黒いスーツとネクタイを身に付けて早朝、成田空港に急いだのだった。

土曜の朝、沖縄へ飛ぶ格安便の乗客は何人か連れ立って楽しそうに島での予定を話す人ばかりだ。黒づくめの私は異様であったろう。格安便の堅いシートに腰かけて、家から出るとき機中のためにと手近の本棚から抜き取ってきた『新沖縄文学　一九八七年春季号』所収の比嘉さんの文章を読んで飛行時間を過ごした。「文化と思想の総合誌」を謳《うた》った季刊誌『新沖縄文学』、この号の顔ぶれを少し拾っても、比屋根薫、仲里効、高良勉、岡本恵徳、藤井令一、関根賢司、仲程昌徳、川満信一、新川明、比嘉加津夫、関根愛子…と錚々たるもの。

さて比嘉さんの八ページ、タイトルは「混沌の文学―島尾敏雄の幼少期文学―」だ。この号が「特集＝島尾敏雄と沖縄」と題して編まれており、そこに寄せた文章なわけだが、そもそも島尾敏雄文学研究は比嘉さんのライフワークの一つ。ここでは、島尾の重要なテーマの一つとして幼少期文学を俎《まないた》に載せ、そこで描かれる幼少期の心性と、島尾のもう一つ別の重要テーマである夢の世界の類似とを論じている。幼少期の心性も夢の世界も、大人を中心とした現実社会の秩序や因縁ごとを批判あるいは少なくともそこからはずれたところにあり、この世界から疎隔されたところにある、とその位置の共通性を示す。そして島尾には無意識的にそうした無秩序世界への憧れ、志向があると思えてならない、と。

比嘉さんは無秩序世界とは「無秩序であると同時に創造、芽の発生、生命の動きの原基をかたどるみずみずしい世界」なのだとも綴る。谷川雁による「原点」のイメージ、谷川雁によるラボ・ライブラリー作品『国生み』冒頭の名ナレーション「がらんどうがあった」に近しい世界観だ。

論考後半、島尾の幼少期文学、夢文学においては「現実世界と自己との意識のズレ」「重ねようとしても重なりようのない意識のズレ」があると比嘉さんは畳みかけ、これこそが「島尾敏雄という表現者の原質」であり「すぐれて島尾文学の持つ独特な世界として横たわっているもの」だと論を展開する。

自らの無意識世界と現実世界とのズレを凝視する島尾敏雄、そして島尾文学の中からその点を抽出する比嘉加津夫。見事な論考だ。

そうこうする内に、窓外は雲海を見下ろす景色から、緑の島と海へと変わり、飛行機は那覇空港へと着陸。急いでゆいレールに乗り換えて数駅、旭橋駅からタクシーに飛び乗った。「いなんせ会館へお願いします」と行き先を告げると、タクシーの運転手さんは私の服装と合わせて、すぐに私の来沖目的を察したようだった。「お葬式ですか?」と問われ、私も折角なので人の良さそうな運転手さんと到着まで会話をすることにした。「そうです、告別式なんです。運転手さん、沖縄では告別式のあとお酒を飲んだりすることはありますか?」「それは無いですねえ。沖縄では通夜も告別式も飲みませんよ」―そうなのか。しめやかに故人を送る、確かに本来告別の式はそうあるべきだよな。私が育った茨城の風習の方が変わっている、か。

運転手さんの話は続く。「私が子供のころ沖縄はアメリカ領でしたよ。お金もドルだった。道も右側通行。でも教科書は日本から取り寄せて日本式だったな」「そうですか…。ところで時々見かけるYナンバーの車は何ですか?」「外人さんの車ですね」―なるほど駐留米軍人・軍属の自動車のための設定が有るんだな…。

「お葬式が終わったらすぐに帰るんですか?」と聞かれ、飛行機までちょっと時間があるようならカメジローさんの記念館を訪れたいなと思っていますと答えた。運転手さんはちょっと嬉しそうに「カメジローさん、ああ、本当に演説が上手でたーくさんの人が聴きに行ったよ。不屈館だねえ」と返しながら車を停めた。式場に着いたのだ。「故　比嘉　勝男　儀　告別式々場」―入口に大書された比嘉さんのお名前。筆名の「加津夫」でしかお付き合いが無かったが、本名で記された看板を見て、比嘉さんにも当然に家族がありう生活があったのだよな、と改めて思いながら会場に入った。

会場は和風、仏式のしつらえ。正面に大きく飾られた御遺影で私は初めて比嘉さんのお顔を知ることとなった。

式は内々の方々による会葬が終わるところ、次に一般会葬者も受け入れ始めるというタイミングらしかった。比嘉さんの息子さんが、ご挨拶をされた。比嘉さんが文学を通じてたくさんの方と共に生きたこと。とにかく書き続けた人生であったこと。最期まで書いていらしたこと。息子さん御本人はものを書く人ではなさそうだったが、お父さんの思いを最後に代弁して締め括って下さった。「ご会葬いただいた皆さま、どうぞ元気で書き続けて下さい」と。

そうだった、比嘉さんは『脈』誌を、沖縄の本土「復帰」の年一九七二年から実に四十七年の長きにわたって営々と編集・発行し続け、そして自らも書き続けたのだった。継続の尊さを思う。着実に目の前の仕事を果たし続けていくことが、いかに至難の業《わざ》か。比嘉さんはそれを文字通り脈々と続けられた。『脈』は、ついに一〇三号を重ねたのだった。

私は八十二号から縁をいただき、十一度、稿を寄せる幸いを得た。記念すべき第一〇〇号にも、最後の号となった第一〇三号にも書かせていただいた。メールのやり取りをほんの少ししたことしかなかったが、私は遠くから比嘉さんに私淑していた。

比嘉さんは、自分の編集方針・評価軸を確固として持った方だったと思う。『脈』は当初比嘉さんの個人誌として始まったが第二十四号からは同人誌として再出発、曲折を経て第七十九号から比嘉さん主宰による編集として再々出発であったということ、同人誌時期の同人の作品を優先したっておかしくない。ましてや私は一度も会ったこともない、どこの誰ともわからない人間だ。それなのに再々出発ほどなくから何度も拙文を掲載いただいた。特に第九十四号川満信一特集では、同人でもなく、川満特集にさほどマッチしてもいない私の文章を気に入っていただいたのか巻頭に置いて下さった。あれは本当に嬉しかった、ありがたかった。

お焼香の番がまわってきた。遺影を見つめ、香を焚いた。

ああ、比嘉さん。私はいつも迂闊《うかつ》なのです。今あるものは次の瞬間にないかもしれない。そのことを五〇の齢を重ねてもまだ実感として持てていないのです。こうしてあなたが世を去ってしまい、もうお目にかかる機会をもてないこと、当たり前のように三カ月に一度発行されていた『脈』も、もう出ることが無いのだということ、それらの重さに今頃打ちのめされているていたらくなのです。

私が『脈』第八十五号に書簡体で書いた「常世、みるく世をめぐる思索—歌垣の地から毛遊びの地への手紙—」は、実は比嘉さんに宛てて書いたのでした。届いていましたか。遂に生前にお目にかかる事はできませんでした…。比嘉さんは私にとって、沖縄の「遠くて近き人」でした。文章を書くときに読んでくれる人をイメージしながら書くことが癖になった私にとって、読んでくれる人としていつもイメージしていた近き人の一人が比嘉さんでした。

比嘉さん、私に書く場を与えて下さってありがとうございました。書き続けた人生を尊敬します。私もこれからも書き続けることを誓います。

—死して人は何を残すのだろう。比嘉さんは『脈』一〇三冊を残した。多くの著書も。

私は一体何を。私は物語を紡ごう。文字にする物語も、文字にしない物語も。たくさんの物語を。

比嘉加津夫ノート

松島　浄

比嘉加津夫さんが亡くなって二年以上が経とうとしている。葬儀の日は東京の法政大学で沖縄文学研究会があったため出席できなかったことが悔やまれてならなかった。私にとって比嘉さんの死は大変ショックだった。それは思想的に大きな影響を受けた吉本隆明の死以上だったたし、研究会でご一緒したり手紙をやり取りしていた加藤典洋の死以上であった。

私にとって比嘉さんはもっと身近な存在であり、同志的な共感を懐いていた数少ない文学者だった。親しくなるきっかけは、私が島尾敏雄の「死の棘」ノートを書いて、比嘉さんに送ったのである。その直後の退職記念論文集に彼が「島尾敏雄と死の棘―松島浄の死の棘ノート」という小論を書いてくれたのである。それはこんな書き出しであった。

「沖縄に島尾敏雄の文学ファンは多い。しかし、また、島尾敏雄に関する文章もかなりの数、書かれている。ところが、そのほとんどは島尾敏雄の小説世界について触れたものではなく、ヤポネシア論など彼のエッセイ群に対して触れているのが特徴だ。

そのようななか、沖縄の文学にも関心をたかめている松島淨さんは、島尾敏雄文学に精通し、しかもそのなかでも小説論をてがけられていることがわたしなど島尾ファンからするとなんともうれしいかぎりなのである。

今回、彼の「死の棘ノート」を読む機会があった。このノートで、彼が示した関心は1「死の棘」はなぜ「離脱」という章からはじめられたのか2「離脱」とはどういうことを意味しているのか3島尾敏雄は「死の棘」でなにを表現したかったのかという一点に置かれていることはたしかだ。(中略)

しかし、そのうえさらに松島さんは「死の棘」の第一章に「離脱」を持ってきたのは「主役の転換」と「文体の変化」という作品上の理由があるからだと奥野健男の文章を引き合いに出しながら指摘している。
そして、ここに設問2の「離脱」の意味することとの説明を見出している。島尾敏雄は「死の棘」で「家の中」的な世界から離脱したのだということだ。これはこれで、立派な指摘だとおもう。つまり、長編「死の棘」をスタートさせることで「単独旅行者」、「夢の中での日常」的な小説世界から離脱していくことを暗に示したということである。」

私がここでいささか長い引用をしたのも、この二ページの小論においても、比嘉さんの島尾敏雄についての見識の広さと深さがよくわかるのである。比嘉さんは学生時代の東京旅行において、晶文社版の「島尾敏雄作品集」(全五巻)を入手して以来、五十年以上にわたって島尾敏雄と格闘してきたのであり、その結晶が言視舎評伝選「島尾敏雄」であった。この時比嘉さんは闘病中であったにもかかわらず、敬愛する編集者の小川哲生さんからの依頼であったため、二つ返事で引き受けたのである。しかしそれからが大変だったと思われる。

それは最大のライバルが出現したからである。つまり言うまでもなく梯久美子の「島尾ミホ伝　「死の棘」の謎」が「新潮」に連載されたからである。片方は自由に全国を取材して回ることができるのに、こちらは闘病中で身動きがとれない。比嘉さんは病院のベットのなかで悔しい思いをしたに違いない。この辺はすべて私の想像によるものであるが結局比嘉さんの「島尾敏雄」は2016年6月に出版され、梯さんの「狂うひと　「死の棘」の妻・島尾ミホ」は2016年10月に出版された。梯さんは比嘉さんの著書や脈の特集記事まで参照しているのに、比嘉さんは梯さんの「新潮」の記事には一斉触れていない。

ところで二人の本が出版された翌年二月に比嘉さんの雑誌「脈」が九十二号を刊行した。タイトルは「島尾敏雄生誕百年ミホ没後十年」であった。しかしこの編集中に比嘉さんは再び発病、入院することになった。比嘉さんの言葉で言えば「死のロード」さまようほどの大病であった。言いたいことがたくさんあったはずなのに比嘉さんはそこでは一文も寄せることができなかった。幾人かの寄稿者が前年刊行された二人の本について紹介、解説を行っている。ところが私はというと一文を寄せていたのであるが、そのタイトルは「死の棘」再論～「狂うひと」を読んで」というもので、当時の比嘉さんの心境など配慮することもなく、ただ自分が面白くて書きたいことだけを書いていたのである。今回この一文を書いていて初めてそのことに気づいたわけで比嘉さんには申し訳ないことをしたと思っている。比嘉さんは次の九十三号に「若杉慧と島尾敏雄」という、前号で書けなかった島尾敏雄をめぐる人間関係についての一文を書いている。

　あらためて言視舎の「島尾敏雄」を読むと、その中心であるべき「死の棘」論が集中的に考察されておらず、ばらばらに拡散している印象である。特に２０１２年に出版された「島尾敏雄をよむ」の中の「死の棘」の愛人の部分はきれいに割愛されていた。この本は全体に「死の棘」を中心に書かれていたので、それをそのまま転用すれば随分楽だったと思われる。しかしこの約２００頁の原稿は解体されて書き直されたのである。悩ましい話が多くなったが、そもそもふたりの出会いが島尾敏雄の「死の棘」だったので、その話を中心に書かせてもらった。

　比嘉さんの文学的業績の母体となった雑誌「脈」の１０３号のことについては皆さんが書いてくれると思うので私は触れないが、その根底に一貫して比嘉さんの「文学愛」があったことを強調しておきたいと思う。

比嘉加津夫の「島尾敏雄論」

坂口 博

比嘉さんとは、ついにお会いする機会を逸した。電話でお話しすることもなかった。

主宰されていた「脈」誌への寄稿は、メールでの遣り取りのみ。常々、松本輝夫さんから、療養しながらの編集・執筆活動と伺っていたので、それ以上のご負担をかけることを遠慮したのだった。

そうした所縁でも、追悼文をしたためたいと思ったのは、「島尾敏雄論」を介して、忘れがたい出来事がいくつかあり、それは、やはり書き残す必要があると、判断したからだ。

その第一は、「死の棘」作中の「女」からのカタカナの手紙が、作中ミホの自作自演ではないかという指摘、作品解釈であった。このことは、その後の「島尾敏雄論」者への影響を含めて、『死の棘』再読のための覚書」(「脈」92号)にまとめたので詳細は繰り返さないが、わたしは、この指摘を、比嘉加津夫の名前とともに、ではなく、名前をともなわず、名前を忘れて記憶したことを正直に記す。

実は、それだけ、この読解が鋭く、衝撃が大きかった。繰り返し作品を読み込んだはずなのに、わたしにはここまでの読解は出来なかった。論者の名前などはどうでもよい、いわば普遍的な解釈として、その深みに達していた。いささか、作った物語になるかも知れないが、その後、島尾敏雄に関する論考を書き続ける意欲を、急速に失ってしまった。それほど、比嘉さんの指摘の衝撃は大きかった。

したがって、あの「自作自演」を指摘したのが、「脈」主宰の比嘉さんと、あらためて認識したときは、驚きとともに運命的な出逢いも感じたのだった。その「脈」誌に、村上一郎特集以降、ほぼ毎号のように書かせていただき感謝している。

表現者として、一作でもひとの記憶に残るものを書きたいと願っている。一作とはいわない、一文、ひと言でも印象を残せれば、それだけで充分だ。需要に応じて、いくら大量に生産されようとも、娯楽として消費されていくならば、作品受容としては凄惨な世界である。また、作品は公開されたその時点で、作者を離れていく。いうなれば、その言語世界の共有物となる。言語表現に私的所有性はない。むしろ、作者を忘れて語られることにこそ、真実性、普遍性はある。例えて示せば、いまさら「マルクスによると資本は……」とか、「フロイトによると無意識は……」などと、今日誰も書かない。「資本は……」「無意識は……」と始まる。それでいいのだ。作者を忘れて語り継がれる、これが作者冥利というものだろう。

そうした前提に立って、比嘉さんと「島尾敏雄論」をめぐるもう一つの出来事に触れていこう。この件では、親しかった方との挾間になって、苦慮されたことと思うが、その対処は誠実であった。関係者にしこりをまったく残さずに済んだ。

それは、「脈」92号の「島尾敏雄」特集原稿を書き送り、編集・校正も進んだ時点で、どうしても「付記」を追加する必要が生じたことによる。

いつものことなのだが、締切日に間に合わせて、一応の原稿はまとめる。ただ「事後処理」しなければならない課題が、いくつも残るのだ。このときも、読み残した島尾敏雄関係書を読み進めていて、初めて読む論考なのに、変な既読感を抱いた近年の刊行書があった。内容に同感はするのだが、同じようなことを考えているのだろう程度で、最初は済ませた。

それでも、もやもやとした思いは払拭できない。気になるので、拙論との照合をした結果、「付記」が必要となった。編集が終えた誌面の都合で、続けては無理だったので、下段が空いたページに掲載するというかたちにしていただいた。わたしにとって、この「付記」は次号回しでは意味をなさず、同時掲載の必要があったのだ。

要は、かねてから比嘉さんと「島尾敏雄論」をめぐって親しく、比嘉さんの指摘をふまえて、さらに発展させた論考も学会誌などに発表された方の、拙論をめぐる「無断引用」問題だった。これは不愉快なわたしよりも、ご本人の名誉のためにも、明らかにしておかねばならないと考えた。それまでの実績が台無しになる。

ほとんどすべての「島尾敏雄論」を蒐集されている比嘉さんは、ただちにわたしの指摘を、元の論考にあたり納得されて、その後の対処もされた。

わたしは「抗議はしない、謝罪も求めない」とした。なぜならば、前述したように言語表現の私的所有性を認めない立場なので、盗作自由、剽窃勝手でいい。ただ、その「事実」を指摘するだけだ。

その後、比嘉さんに住所を聞いたとして、丁寧な詫び状も届いた。返事は出さなかったが、不愉快さは消えた。これもあれも、比嘉さんの徳であろう。

於母影

北野　辰一

比嘉加津夫さんと直接お会いしたことはありませんが、『脈』の終り近くの数号に自分の文章を載せて頂いたことを、今でもありがたいことであったと恩に感じています。なかでも吉本隆明の『全南島論』について書いた「デイゴの花影の未完の体系」の時のことが、母校の社会学の教授であった松島浄氏も同人であることをご紹介いただいたことも含め、『脈』の思い出として一番残っております。

ここではその時のことではなく、「飢餓陣営」20-6冬号に、「沖縄片片 ―『沖縄からはじまる「新・戦後入門」』に触発されて―」と題された比嘉加津夫さんの文章がありま す。そこで述べられていることからいくつかを拾いだし、詩人であった比嘉加津夫さんを偲ぶ《於母影》として短いながら記しておくことにしました。

以下、文中では比嘉加津夫さんのことを比嘉さんと呼ばせていただくことをお断りしておきます。

島尾敏雄について

比嘉さんは、自身、時には琉球といい、または沖縄という使い分けをするのは、島尾敏雄に倣っているといいます。沖縄といえば沖縄本島、広くいえば宮古、八重山、その周辺離島に限定されますが、琉球というと奄美大島や、さらにひろげて屋久島まで含むといいます。

それから島尾敏雄の「歴史が動きだすときは何らかのかたちで琉球・沖縄がさざなみだっている」という言葉を大事にされています。それは歴史が回転する時、いつも《沖縄からはじまる》ということを意味します。明治の琉球処分が、帝国として日本のはじまりであり、その暮れ方においても、米軍が沖縄に上陸することで、日本の壊滅的な痛手を加速させたように。またペリーの黒船も琉球を足場にして浦賀に向かったことや、ジョン万次郎さえ、いきなり日本に戻るのではなく、琉球に来て糸満で暮らし、薩摩に渡ったことも、この言葉に繋がる歴史的な出来事であると述べています。これらのことからも解るように、島尾敏雄のこの言葉は、歴史という時間軸と地理的な空間軸の両面を捉えた文学的表現だといえます。

もうひとつ島尾敏雄の「沖縄は日本の中の日本である」という言葉について比嘉さんは触れていますが、この言葉についてては後ほど私見を述べたいと思います。

吉本隆明について

吉本隆明は「南島論」のなかで沖縄と「アフリカ的」という概念を結び付け、日本の源流は沖縄であることを、沖縄は日本という国の根の部分であるということを言いたかったのではないかといいます。

吉本隆明の「南島論」が、柳田國男の『海上の道』からインスパイアされていることはいうまでもありません。柳田はそこで、日本人は縄文末期から弥生初期の段階にかけて南の方からやってきて沖縄に辿り着き、日本列島にきたという海洋と航海のロマンを語りました。

「南島論」で吉本隆明がいうには、だから日本のがわから「沖縄を返せ」というのはおかしい、沖縄が日本を「祖国である」というのもおかしい、「祖国復帰」ということじたいがそもそも成りたたないということを示唆していると比嘉さんはいいます。


「すくなくとも、わが国の歴史学的な研究は、どこがどこへ復帰すべきかについて科学的な根拠を与えうるだけの水準を今のところもっていない」(書評『琉球弧の視点から』)と吉本隆明の文章を紹介しています。思うに比嘉さんは、吉本の「南島論」によって自身を自覚的に意識化し、沖縄を起点に思想を編むようになったのではないでしょうか。

もう一つ吉本隆明については、『言語にとって美とはなにか』の初版本の帯にあった編集者の言葉を吉本の思想のその後を見通したすばらしい文章だといいます。

「前人未到の先駆的な仕事であり一定のカテゴリーに限ればまさに普遍的理論の達成である」「時間が徐々に本書の成果をのみこんでいくであろう」

まさに吉本隆明の考えは時間が、ゆっくりゆっくり証明してくれるはずだと、このような思想を理想としたことが窺われます。

岡本太郎の『沖縄文化論』

比嘉さんの編んだ『脈』九〇号の「吉本隆明の『全南島論』」特集を読んだ松本輝夫氏の谷川雁研究会の通信一五四号で、岡本太郎が『沖縄文化論』の中で「沖縄が本土に復帰するなんて考えるな。本土が沖縄に復帰するのだ、と思うべきである」「私は文化のポイントにおいて本土がむしろ〈沖縄なみ〉になるべきだと言いたい」といっていること知り、一九七二年に再刊された『沖縄文化論』（中公叢書）に目を通しています。

その中で吉本隆明より半歩踏み出して、沖縄に対して人間的プライド、文化的自負を持つことを岡本太郎に呼びかけられていたことを知ります。

「本土に何かやってほしい、どうしてくれるのか、と要求し期待する方ばかり力を置いている人たちが多い。何をやってくれますか、の前に、自分たちはこう生きる、こうなるという、自らの決定、選択が、今こそ緊急課題だ。これに対して本土はどうなんだ、と問題をぶつけるべきなのである」（「本土復帰にあたって」）という文章を読み、岡本太郎のこの指摘は四十数年たった今でも腐らないものであり、時間がたてばたつほど輝きを増してくると称揚しています。

歴史は反転する

比嘉さんは、織田信長が嫌いであるといいます。多くの信長好きは、彼のした成果だけを見ようとする、いや、見たがるといいます。そのために犠牲になったことがらは視野の外になり無視されてしまいます。歴史は、その時起きた事実が歪められるわけではありませんが、時代の粗い網から抜け落ちるものが必ずあるといいます。それらが事実を見えにくくし、今、起こって批判されていることが、時代が過ぎると反転して評価されるかもしれないといいます。

比嘉さんは、そこで沖縄の例を引き合いに出します。なぜ沖縄本島の南部が激戦地になり、多くの住民がそこで死んでいったのかというと、答えは簡単で、そこに軍隊がいたからだといいます。住民は日本軍が自分たちを守ってくれると思い、軍の動く方向に共に動いていったのです。その戦いの惨劇で、多くの住民は気づいたのです。軍は国に刃向かいはしないが、住民には刃向かうということを。軍は国を護るが、住民を護りはしないという真実を。つまり、自分たちにとってはむしろ軍は危険な存在であるということに気づいたわけです。

自衛隊が、他県のように沖縄では認められず、生理的に拒否されているのは、そのような体験をくぐってきたからだといいます。基地が沖縄を守ることはない、むしろ危険な存在であり、最初に攻撃目標にされてしまうということを知っていたのです。広島になぜ原爆が落とされたのかというと、それは日本軍にとって重要な軍事上の拠点であったからであることを考えれば、この想像は容易なことです。それらを知った沖縄の人が「基地のない島」にしたいと思うのは至極当然なことでしょう。

しかしここでも、歴史の反転する状況があるといいます。宮古島や与那国が自衛隊基地を積極的に誘致しようと動いた事実がそれです。島が守られ、島が活性化するという考えに覆われたのだといいます。基地があるために島が攻撃の対象にされることよりも、現在の利に目を向けたのです。

比嘉さんは、苦渋の面持ちでいいます。それが貧乏県、貧乏市町村の現実であると。基地も原発も貧乏県、貧乏市町村に集中するのです。そうして国は地方創生という自らの責任を「危険を与えて救う」という手段にでたのだと。

沖縄独立

今さかんにいわれている「沖縄独立」を比嘉さんはどのように考えていたのでしょうか。吉本隆明についてでも触れたように、「祖国復帰ということじたいがそもそもおかしい」ということは、「沖縄独立」という考えとはまったく重ならないといいます。昔は独立していたのだから、昔に戻ったほうがいいという考えには反対であると。むしろ、昔に戻らないほうがいい、先に進むべきだといいます。そして、こんなこともつけ加えています。これまでも多くの革命を世界でみてきているが、中身は何も変わらなかったし、むしろ悪くさえなっている面もあるのではないかと。

「沖縄は日本の中の日本」

最後にこのことについて触れ、この文章を終わりたいと思います。この島尾敏雄の「沖縄は日本の中の日本」(「私の中の琉球弧」)の言葉を比嘉さんもいおうとすると、へんに力こぶが入り全体が嘘っぽくなってしまう、と島尾敏雄に共鳴しているようでした。

例えば、この「沖縄」を広島や長崎、あるいは水俣、また現在の福島などに置きかえ可能な言葉として見てみると、そこに同じ《日本が良く見える日本》という文脈が、広がりをもって歴史の粗い網から抜け落ちてしまうことに抗う記憶の共闘となりうるのではないかと思えてきます。

比嘉さんのいうように、帝国化した日本を米軍の沖縄上陸は、痛ましい最期を加速させました。恐らくそれは、広島や長崎に原子爆弾を投下させ、帝国日本の息の根を止める最終手段へと移行させるに足る結果を引き寄せたのだと考えたにちがいありません。勿論、そこには沖縄に住む人々の予想だにしなかった多大な犠牲を払うこととなった日本軍よる防衛戦があったことは忘れることはできません。

私が注目したいのは、そのことを含めこの米軍の沖縄上陸こそ、戦後の日本が知り得なかった体験であったということです。本土の住民は、空襲体験しか知らないのです。ここで詳しくは書きませんが、疎開先があり、空襲のない日がある体験とは、沖縄上陸戦は質的に違うことは言うまでもありません。だからいつも沖縄の犠牲が取りざたされる度に、本土の住民は想像がつかぬまま哀しみの顔つきをつくってみせるのです。沖縄の米軍の上陸体験、これこそ沖縄に刻まれた特権的な身体性なのではないのかということです。

この特権的身体性こそ差別される身体性であると同時に、日常を非日常化する「何がしか」を起しうる身体性なのです。島尾敏雄や比嘉さんは、力が入ってしまうことによってからめとられてしまうものを強調したのではないでしょうか。「沖縄は日本の中の日本」であるというとき、言葉じたいに力がはいりすぎ、全体の均衡がとれず、つい無理な姿勢になり、いっていることの実態をつかまえそこねると述べていました。

この特権的身体性を孕んだ地域こそ、沖縄ほど歴史的に重層化していないにしろ、《日本が良く見える日本》として広島、長崎、水俣、福島にも同じようにいい換えることが可能であり、そこに可能性をみいだすことはできないものだろうかといいたいのです。

それはお前が受苦の面からしか見ていないからだといわれるかもしれませんが、私がいいたいことは、「日本の中の日本」としてこれらの地域が《信頼圏》として公共的空間として機能させることはできないものかということです。想い描いているイメージは、ピラミッドとは逆の擂鉢型の社会です。つまり周辺化されている地域の価値観が、社会の優先順位を決めるようなモデルとして機能し、その発言は世界に共感を呼ぶような《信頼圏》が獲得できるのではないかというのが私のささやかな想いです。沖縄は特権的な身体性を持つ地域として、私はこれまで沖縄の思想になかなか踏み入ることが出来ずにいました。されど比嘉さんの『脈』と出会い、そこに拙い文章を載せていただく縁を得て、少しばかり沖縄の思想に触れることができたように思います。しかし、そんな私が沖縄について語るとなると、未だ若葉マークが取れない危なっかしい運転であることは否めません。

「くわばら、くわばら」と、あちらで比嘉さんは笑われているかもしれません。

北野辰一（きたの　しんいち）：谷川雁研究会発起人、著書に『戦後思想の修辞学—谷川雁と小田実を中心に』（アーツアンドクラフツ刊）がある。

松本　輝夫

沖縄の得難い盟友・比嘉加津夫さんを偲んで

――谷川雁の「永久工作」力で『脈』と出会えた僥倖に感謝しつつ

比嘉加津夫さんの訃報に接してから数えてみれば、本日時点（二〇二一年四月二〇日）でもう一年半近くの月日が流れているのだが、氏との邂逅により得た鮮烈な記憶と大収穫は今なお全くもって過去形にはなっていない。我が書棚群の中でも一等枢要な場所に数多鎮座し続けている『脈』誌等と共に比嘉さんに対する同志的な連帯感と尽きせぬ謝念は、ありありと現在進行形である。まさに脈打つように自ずから反芻されてくるそうした情動の赴くままに以下に追想の辞を書いていくことにしたい。

はじめに我が谷川雁論への有難い共振と評価があった。

思い返せば、比嘉さんとの出会いと共同関係の始まりは、拙著『谷川雁　永久工作者の言霊』（平凡社新書）の出版からであった。二〇一四年五月の刊行なのだが、確かその一か月後くらいに葉書にて、『脈』誌で特集を組みたいと考えているので是非協力を、との依頼が舞い込んできてのことだ。

実を言えば、それ以前にも『Ｍｙａｋｕ』13号で「内田聖子の『谷川雁のめがね』特集」が組まれた際（二〇一二年八月刊）、筆者も執筆参加しているのだが、これは内田聖子さんからの要請をうけての関わりで比嘉さんとのやりとりは皆無だったはず。勿論この先行的つながりがあればこそ我が雁論出版を知るやすぐに読んで連絡してくれる流れが生じたのであろうから比嘉さんとの得難い盟友関係成立の前史として大きな役割を果たしたことは間違いない

その上で先に進めば、比嘉さんは「谷川雁　永久工作者の言霊」特集の『脈』82号の編集後記でこう書いてくれているのだ。「この新書本を一読して特集への触手が伸びた。ここには谷川雁のすべてがコンパクトに表現されている。そして谷川雁のすべてがイメージできるように、しかも多角的視点を導き入れて描かれている。…（中略）…谷川雁

の生き方がじゅうぶんに物語的なら松本さんの生き方もじゅうぶんに物語的であり、その二つの物語を私たちは同時に見ることができる。これまで殆ど明らかにされたことのなかった谷川雁の多くに触れられていて、読み手は類まれな表現者のイメージを鮮明に受けとることができる。さらに特集の諸論考が加わり、鮮明度はより増してきたと密かに自負している。特集の意味がふくらみを見せているのである。これも言わなければならないが、特集は殆ど松本さんの手によるものだということ。……今の私の身体の状態からは大変な応援であった」――長い引用になったが、ここまで我が雁論を熱く核心をおさえて共振的に読んでくれた上で特集編集に対する深甚な謝辞を書かれては、筆者としても著者冥利、編集責任者冥利に尽きるというものだ。

　とりわけ「特集の意味がふくらみを見せている」との受けとめ方が嬉しく感受できたし、比嘉さんの谷川雁に対する関心と理解の深さにも感じ入るものがあった。これはもう何が何でも血盟関係を結んで『脈』継続を可能な限り「応援」しながらいい意味で自分のためにも活用していかねばと即断した次第だ。他ならぬ沖縄（雁の沖縄＝「南の北」論等からしても以前から親近感と関心を抱いてきた）に執筆活動、精神営為を共にできる人間関係が築けることへの希求心が働いてのことでもあった。また雁研としてそれまで機関誌『雲よ』を七号まで刊行した後曲がり角を迎えていたところで願ってもない新展開の道が拓かれるとの予感と「魂胆」もあってのことだが、いずれにせよ、かくして比嘉さんと筆者との間には『脈』の特集頁を以後も両者の必要に応じて、筆者が責任を負うかたちで編集・刊行するとの約束が以心伝心的にではあったが固く交わされたのである。これはまさしく谷川雁の「永久工作」力の賜物とも言わねばならない。

　そして、この82号刊行をうけて翌年（二〇一五年）四月下旬（二五日）には那覇を訪れ、初めて比嘉さんと会うことが実現。氏の「身体の状態」からして外出は難しいとのことにつき、午後二時頃からの那覇市内にある比嘉さん宅での対面となったのだが、寿司等とり寄せての馳走にもあずかりながらの交流となった。氏が何度も「私とちがって松本さんは心身共に壮健そのものに見受けられて羨ましい」と呟いていたのが印象に残っている。またこの時早くも次は「谷川健一と沖縄」特集、その次は「谷川雁　幻の論考・エッセイ拾遺」特集といった試案を伝えて基本了解を得ており、さすが血盟関係を結んだ仲、上々の初対面となった。

　なお、この初対面に際しては那覇空港での出迎え、そこから比嘉氏宅までの車での移動、対面そのものへの立ち合い等で新城兵一さんに大変世話になったことも特筆しておきたい。氏は若い頃から何冊もの詩集や評論集を刊行し、かなり長大な谷川雁論も書いてきた詩人であり、比嘉さんと同じく我が雁論に対する並外れて高い関心と評価を寄せてくれた人物でもある。なので那覇空港にて初めて会った瞬間から旧友中の旧友のような親密感を共有できたように思う。この新城氏との同志的出会いもまた雁の「永久工作」によるものであるのは言うまでもない。

この日の晩には那覇国際通りド真ん中辺の一隅に位置する「レキオス」という居酒屋で、我が雁論出版祝いの会（この会の幹事役も新城氏）をもってくれ、川満信一氏、仲本瑩氏、（故）上間常道氏をはじめ一〇名ほどの面々が集ってくれたのだが、比嘉さんも息子さんの運転する車で外出困難にもかかわらずかなり無理して一時間ほど参加してくれたのが有難い限りであった。アルコールなど全く飲めない身体状況にもかかわらず、だ。

『脈』誌特集をめぐるある種壮絶にして濃密なる共同関係史は我が宝

生前の比嘉さんと直接会えたのは結局二度に終わったのだが、二度目については後述することとして、ここで『脈』誌特集頁への筆者の関わり、というか同誌を通しての比嘉さんとの共同活動をまとめておけば、次の通りだ。我が論考タイトルの記載がない号の特集は筆者が編集責任を果たしたもので、勿論都度筆者なりの力を尽くした執筆も行なっているが個々のタイトル紹介は割愛。

① 82号（二〇一四年一一月）谷川雁　永久工作者の言霊
② 85号（二〇一五年八月）　谷川健一と沖縄
③ 87号（二〇一六年二月）　谷川雁幻の論考・エッセイ拾遺
④ 88号（二〇一六年五月）　村上一郎の未発表日記と「試行」特集に「〈草莽〉文士・村上一郎断想」を寄稿
⑤ 91号（二〇一六年一一月）森崎和江の歩み
⑥ 92号（二〇一七年二月）　島尾敏雄生誕一〇〇年・ミホ歿後一〇年特集に『死の棘』煉獄からヤポネシア論への恩寵的大反転」を寄稿
⑦ 93号（二〇一七年五月）　鶴見俊輔の世界
⑧ 95号（二〇一七年一一月）火野葦平と沖縄
⑨ 97号（二〇一八年五月）　沖縄を生きた島成郎特集に「島成郎と谷川雁」を寄稿
⑩ 99号（二〇一八年一一月）今氏乙治作品アンソロジー／名編集者・上間常道さん追悼特集に「一期一会の大学同級生、上間常道を偲んで」を寄稿

⑪　１００号（二〇一九年二月）上野英信と筑豊・沖縄
⑫　１０３号（二〇一九年一一月）葉室　麟、その作家魂の魅力と源

――このように一覧にまとめてみると我ながらかくも旺盛かつ多欲的に『脈』特集に関わり続けたのか、と改めて驚くばかりだ。今から思えば比嘉さん晩年にあたる僅か五年ほどの付き合いなのだが、ある種壮絶にしてあまりに密なる共同関係ではないか。それほどに「特集の意味がふくらむ」ことへの期待を込めて比嘉さんが筆者を信頼し、編集・執筆を任せてくれたお蔭の赫赫たる軌跡とも言え、無量の感謝をかみしめるところでもある。これにより我が谷川雁研究は他の関連する表現者、思想家との対比・検討を通して大きく進展したとの手応えを得ることができたし、また少なからぬ雁研関連の仲間たちも定期的な原稿発表の場を得て研鑽に励むことが可能となり、結果として雁研活動のトータルな前進に寄与してくれることにもなりえたのである。例えば、仁衡琢磨『ことばがこどもの未来をつくる――谷川雁の教育活動から萌え出でしもの』（二〇二〇年九月、アーツアンドクラフツより刊）を見れば、その証が瞭然としていよう。

そして、これまた筆者責任編集の１０３号が、沖縄の「日本本土復帰年」＝一九七二年八月の創刊以来文字通り脈々と刊行を重ねてきた『脈』誌の結果的に最終号となったという巡り合わせには何度思い返しても畏れと共に粛然とせざるをえない。氏は、この号の編集後記で、「葉室麟は私にとって未知の作家であった。谷川雁研究会の松本輝夫さんから特集の提案をされたとき戸惑いもあったが、彼の実行性は信頼していたのでおまかせすることにした。ご覧のとおり内容といい、執筆者の陣容といい、見事としか言いようのないものになり、結果仕上がりも上々となった」と記してくれた上で、物価値上げ等による今後の『脈』継続発行の難しさをこぼしつつも、しかし「ともかく１０６号までの予定は準備している」と結んでおり、なおあと一年近くは頑張れると期していた様子につき（思えば、この後記が比嘉さんの絶筆なのではなかろうか。少なくともその一つであるのは間違いない）、その無念はいかばかりであったことか。

この１０３号が刊行されて何冊かまとまって届いた翌日（二〇一九年一一月二一日）、電話で話した際（新しい『脈』が届く度に毎回電話で話すのが我々の習わしだった）も、ほぼ普段通りに仕上がり具合や内容をめぐってあれこれ長話を交わせたことでもあり、「身体はきついが、やはり何とか１０６号までは出したいので、また可能な協力を」とも要

請されたので、勿論「了解！」との返事をして電話を終えていただけに、それから僅か二〇日後に急逝の知らせを受けるとは今日に至っても悲痛の極みという他ない。後日聞けば、その最後の電話の頃にはモルヒネ注射を毎日のように受けていたとのことであるとしても、だ。

そう言えば、二度目の対面時も（二〇一八年二月二一日。この時も新城兵一さんの車で那覇空港から比嘉さん宅に赴いてのこと）、顔を合わせるなり、「今は甲状腺ホルモンの病で放射線治療を受けているため人と会うのは一時間が限度」とのことであった。それでも『脈』95号が刊行されて間もない時期であったため、筆者責任編集の火野葦平特集は、坂口博さん（火野葦平資料館館長）の全面協力もあって大好評であること、とりわけ葦平三男の玉井史太郎さんが殊の外喜んで、ほんの一か月ほど前、北九州・若松の葦平文学碑前で毎年この時期開催される葦平忌の催しでは史太郎さんご自身が挨拶で、「昨年後半にはこんな素晴らしい葦平特集の季刊誌が刊行された」と参加者全員に紹介してくださったとの話を伝えると氏も大層嬉し気であった。また『脈』のその後に向けての話も大いに弾んだものである。（この玉井史太郎さんも本年1月5日、数年前から患っていたという前立腺癌が全身に転移したのをうけて他界されていることを記し、改めて合掌。享年83歳）

「ともかく書く」という執念を生きた超多作人生に敬服

さて、このように惜しみても余りある比嘉さん逝去を悼む追想の辞は書いていると果てしがないのだが、そろそろ結びに入ることにして、谷川雁について昔比嘉さんが言及した興味深い文言があるので、見ておこう。

氏の第一評論集『喩の水源——読書論ノート』（一九八六年、脈発行所より刊）所収の「共同体志向——島成郎『精神医療のひとつの試み』」と題する一文からで、かの六〇年安保闘争時、ブント（共産主義者同盟）のリーダーとして活躍した島が闘争敗退、ブント解散後、精神科医師となって沖縄の本島中部にある病院に勤めて「精神の病で最も虐げられている者を治すという目的をもって」「患者主体の医療」に奮励する姿に触れていたく感銘を受けつつ綴った「読書論ノート」なのだが、この結びで、谷川雁の名を挙げ批判の一言を書きつけているのである。「最近、谷川雁が子供たちの〈世界〉で〈劇〉を通して、共同体を志向しているというような意味の文章を書いているのを見た。そのとき私は、過去の夢をこんなところで追っているという感じがして余りいい気がしなかった。谷川雁の観念過多が無垢で染められるということは、もうどこにも存在しないのだと思った。しかし、島医師のこの声には全く圧倒されてしまった」というふうに雁がこの頃（一九八二年秋）発足させた「ものがたり文化の会」関連で書いた文章と島医師の著作とを比べて、島が行なっている地域精神医療活動が放つ圧倒的な意味と迫力に讃辞を送るといった叙述なのだ。

つまり雁は島の引き立て役みたいな位置づけで否定的に書かれた文なのである。同じく前歴に「輝かしい」反体制運動の革命家、オルガナイザーという共通項をもつ両者だが、その後の「夢」の追い方の質量が全くちがうではないかというふうに、だ。この一節を目にした時、筆者はすぐに遥か昔の文とはいえ（比嘉さん三八歳時）雁の「その後」についてこんな一知半解な文を書いて評論集にも収載したことがある記憶が、我が雁論と出会った際比嘉さんの脳裡に蘇って反省を迫られたこともあって、筆者宛に熱く反応・連絡してきたのではなかろうか、と思った次第でもある。島成郎の医療活動と生き方への賛嘆に満ちた評価の言は全て真っ当であるだけに、つい余計なことを勇み足で書いてしまったことが若気の至りで悔やまれるというふうに。まあ、これは筆者の妄想にすぎないかもしれないが、勝手であれ、そう受けとめると嬉しくなるということでもある。

（島と雁についての我が見解は『脈』97号掲載の「島成郎と谷川雁――終生〈革命〉の本義に生きた二人をめぐって」に詳述）

それはさておき、比嘉さんがこの第一評論集の「あとがき」で次のように書いているのも刮目に値することだ。氏はなぜ旺盛に書くか、を自問しつつ、「その時私は〈ともかく書く〉という執念を自分の中に植え込もうとしていたのであった。幼い〈思考の歩行〉しかできなかったが、私は可能なかぎり読み、そして書くということに時間の多くをあててきた。……この時期はともかく生活の基軸を書くほうに置いてみようと意志したのであった」――後半生は病に苦しむことが多かった比嘉さんだが、その人生は『脈』に関わる文章のみならず詩、評論、エッセイ、評伝等おびただしい数の多作に彩られており見事というほかない。その秘密の一端がここに示されていよう。これほど異例な多作ぶりには天然の要因があるに決まっているが、しかし、「ともかく書く」とのすこぶるストイックな意志に貫かれての偉業でもあることが確認できて改めて敬服する昨今でもある。今一度、合掌。

（谷川雁研究会代表、元ラボ教育センター会長）

新川　明

絆――空白の時を超えて

一、出会いと別れ

加津夫が終生のテーマとして追求した人物がいる。平敷屋朝敏と島尾敏雄という古今に著名な二人の表現者である。

その研究成果として、島尾については、言視舎の評伝シリーズとして上梓された重厚かつ精緻な『島尾敏雄』（16年6月）がある。

残る平敷屋は、あたかも私たちへの置き土産のように『平敷屋朝敏――歴史に消された真実の行方』（19年9月、脈発行所）を遺して自らの生を閉じ、両テーマ研究の終結を示した。

最後の著作となった『平敷屋朝敏』を恵与されて落掌したのは同年10月9日で、その礼状を準備中の10月11日、沖縄タイムスに「ウチナーンチュの貌」として掲載された加津夫のアップショットを一瞥して驚愕した。全く見知らぬ貌《かお》がそこにあったからである。

名前とその略歴を何度も読み返して加津夫であることを確認するが、どうしても私の脳裡にある面貌と一致しない。つまり、それだけ永い時間、私は加津夫に直接会うことがなかったことをこの事実は示していたのである。

そもそも加津夫との出会いは、沖大文学研究会の文芸誌『発想』第4号（70年6月発行）「清田政信特集」執筆依頼を受けた時である。その時の事情を私はつぎのように書いている。

「三月三十一日午後、比嘉君が那覇の郊外にある狭苦しい間借り先をさがしあてて、最終的に押し切られ（略）いやでもこの駄文をつづらざるを得ない破目に追い込まれてしまった。」（70・4・3）

72年2月、加津夫は『沖縄建設新聞』の記者（02年に社長）となり、『脈』の発行もつづける〝二足の草鞋〟をはく人生を送るが、同社退社のあと10年からは、自らの著作執筆と『脈』発行活動に専念する。

その間、両者ともに社業で多忙だったし、私自身は95年7月、会社を退いたあと、自らに課していた断筆の誓いを解いて私的な著作(『沖縄・統合と反逆』00年6月上梓)の執筆に取り掛り、同書上梓の直後、同年7月には左腎臓全摘の大患、06年9月には膀胱部分切除、同12月に尿道狭窄症切開手術と泌尿器関連の疾患つづきで、交友関係も自然と限定されていた(現在も定期検診はつづく)。

近年、加津夫が体調を崩しているらしいことは、折にふれて川満信一から聞いていたが、時に『脈』への執筆依頼の書信が届いていたりしたので特に気にとめることはなく、執筆依頼も上間常道の追悼特集(99号)を除いて加津夫の意に添うことはなかった(吉本隆明＝90号)、(川満信一＝94号)、(勝連敏男＝101号など)。

心身の老化による知的欲求の減退もあって資料検索や執筆など知的作業に取り組む意欲が湧かないためであったが、今となっては申し訳ない思いで胸が痛む。

ともあれ恵与された最後の著作『平敷屋朝敏』への礼状は、前述した「ウチナーンチュの貌」で見た変貌への驚きに、著書の内容についての若干のコメントを添えて書き送ったところ、その後、事態は急展開する。

まず十一月初旬、琉球新報文化部から「同書の書評を!」という注文である。著者の推挙もあったようで、ここはたび重なる加津夫への不義理もあり、二つ返事で引き受けた拙稿は、12月1日の同紙朝刊に掲載された。そこへ、思いも寄らず同日早朝、「書評ありがとう」と、加津夫からの電話である。

その時点では、重篤な疾患つづきの状況を記した仲本瑩作成の「年譜」は未見のため、加津夫の元気な声に安堵、近日中に会うことを約束していたところ、約束を果たせないまま10日後に訃報を聞くことになったのである。

まさに夢想だにしなかった事態の進展に、人生の無常を思い知らされると同時に、最後の著作の書評を書かせて貰ったうえ、さらに電話を貰って数分間とはいえ直接対話をするという想定外の出来事の連続は、目に見えない縁《えにし》を感じさせずにはおかなかった。

そして短い時間ながらもふたりを結んだ濃密な応援は、これまでの永い空白を埋めて余りあるものであった、と亡き加津夫にも問い、私自身も自らの心を鎮めることができたのである。

二、架け橋ふたり

前述のように、およそ半世紀も前の出会いのあと長期にわたって直接会うことがなかった加津夫と私であった。加津夫の死去を挟んで、このふたりを繋ぐ架け橋となった人たちのことも書き留めておきたい。

まず、そのひとりは加津夫が前記『言視舎評伝選　島尾敏雄』の「あとがき」で感謝の言葉を述べている編集者の小川哲生である。

加津夫はつぎのように記している。

「評伝シリーズで声をかけられたとき、僕は病とたたかっている最中であった。だが、相手が畏敬する『生涯一編集者』（言視舎二〇一三年）の著者からであり、小躍りして病どころではなくなり、二つ返事で応じた。（中略）少しずつ書いたものを送ると、手早く編集されたデータと厳しい感想文が寄せられてきた。他の編集作業も進めているだろうに、その対応の手早さに、ぼくはまずおどろいた。真剣に読み、真剣に向かっているという姿勢が弾丸のように響いてきた。この本は、そのような小川哲生の熱意と手助けで成ったようなものである。ここに深く感謝を申し述べたい」

このように編集者に対する敬意と感謝を率直に述べる加津夫の「あとがき」は決して世辞ではなく、小川哲生という編集者の実像を正しく伝えたものであることは、小川自身の本づくりの理念と実践の記録でもある著書（加津夫も引いている）『生涯一編集者』を一読すれば納得できる筈である。


さらに小川が大和書房を辞めて後の20年間に手掛けた本の全容を収めた村瀬学編小川哲生著『わたしはこんな本を作ってきた』（言視舎11年）を通読しても小川の仕事振りの真骨頂に触れることができると思う。

そして、小川その人こそは、私の単行本処女出版であり、毎日出版文化賞受賞作品となった『新南島風土記』（大和書房78年6月）の産みの親でもある。（なお、小川と私との関わりは、後述する加津夫と小川によるメールインタビューのなかで詳しく語られている。）

もうひとり欠かせない存在が小川の盟友でもある佐藤幹夫である。

編集工房飢餓陣営を主宰し、季刊の批評誌『飢餓陣営』を個人編集で発行をつづける編集者であり、知的障害、自閉症問題をはじめ精神医療関連のルポや著作も多い文筆家でもある。

なかでも数ある著作のなかの労作、60年代安保闘争を指導したブント書記長としてその名を知られ、後年は沖縄の精神医療に大きな足跡を遺した島成郎の生涯を描破した『評伝島成郎——ブントから沖縄へ』（筑摩書房18年3月）は、沖縄にとって必読書の一つといえる。

加津夫は同書の刊行を知り、直ちに『脈』での島成郎特集企画、著者佐藤と編集を担当した小川の協力を得て『特

集　沖縄を生きた島成郎』同誌第97号（18年5月）を編集発行する。

同誌の「編集後記」で加津夫が「この特集は、当時の島成郎をよく知っていた執筆者と、『評伝　島成郎』からよく深く知ったという執筆者がいるところにも特徴がある。重厚で普遍的内容になった所以でもあるが、もうひとつの特徴は政治にも医療にも傾かず、人間・島成郎に接近しようとしているところにある。」と書くように多彩な執筆者を揃えており、沖縄側からは川満信一、仲里効、玉木一兵のほか加津夫自身も加わっている。

精神医療の分野で島成郎から大きな恩恵を受けた沖縄で、マスコミも含めてその功績に見合うだけの反応が薄いなか、『脈』のこの濃厚な特集を持つことが出来たことによって、沖縄の面目は保たれたといっても過言ではない、と私は思う。編集者・加津夫の慧眼を示す一例である。

なお、佐藤は前記の『評伝島成郎』上梓の前提となる「島成郎総特集」を個人編集『飢餓陣営』45号（17年7月）で取り組み、新資料の紹介のほか地域精神医療をめぐる沖縄からの報告を収めている。

『飢餓陣営』にはその後、新城兵一「沖縄から、状況への発言」（第48、49号）、仲宗根勇「山城博治氏の裁判傍聴記と沖縄からの発言」（第48号）の論考があり、加津夫も第50号に「加藤典洋と沖縄」を寄稿している（同号の発行は加津夫逝去後になる。）。

佐藤には前記『評伝島成郎』のほかにも「飢餓陣営せれくしょん5」として編集刊行した『沖縄からはじめる「新・戦後」入門』（言視舎16年7月）がある。沖縄の戦後史を核にして日本の戦後史を相対化し、脱構築する視点を示す内容は、「沖縄から学ぶ戦後史」、「加藤典洋の『戦後論』を読む」、「沖縄・日本・アメリカ」の三章から成る問題提起の一冊である。

ところで加津夫最後の仕事となった小川哲生とのメールインタビューが、加津夫逝去後に発行された佐藤の『飢餓陣営』51号（20年6月）に掲載された。

これは、20年2月発行予定だった『脈』１０４号の特集『ふたりの村上』と小川」の巻頭を飾るために企画され、19年8月から同年11月にかけて10回にわたるメールのやり取りを経て脱稿したものの、加津夫が急逝して『脈』が廃刊になり、宙に浮いた成稿を佐藤が引き受け、日の目をみたものである。

内容は村上春樹と村上龍に関する吉本隆明の論考の出版に尽力した編集者・小川の働きをはじめ、小川が出版に関わった著者たち——渡辺京二、菅谷規矩雄、田川健三その他についてメールで語り合う21ページにわたる重厚長大な対談である。

その中で小川は、加津夫の求めに応じ、私と関わる切っ掛けになる事の次第や、『新南島風土記』刊行に至る経緯をはじめ往時の数々のエピソードを懇切に語り、最後は老骨を励ます言葉で締め括ってくれている。

限られたメール対談の場で、あえて私についての話題を求めた加津夫と、これに快く応え、埋もれていた貴重な記憶を披露してくれた小川――。私にとって、有難い両人の厚情であった。

そして小川は、この内容の濃い対談の末尾に特に「付記」を寄せ、加津夫死去直前まで両者のあいだで交わされたメールの詳細と「訃報を知らせてくれた仲本瑩のメール」の全文を紹介したうえで、つぎのように加津夫追悼の言葉を記している。

「わたしに対する最大の理解者のひとりであり、生涯現役を貫いた詩人・批評家にして雑誌発行者への限りない感謝の気持を込めて、哀悼の誠を捧げる次第です。ありがとうございました。」

前述のように沖縄に寄り添いつづける『飢餓陣営』の佐藤は、同誌50号「加藤典洋」追悼特集の「編集後記」を執筆中に訃報が届き、「――とここまで書いていたら、またしても訃報が。『脈』の比嘉加津夫さんが亡くなったという知らせが、三月書房さんより飛び込んできました。『脈』は『飢餓陣営』の大先輩の雑誌です。入退院をくり返していたことは存じ上げていましたが、まさか比嘉さんまで。うーん。言葉がありません。二〇一九・一二・一〇（幹）」と絶句している。

いずれにせよ小川と私の深い繋がりは、加津夫の配慮で明らかにされたものの、行き場を失っていたそのメールインタビュー記事は、佐藤が救いだして世に出してくれた。加津夫と私の半世紀も疎遠になっていた絆は、こうした小川と佐藤の存在によって永い空白の時空を超えて再び結ばれたのである。

加津夫の冥福を祈りつつ加津夫と私の架け橋となったご両人に心から感謝したいと思う。

病の中から

高良　勉

年末に大掃除をしていたら、偶然にも一枚の古いハガキが出てきた。比嘉加津夫さんからの２０１４年９月14日付けのハガキによる「退院しました」という挨拶状で、次の様に書かれている。

「私ごとですが６月30日にＳ状結腸捻転で入院したのですが、手術直前に心不全が発生、心室粗動のカテーテルアブレーションの治療が追加され、９月13日退院することができました。」、「ご心配おかけしました　今後とも『脈』へのご協力お願いします。」

思えば、比嘉加津夫との触れ合いは１９７６年頃から始まった。私は、１９７３年から詩を発表していたが、70年６月に発刊された『発想』(沖大文学研究会) ４号の「清田政信特集」や、同年７月に出版された清田政信評論集『流離と不可能性』(発想編集部) を本格的に読み始めたのは76年からであった。そして、発想編集部・沖大文学研究会の中心メンバーに比嘉加津夫という文学者がいることは共通の友人・詩人山口恒治から聞かされていた。

私にとって、72年の『脈』創刊から78年詩集『記憶の淵』出版までの比嘉さんは、詩人というよりは小説家という印象が強かった。実際、比嘉さんは小説の方が高く評価されていて、初期作品を大江健三郎が褒めていたとも聞かされた。大城立裕さんが、そう話していた。

私が比嘉さんに直接会ったのは、川満信一氏や勝連敏男氏、山口恒治氏が一緒の時だったと思う。79年に、比嘉加津夫、山口恒治、喜納正信によって「海南研究の会」が結成された頃ではなかったか。初対面の頃は、口数も少なく、あんまり酒も飲まず、乱れもせず、まじめな方だなあ、という印象であった。

それから今日まで、加津夫さんに一番お世話になったのは、91年に『高良勉詩集』を「沖縄現代詩文庫　⑦」として脈発行所から出版してもらった時である。奥付の発行者は、比嘉加津夫である。加津夫さんは、編集者として色々と相談に乗ってくれた。収録詩の校正をやったり、解説者を決めたり、本の帯を作成する等の雑務を引き受けて下さった。

おかげで、この『高良勉詩集』は好評で、奥付を見ると第二刷まで出版されている。何冊発刊したのだろうか。今や、売り切れで絶版になっている。

その後、時々『脈』から原稿依頼があって何篇か書かせて貰った。主なものを上げてみると「島尾敏雄の文学」(30号)、「山之口貘賞受賞者の詩とエッセイ」(42号)、「勝連敏男追悼」(50号)、「沖縄の詩人　清田政信」(81号)、「名編集者・上間常道さん追悼」(99号)、「勝連敏男という詩人」(101号)等の特集への執筆であった。

周知のように、『脈』は様々な紆余曲折を経て第103号まで刊行された。驚くべき長命と実績を重ねた同人誌であった。その中心に、いつも比嘉加津夫が居た。おそらく、沖縄県内では最長命の同人誌であっただろう。

そして、その特集は日本全国の文学者を対象に企画し、高いレベルの内容が展開された。特集が組まれた、代表的な文学者・思想家を見てみると、島尾敏雄を筆頭に、大城立裕、吉本隆明、山之口貘、清田政信、勝連敏男、谷川雁、富士正晴、谷川健一、村上一郎、森崎和江、島尾ミホ、鶴見俊輔、川満信一、火野葦平、東峰夫、島成郎、島尾伸三、今氏乙治、上間常道、上野英信、黒田喜夫等の名前がまず浮かんでくる。

これらの中で、島尾敏雄、島尾ミホ、大城立裕、山之口貘、川満信一、清田政信、勝連敏男、吉本隆明、黒田喜夫、谷川雁、谷川健一、森崎和江、鶴見俊輔は、比嘉と私が共通に好きで影響を受けた文学者・思想家たちである。

それらの特集の執筆陣は、いったい何名になっただろうか。その執筆陣も東京を中心に全国から原稿が寄せられている。しかも、特集「吉本隆明と沖縄」(79号)から103号の終刊号の特集までは、全て比嘉加津夫主宰で第5期の出版となっているのだ。私は、その執筆陣のレベルの高さとネットワークの広さに驚嘆していた。比嘉は、いったいどのようにしてこれらの執筆陣とコネクションを形成していっただろうか。

このような比嘉の同人誌発行や、「沖縄現代詩文庫」、「沖縄現代俳句文庫」シリーズ等の出版活動を見てみると、彼は良き書き手であると同時に優れた編集者でもあったことが明確に分かる。

事実、佐藤幹夫個人編集の『飢餓陣営』第51号(2020年6月)所収の、「比嘉加津夫＋小川哲生(メールインタビュー)『ふたりの村上』と小川哲生」を読むと、比嘉さんの文学者・編集者としてのレベルの高さが良く分かる。ここで比嘉は、あの新川明の『新南島風土記』や吉本隆明の『戦後詩史論』、石牟礼道子の『流民の都』をはじめ４００冊余の本を編集・出版した元大和書房の小川哲生に、日本の文学・思想関係の出版事情の歴史と核心を語らせる、みごとなインタービューを行っている。

ちなみに、この『飢餓陣営』の〔ＳＣＥＮＥ３〕比嘉加津夫企画『ふたりの村上』と編集者小川哲生、に収録されている、小川哲生、内田聖子、刈谷正則、河谷史夫、齋藤愼爾、村瀬学、山野浩一、佐藤幹夫の論考やエッセイは、ついに発刊されなかった『脈』第１０４号の特集に掲載する予定だった原稿たちである。これらの論考、エッセイを『飢餓陣営』で読むと、いかに凄まじく充実した比嘉企画であったかが理解できる。『脈』第１０４号が、比嘉の急逝で幻となったのは、返す返す残念でならない。

おまけに、加津夫さんは２０１１年の「乳頭状癌」手術後の『脈』75号からは、病気と闘いながら執筆・編集作業を継続してきた。第79号から１０３号まで、驚異の特集を連続して企画・出版してきたのだ。しかも、何度も人病に襲われ入院生活を送りながらである。冒頭に引用したハガキは、その証左である。

まさに、『脈』第５期・晩年の諸特集は病の中から企画・出版され続けたのだ。これら長年の諸活動を讃えて、逝去後に「第40回沖縄タイムス出版文化賞・特別賞」（２０２０年）が贈られた。本人不在の授賞式・祝賀会に、私も参加してその業績に敬意を表した。

息子さんが、代わりに賞状を受け取っていたのが強く印象に残っている。加津夫さんの業績は、ご家族にも理解され支持されているのだな、と思って嬉しかった。

（２０２０年12月）

比嘉さんの「平敷屋朝敏」

西銘　郁和

(1)

人にライフワークと呼ぶべきものがあるとすれば、比嘉加津夫さんのそれは間違いなく「島尾敏雄」と「平敷屋朝敏」であったのだと思う。二〇一六年に評伝集『島尾敏雄』、最晩年ともいうべき二〇一九年九月に評論集『平敷屋朝敏―歴史に消された真実の行方』が出版されたのは故あることというべきであろう。

「島尾敏雄」については適任の方に任せるとして、ここでは比嘉さんと「平敷屋朝敏」について考えてみたいと思う。比嘉さんは、いか程に平敷屋朝敏にこだわったのだろうか？

まず始めに、仲本瑩さんが作成した「比嘉加津夫年譜」と、又吉洋士さんの著書（『平敷屋朝敏』）の巻末に掲げられている「平敷屋朝敏関係資料」を参考にしながら、年表風に、比嘉さんの平敷屋朝敏関係の筆跡（以下「筆跡一覧」と称す）を辿ってみたいと思う。言わずもがなではあろうが、仲本瑩さんは、三〇年以上も比嘉さんの側にいて比嘉さんと「脈」を支えてきた方で、又吉洋士さんは「平敷屋朝敏」について最も強く比嘉さんに影響を与えてきた方である。

一九七六年　七月　吉屋思鶴考―平敷屋朝敏の「苔の下」に関連して―（「しまうた」３号）

一九七八年　八月　平敷屋朝敏（「しまうた」５号）

一九八二〜八三年　朝敏事件について―池宮正治『近世沖縄の肖像』を読む（「通信　路地」No.34〜37）

一九八四年十一月　朝敏小考『蓬莱島』を中心にして（「青い海」１７８号）

一九八五年　八月　朝敏論（一）―憂愁の文学者（「脈」23号）

十一月　朝敏論（二）（「脈」24号）

一九八六年　二月　『孤島王国』と『嵐花』まで（同右）
二月　朝敏論（三）（「脈」25号）
四月　朝敏歌碑建立記念碑について（「琉球新報」）
五月　朝敏論（四）（「脈」26号）
六月　宮城美能留演出の組踊を観て（「脈通信」第12号）
「萬歳」「手水の縁」について（「脈通信」第13号）
八月　朝敏論（五）（「脈」27号）
「朝敏論」を振り返って（「脈通信」第15号）
十一月　大城立裕著『花の碑』について（「脈通信」第17号）
玉城朝薫（一）（「脈」28号）
十二月　朝薫論ノート①　朝薫と尚敬王（「脈通信」第19号）
一九八七年　一月　朝敏の小説の共通性（「脈通信」第21号）
二月　玉城朝薫（二）（「脈」29号）
朝薫論ノート②　朝薫と朝敏（「脈通信」第22号）
三月　親扇会・組踊の初日公演を観て（「脈通信」第23号）
四月　朝薫五番組踊を観て（「脈通信」第24号）
六月　組踊「萬歳敵討」を観て（「脈通信」第26号）
八月　玉城朝薫（三）（「脈」31号）
朝薫論ノート（3）（「脈通信」第27号）
九月　朝薫・朝敏雑感（「脈通信」第28号）
十一月　朝薫論ノート（4）（「脈通信」第29号）
一九八八年　四月　朝薫論ノート（5）（「脈通信」第32号）
一九九一年　七月　『平敷屋朝敏』（上）（脈発行所）
『平敷屋朝敏』（下）（同右）
『玉城朝薫・平敷屋朝敏ノート』（同右）
一九九三年十二月　『噴射する言葉―平敷屋朝敏から喜納正信まで』（ボーダーインク）
二〇〇〇年　九月　恋の行脚―平敷屋朝敏の「萬歳」（「脈」61号）
二〇一九年　九月　『平敷屋朝敏―歴史に消された真実の行方』（脈発行所）

文庫本、単行本は『』付きで表示をした。フ～～ッと、ため息を突きたくなるような歩みである。いや、歩みではない。「歩行」ではない。重そうな肩掛けのかばんをぶら下げながら、いつでもユッタリと歩いていたあのお人が、実は短距離走のスピードで「マラソン」を走り続けていた、ということが、見て分かる。車ではなく、いつもユッタリと舗道を歩いているイメージのあの人が実は常に息せき切っていて、常に頭脳をフル回転させていただろうことが、この朝敏関係の筆跡一覧からも窺えるように思うのである。

一九八五年八月発行、「脈」23号の「朝敏論（一）―憂愁の文学者」の序文に、比嘉さんは次のように書いている。

平敷屋朝敏とは誰か。この問いに向かっていくには、まだまだしんどさがつきまとうが、いま私は思いきって先行者のあとについていきながら、私なりの朝敏像をつむぎ出してみたいと思っている。何ほどかのものを出し得るという確信があるわけではない。それに、どのような知識も準備もあるわけではない。十年ほど前、朝敏にとりつかれ、短い文章を草したときにくらべそれほど状況に変わりがあるとも思えないが、ただこの時期を逃したくないという気持を持っているのである。

私がいま、平敷屋朝敏とは誰かというテーマをもってその像に迫ってみたいと思いたったのは、そのまま現在の私自身を照らし出してみたい、追求してみたいということでもある筈なのだ。

「十年ほど前、朝敏にとりつかれ、短い文を草したとき」とは、おそらくは右に掲げた筆跡一覧の一九七〇年代のことを指しているのであろう。少なくとも、二編のエッセーをものしていたことが分かる。過去に「朝敏にとりつかれた」ことのある比嘉さんが、一九八〇年代になって再び「この時期を逃したくない」と決意をした。「平敷屋朝敏とは誰か」というテーマを掲げ、それが「そのまま現在の私自身を照らし出してみたい」という内的な欲求（テーマ）に連なっていることを比嘉さんは述べている。

即ち、一九八四年の〈平敷屋朝敏没後二五〇年〉の記念の年に、私たち（平敷屋朝敏研究会と「貧家記」研究会）は新聞社や、県の文化課や勝連町等に働きかけて色んな催しを仕掛けてきた。なお、勝連町平敷屋における歌碑建立事業は、八五年にも継続中で、そのお手伝いの仕事は依然として続いていた。

そのような折に、私たちは比嘉さんと会うことになったのである。又吉洋士さんと仲本瑩さんは「平敷屋朝敏研究会」の主メンバー。私は、日陰の存在の朝敏に何とか光を当てたいと、朝敏没後二五〇年の一九八四年に「貧家記」研究会というのを立ち上げたばかりで、「朝敏研究一年生」みたいな頃合いではあった。

すると、会ったその日の内に、比嘉さんの個人誌「脈」を「同人誌にしよう」「平敷屋朝敏特集から始めよう」ということで合意、およそ二カ月後には同人誌「脈」23号が出されたのであった。（比嘉さん自身は、「23号は同人誌の準備号」との位置付けを採られているが、私は純然たる「同人誌」じゃないかとずっと思っている）。「朝敏にとりつかれ」たことのある比嘉さんが、「この時期を逃したくない」と気持ちを奮い立たされたのは、この出合い後の「時期」であったのはほぼ間違いないであろうと思う。

一九八五年七月、比嘉さんは、一つの覚悟を秘めて「脈」23号に「朝敏論（一）」を発表した。以降、一九八八年四月の「朝敏論ノート（5）」までの足掛け三年間に、（私などの感覚からすれば）まるで息つく暇もなかったかのようにしてそれこそ多数の朝敏関係諸論を書き続けていくのである。

五回にわたって書き継がれた「朝敏論」は、一九九三年に『平敷屋朝敏』（上）（下）として、二冊の単行本となった。「朝敏論」に一区切りをつけて始められた「玉城朝薫」と「朝薫論ノート」等の文章は、同じく九三年に『玉城朝薫・平敷屋朝敏ノート』となった。そして、「脈」32号以降に書き継がれていた文章が、これまた纏められて『噴射する言葉―平敷屋朝敏から喜納正信まで』と題されて一冊に成ったのである。（この一冊になった論評等の初出誌については、今回、未確認のため筆跡一覧には入っていない。）

(2)

私は、今回のエッセーの冒頭で、比嘉さんの「ライフワーク」たるものは「島尾敏雄」と「平敷屋朝敏」であっただろうと述べた。私は、一九九五年七月発行の「脈」51号を最後に、自己都合で同人から退いたのであるが、久しぶりに比嘉さんの書斎で顔を合わせた折に、「比嘉さん、もう一度、平敷屋朝敏特集を組んだらどうですか」と、希望とも提案とも付かぬようなことを言ったことがある。比嘉さんが、病院に近くなっていた二〇一〇年代の半ば頃。そろそろ「脈」の一〇〇号、が見えてきた頃合いのことである。

比嘉さんは、返事をされなかった。比嘉さんは、「脈」では既に何名かの人格を設定して、自由気ままな語らい調の「平敷屋朝敏の謎」シリーズを娯しんでいた。「平敷屋朝敏」については、やれる所まではやった、ということがあったのかも知れない。あとはフィクションで迫るしかなかろう、と思っていたのか、とも思う。

私の「特集」提案に頷くことはなかったが、しかし、当然のこと平敷屋朝敏への拘りを捨て去っていたわけではなかった。比嘉さんは、御身の最後を多分に意識しながら、『平敷屋朝敏』(上)(下)の新版を造ることを考えていたのだと思う。

二〇一九年九月二五日、『平敷屋朝敏』(上)と『平敷屋朝敏』(下)を一つにし、それに「付論」(「平敷屋朝敏の歌」「平敷屋朝敏の和歌」)と、「超訳」(「若草物語」「苔の下」)という比嘉さんのオリジナルな成果を加えて『平敷屋朝敏―歴史に消された真実の行方』が発行されたのである。三七〇ページに及ぶ、新装版。比嘉加津夫さん生前最後の一冊。発行の日は、比嘉さんが旅立つことわずか一ヶ月半前。病と闘いながらの、まさに執念の一冊と見なすべきであろう。

ところで、比嘉さんが、自ら最後の一冊として覚悟をしながら出版にこぎつけたであろう、『平敷屋朝敏―歴史に消された真実の行方』の「あとがき」に、次のような総括とも覚しい文面がみえる。

「朝敏論」の冒頭に、「平敷屋朝敏について語ろうとすると、ある種のしんどさがついてまわる。これは一体どこからくるのか。私は長い間そのことを考え、このある種のしんどさを誘引する要因はなにかというのをみきわめようとしてきた。だが、眼はいつもさえぎられた。」と書かざるを得なかった。内容的には、ここに書かれていることが現在の私の到達点であるとみなしていい。

〈「しんどさ」を「みきわめようとして」「いつもさえぎられ」〉てきた、比嘉さんの「眼」の痛覚。「平敷屋朝敏」に関する、何とも苦汁を含んだ、比嘉加津夫という作家の「到達点」のようにも映る?

しかし、隠されている。作家の胸内に蹲っている反語。〈私は「しんどさ」を抱えながらも、めげずに、懸命に、ここまでやって来たよ〉〈どうか、見てくれ。「ここに書かれていること」どもを! これが「現在の私の到達点」だよー〉と小さく叫ぶ声。

つまり、比嘉さんは、私に、私たちに「平敷屋朝敏」に関するまだまだ先なる「到達点」を示し、そのバトンを、私たちの前に、そっと置いているのである。

少し胸が詰まるのであるが、『平敷屋朝敏―歴史に消された真実の行方』の「あとがき」は、比嘉さんの平敷屋朝敏研究の「締めの辞」であり、一人の作家の「最後のことば」であり、そして私たちへの「メッセージ」でもある。

右引用文の直ぐ後に、比嘉さんは書いている。「ついでだから、その苦悩ぶりを『脈』二十三号に発表した〈憂愁へ—平敷屋朝敏の影〉として詩を書いたので、ついでにこれも転載したい。」と—。

短い文面の中で、「ついで」という言葉を二回も使っている。〈この詩のなかに、私の言いたいことはすべて込められているよ〉、〈読んでみてよ。みてみてよ〉と言葉をくり返している、ようにも思えるのである。

それだから、詩「憂愁へ—平敷屋朝敏の影」を、もう一度、この読者のみんなにも読んでみてもらいたい。実作は行分け詩だけれど、左のようにした。少し速度がついて、味わいやすいようにも思う。比嘉さんも、大目に見てくれると思う。

熱狂がおもむろに炊かれ／人種がひとり裂けていく　／ひきずるような影絵と／果てからころがり込んでくる眼が／重なっていく岩場／どんな時間も遠くにしか感じられない／そんな〈現在《いま》〉に耐えて／ぼくは自分の足元を測ろうとしている／／肌を抜けていく風をまとって／痛々しい〈像〉を佇立させる／世界はすでに開示されていると言っていい／／だが　闇はますます深くなっていくばかりだ／やっと時間に耐えて　そこまで来たのに／あすな浜から安謝に至る／直線の悲劇が見えてこない／それでも割れていく地層に顔を埋めて／悲傷の終結する位置を測ろうとするが／言葉もでてこない／そんな形で何時間もすごした／／憂愁な表現者の／奥所の胸中に／届ける言葉をもてないのは寂しい／影から影に／あるいは　問いから問いに／進んでいくしかない位置も寂しい／風に声を通し／曲折を覚悟で歩こうとするが／すぐ躓く／／瞬間的に表層が裂ける／そこまでは来たのに／西辺　から東辺に至る／影の眼律が測れないのだ／憂愁はますます深くなり／孤形の声は海底に沈んでいく／それでも静かに　熱狂は炊かれる／だが　ぼくらの位置は明るくない／地層の歪みに打たれて／裂けていくのはぼく自身なのだ

ついでに、この詩の背景と考えられる「安謝」についても書かれているので、そこも「あとがき」から引用しておこう。

戦後の勃興期、私たち家族はいろんなところを移り住み、最終的に安謝に定住した。(中略)すぐ近くに安謝劇場があり、裏手は小高い丘がひろがり、海に面した断崖は処刑場であった。というよりそこは私たちのおどろおどろしい遊び場であった。安謝劇場に沿うようにほら穴があり、幽霊が出るという噂話までついてまわった。崖の下の海側には火葬場があり、牛などの屠殺場があり、造船場がむらがっていた。どう見ても安謝湊と言われる港らしい港とは思えなかった。

比嘉さんの原風景、ともいえるものであろう。原風景と「処刑」になった平敷屋朝敏が重なり、交差してまた重なり…。そのような思考のくり返しのなかで詩は展開されている。

加えて、一点だけ、次は私の見解である。「あすなが浜から安謝に至る」という詩「憂愁へ―」の中の「あすなが浜」は、たぶん朝敏の作品「貧家記」のなかの一首からきている。

入日さすまつばら近くみつしほを
あすなが崎のあすもきてみん

この歌に出てくる「あすなが崎」を、たぶんに比嘉さんは「あすなの浜」と用いている。

比嘉さんの詩の、終局近くには「西辺から東辺に至る／影の眼律がはかれないのだ」ともあって、「入日」の沈む方向が「西辺」であり、即ち朝敏が「処刑」にされた「安謝」のことである。反対に、朝敏の所領地・勝連平敷屋の「あすなが崎（浜）」は「東辺」ということになる。従って、「西辺から東辺に至る／影の韻律がみえない」とは、〈「あすなが崎（浜）」に遊んでいた平敷屋朝敏は、「安謝」で「処刑」されたのに、そこまでの里程が、曲折が容易には見えてこない〉ということであろうと、私は解釈をしている。

比嘉さんの原風景の「おどろおどろしい」「安謝」…。「あすなの浜」から「処刑場」の「安謝」へと歩む朝敏…。比嘉さんの詩の内面を解きほぐす、何らかのヒントは得られるであろうと思う。

⑶

さて、着地点はすでに過ぎたと思えるけれど、「ついで」だから私も、最後に、心残りのないように書き留めておきたい。拙作の「朝敏『萬歳』への興味」について。その一節を挙げる。

なぜ朝敏の作品の中に、「具志頭の太守」という名辞がでてくるのだろうか。具志頭の太守とは、かの具志頭親方蔡温と、何らかの関わりがあるのだろうか。『萬歳』に関る、とりあえずの私の興味は、この点に尽きる。

（中略）結論的に言って、私はこの朝敏作の「萬歳」は、〈王女降嫁〉〈蔡温、具志頭間切惣地頭職就任〉を踏まえて書かれたものに間違いないと思う。


このエッセーは、一九八四年十一月発行の郷土誌「青い海」１７８号に掲載されたもので、〈平敷屋朝敏の『謎』と『手水の縁』―平敷屋朝敏没後２５０年〉と銘打たれた「特集」号に、依頼をされて書いたもの。

手書き原稿用紙の頃で、しかも作者の校正無しで出版をされたもの。自分責任の誤字や不備などもあって、少々読みづらさもあった。そして、先の筆跡一覧にもある通り、この特集号には比嘉さんも「朝敏小考『蓬莱島』を中心に」という一文を書かれている。なのに。八五年以降、比嘉さんは多くのスペースを用いて朝敏作「萬歳」のことをかかれているのに、何故か私の拙文について、ついに一言も触れてくれていない、のである。

もしかしたら、この私の見解を確認・検討してくれていたら、朝敏と三司官・蔡温との関係性を推し量る有力な手掛かりとなり、作家ゆえの平敷屋朝敏の苦難な道程が、比嘉さんの「眼」にも浮かび上がったかもしれない。…今頃そんなことを言ったって、どうしようもないことだけどね。

そういえば、あと一つ、気になるのがあった。比嘉さんは、一九九三年に出した詩画集『春は風に乗って』と『ＭＯＤＥＬ』以降、一冊も詩集は出してなかったのではないのか？　比嘉さんの晩年の詩は、ほとんどが短いもので、直接的で分かりやすくて、私は好きだった。

比嘉加津夫さんへの深い感謝
——追悼に換えて

佐藤　幹夫

本土の小さな雑誌の発行者から、雑誌を通じての（とはいえ『脈』は大先輩にあたるのだが）交流の一端を綴り、比嘉加津夫さんへの追悼の一文とさせていただきたい。

私の手元にある『脈』のもっとも古い号は、八七年五月発行の三〇号。「島尾敏雄の文学」と特集名が付されている。島尾敏雄は当時、私の最愛の作家だったが、入手経緯についての記憶は定かではない。しかし手にしたときの驚きは覚えている。何しろあの埴谷雄高が、「最大不幸者」というエッセイを寄せている。ミホさんへのインタビュー、島尾とご家族の豊富な写真も掲載されている。比嘉さんが島尾一家と親交があるらしいことはうっすらと知っていたが、それにしても一同人誌で、ここまでのことができるのかという驚きと、大きな羨望を覚えた。それが、比嘉さんと『脈』との最初のコンタクトだった。

この八七年前後、社会の変貌は激しく、小説や批評も、雑誌のあり方も、大きな路線変更を迫られていた。私はジリジリと追い詰められ、そろそろ戦線離脱かと考え始めたときに思い立ったのが、「雑誌を発行する」ことだった。そんなわけで八七年七月、バブル真っただ中の時代に『飢餓陣営』などという、およそ時代遅れの名前をひっさげて、個人編集の雑誌を出発させることになる。『脈』三〇号を手にしたときの「これだけのことができるのか」という驚きと羨望は、私にとっては大きな励ましでもあった。

九二年発行の拙誌九号。そこに私は「風土・関係・自己」と題して、比嘉さんの『島尾敏雄』（脈叢書・八七年）についての感想を寄せた。比嘉は、島尾の『死の棘』は「関係妄想の肥大化した世界」であり、それは「主人公と妻とが共犯的に作り上げた」ものだと指摘しているが、強く同意すると記した。私もまた『死の棘』をそのように読んでいたのだった（このテーマは、『島尾敏雄を読む　『死の棘』と『死の棘日記』を検証する』（一一年・ボーダーインク）で再検討されることになる。「関係」は、比嘉さんにとって重要なテーマだっただろう)。もう一つ、島尾の小説の方法は「民俗学的」であり、「未知の部分、まだ現われない部分に分け入って、本道からずれて民の歴史の本質に迫っていく手法」だと指摘している点に触れ、ここは大いに学ばせていただいたと書いた。ただし、本書では具体的な記述はなされていない、「南島と島尾」というテーマの深まりを期して待ちたい、と(エラそうにも)加えている。

その後、比嘉さんは、御自身のライフワークとも目されるべき『島尾敏雄』(言視舎・二〇一六年)を上梓する。この評伝選は、あの「名物編集者・小川哲生」の手になるもので、私もまた『島成郎』の準備を進めていた)。同じ年、梯久美子の手になる『狂う人』(新潮社)が刊行され、話題はこちらに集まった感がある。しかし島尾作品の読解、分析の深さと広さという点では、『島尾敏雄』のほうが数段上である。反面、「南島と島尾」というテーマはもっと踏み込めるのではないか。――そんな感想を(またしてもエラそうに)、送った記憶がある。この頃、比嘉さんに、長めのインタビューをさせていただき、拙誌にご登場願えないかと伝えたところ、インタビューなど考えたことはないし、自分はうまく話せないから無理だと思う、といった返事をいただいてしまった。しかし私は機会を待つことにした。

お聞きしたいことは大きく二つあった。評伝選刊行の翌一七年、島尾の『琉球文学論』(幻戯書房)が発行される。これは大学での講義をまとめたものだといい、私も初めて目にする内容だった。島尾がいかに深く琉球弧に根を届かせていたか、改めて目の当たりにする思いだった。私は比嘉さんに、『琉球文学論』を論じながら、「島尾と南島」というテーマについて語っていただけないものかと考えた。もう一つは、六四年から始まるご自身の文学活動を振り返っていただきながら、沖縄戦後史のある側面を描き出していただけないか。そう考えていた。しかし、はたせなかった。評伝選執筆の頃から体調がよろしくないことが私の耳にも届き始め、入退院が繰り返されていく。つい遠慮してしまったのだが、叱られるのを覚悟で依頼を差し上げるべきだった、という後悔の念が強い。

比嘉さんは病を抱えながらも、拙誌四四号(一六年)に『沖縄から始める「新・戦後入門」』についてのエッセイを。五〇号(一九年)の「追悼加藤典洋」の総特集号では、「加藤典洋、そして沖縄」というタイトルの論考をいただくことができた。「沖縄という場所から加藤典洋の仕事がどう見えるか、その点に触れていただければ」というこちらからの依頼に、きちんと応じてくださった。これは「遺稿」と呼んでいいものだと思うが、改めて感謝の念は深い。

そして五一号、「没後八年の吉本隆明」という特集号には、比嘉さんの企画による『ふたりの村上』と編集者小川哲生」が掲載されている。『脈』での刊行を目指していたものだが、逝去されたために果たせず、各論考と、比嘉さんと小川さんの往復メールが宙に浮いたままだった。私は、比嘉・小川のお二人には恩ある身。比嘉さん最後の企画、何としてでも世に出さなくてはならなかった。

その恩義について最後に触れ、追悼の一文を擱くことにしたい。『脈』九七号（一八年）は、「沖縄を生きた島成郎」という特集号として刊行された。私が『評伝島成郎　ブントから沖縄へ、心病む人びとの中へ』（筑摩書房）を刊行すると、すぐに小川さんへ「『脈』で取り上げたい」という連絡があり、それが実現したものである。もちろん比嘉さんも拙著への一文を寄せてくださっている。この時期のやり取りの際、「沖縄の新聞に書評が出るだろう。出なかったら新聞社に乗り込んで行って書かせるから」という、およそ比嘉さんらしからぬ激励の言葉をいただいたことも、私にはうれしく、心強かった。

雑誌を地道に、こつこつと出し続ける。志を絶やすことなく持ち続ける。私にあとどれくらいの時間が残されているかは分からないが、比嘉さんと『脈』が刻んできた軌跡へのリスペクトと感謝は、変わることなく持ち続けていきたいと思う。本当にありがとうございました。

『脈』誌と村上一郎

金原　甫

『脈』で村上一郎の特集をする企画・・・以前の原案のようなものは比嘉加津夫さんにあった。

読者はご存知なことかは知らないが、村上一郎には多くの単著があるが、そこに収録されていない文章は数多くある。著作集はそれをかなり拾っているのだが（それはありがたい）、未完のままになっているし、そもそもの著作集の企画のなかに、あらかじめ拾われないような種類の文章群があり、そこに当時の時代の非常に政治的とも云って良いような、編集上のバイアスがある。

つまり日本共産党員時代の、且つ新日本文学会員だった頃の村上一郎の文章がどちらかといえば排除されたかたちの著作集となっているのだ。これでは村上一郎の全体像を推し量ることはできないだろう。

比嘉さんはそれらをできる限り多く『脈』誌で収録することに意欲を示してくれたのだが、私がそれをするだけの労力を厭ってしまった。そこは申し訳なく思っている。

そのとき私が懸念したことのひとつに著作権の問題があった。諸雑誌・諸大学新聞・また某党派の機関誌（且つその党派は分裂してしまっている）。それらの現在の主宰者にひとつづつ許可を求めていくのだろうか。

比嘉さん（メールで曰く）「そんなこと君が心配するな、俺に任せとけ」（これは私のデフォルメした表現でもっと紳士的な文面です）。

後日知れたが、比嘉さんは沖縄の土建の業界新聞社の元お偉いさんなのだった。オヤカタぶりを見せられたのかもしれない？（沖縄語ではオヤカタはなんていうのだろうか？ウェーカタはまた違う意味になりますね）。

比嘉さんといえば、戦後の沖縄の言説空間における代表的なオルガナイザーの一人だ（そのあたりの事情は、『琉球・島之宝』創刊号・２０１４年、で知れる）。長く太く沖縄を超えた全国区で通用する沖縄発の言説を編み出されていた。そのノウハウや心構えを教えて欲しかったと思う。

私が比嘉さんの文章を再読して想うことのひとつは、沖大文学研究会『発想』第７号（１９７２年３月号）に「エッセイ　島尾敏雄論の試み」を書いていることがとっかかりとしてある。沖縄の「帰属」があらためて日本に附する直前に島尾敏雄論を発表することの政治的意味である。脱政治ではなく、再政治だと捉えたい。非政治的だと一般に思われている島尾敏雄をあえてこの時期に問うことの（政治的）意味である（島尾自体はもともと九帝大の日本浪曼派的なグループの一人だったのだが）。

比嘉さんは『沖縄文藝』創刊号（１９６６年３月）に「かれらが憂鬱な日日」というパロディアスな題の青春政治小説を寄稿しているが、あえてなのだろうか、「生硬な」政治の言葉をそこで出している。しかし６年後には韜晦のなかに入る。当然それは深化であったろう。

さて、ここからそれがどのような深化だったのか探るつもりだったのだが、いまの私には手に余る問題だ。羊頭狗肉で申し訳ありません。宿題とします。

故人とほとんど生前関わりのなかった私を文集に誘ってくださって、ありがとうございました。

比嘉加津夫さんとのご縁

佐伯　修

比嘉加津夫さんとは、とうとう一度もお目にかからずに終わってしまった。

不図としたことから、村上一郎（一九二〇〜七五）の日記・ノート計一〇三冊を無償無期限貸与のかたちで入手したのは二〇一五年春のこと。東京の古書店、石神井書林の内堀弘さんを介してのことだった。その夏、神山睦美さんの求めに応じて、村上が雑誌『試行』に参加した時期にしぼってその概要を発表。このときは、村上の盟友だった桶谷秀昭さんからも貴重なお話を聴かせてもらえた。

その発表が佐藤幹夫さんの手で『飢餓陣営』四二号に採録され、ついで佐藤さんから紹介されたのが沖縄・那覇の比嘉加津夫さんだった。比嘉さんの出している『脈』という雑誌に『試行』期の村上日記を掲載したいという申し出に、沖縄と村上にはさほど深い縁がない気もしたが、一にも二にもなく快諾した。そして著作権者である村上の娘さんの許諾も頂いた。

事前に送られてきた『脈』の見本誌（八六号）は、あの懐かしい車谷長吉さんの特集で、何か昨今東京で見かけない、文学に対する異様な〈熱〉を感じた。面白いと思った。それにしても、この雑誌は、とりあえず商業誌ではなさそうだが、一体同人誌なのか個人誌なのか？　普通の同人誌には「同人一覧」などあるが『脈』にはそれがない。比嘉さんにそれを質すこともなく、私は原稿を送り続け、一〇三号で唐突に『脈』は終わってしまった。

ともあれ、二冊同時に送られて来た『脈』八八、八九両号は、二号続きの村上一郎特集になり、二冊の表紙を村上のポートレートが飾った。世間から完全に忘却されたかに思われた村上一郎の表紙が二冊並んだ光景に、十代半ばで村上に憑かれた私は、感無量だった。日記は以後連載されたが、『脈』終刊の時点でまだ約一年分が未載となった。

比嘉さんとは、専ら電話、ＦＡＸ、Ｅメールでのやりとりだったが、手書き原稿の私は比嘉さんにだいぶご迷惑をおかけした。途中から、学生時代村上を愛読した友人・濱野浩幸さんが文字打ちをしてくれたが、その後も原稿の校数の事などで比嘉さんにはずいぶん無理を申し上げた。冗談ではなく命を削って『脈』を出していた比嘉さんに、私は甘えすぎたと思う。

比嘉さんとのメールは概ね事務的な内容だったが、私はごくたまに雑談をまぜた。満島ひかり主演の『海辺の生と死』がなかなか観られないことや、「アジカン（アジアン・カンフー・ジェネレーション）」の「惑星」という曲は日米関係の唄として聴くと面白いこと…、満島ひかりはスルーされたが、「アジカン」は面白かったとの反応がす早く返ってきた。

比嘉さんが亡くなっておよそひと月後の二〇二〇年一月十三日、互いのデビュー前から約三十年のつき合いがある坪内祐三さんが急逝した。『ユリイカ』の追悼増刊号「坪内祐三 一九五八―二〇二〇」に山口拓夢さん（山口昌男氏二男）が寄せた「テニス「山口組」の坪内祐三」の記述に私は息を呑んだ。これまで、タナボタのような幸運と思い込んでいた私の村上日記入手には、坪内さんの意志が絡んでいたらしいのである。関係者に確かめたが、あまり詳しいことはわからなかった。けれど、少なくも彼の精神的関与はあったらしい。

実は坪内さんは、私の村上日記紹介を「東京新聞」の「大波小波」欄で匿名でとり上げてくれていた。彼の父・嘉雄氏（元ダイヤモンド社会長・故人）は、村上一郎と同じ海軍経理学校「短現十期」でもあった。同期からは、俳人・金子兜太、史伝作家・小島直記、銀行家でありながら思想家・中江丑吉のことを伝え続けた阪谷芳直らユニークな文人が輩出している。

坪内さんの関与のことを比嘉さんに伝えなくては…とメールを打とうとして、比嘉さんはもういないのだとはっとする。坪内さんより比嘉さんの方が先に逝ってるのに、俺は呆けたのかと？　と苦笑する。

驚くべきことは更にある。「村上と沖縄にはさほど深い縁がない」等いうのは、私の不勉強ゆえの、とんだ迷蒙だったのだ。『脈』が縁で知り合った神戸の金原甫さんから教示されて初めて読んだ村上の文章「南海道の思想のために――〝ひめゆり〟先駆者の息子から」（『現代の眼』一九六八年七月号）でそれを知った。

教員だった村上の母・するゑ（旧姓・内田）が、独身時代、志願して沖縄で教師をしていたことは、村上の自伝『振りさけ見れば』等にも書かれている。しかし右の文には、するゑが沖縄での勤務を志した背景や、沖縄で師範学校や高等女学校の教壇に立つのみならず、旧琉球王家・尚家の家庭教師を勤めたことなども綴られている。するゑは、折からの日露戦争でロシア兵の上陸に備えて、自ら教え子を率いた武装民兵をも組織したらしい。さらに沖縄への彼女の赴任生活には、人類学者・坪内正五郎、のちの「講談社」創業者・野間清治、共産党の徳田球一らも絡んでくるという。

　また、村上一郎自身、叔父の政治家・内田信也の関係で東京在住の尚一族の人びとと二アミスをしているし、母親の遺品の写真を通して比嘉春潮とも親交したようだ。

　以上のような自分や母との沖縄の因縁を明らかにした上で、村上は四年後の一九七二年に迫った沖縄返還を見据えて大胆な提言を行う。それは沖縄を戦前の「沖縄県」に戻すのではなく、北海道に準じる「南海道」にせよというものである。

　それは沖縄に、北海道と同じような風土的、文化的、民族的、歴史的な境界性《ボーダー》、そして本土《ヤマト》との重層化された同質・異質のグラデーションを見ての提言であった。と同時に村上は「将来、南海道独立計画や独立ゲリラが現われたっていいではないか」と、ちょろりとしるす。同時に村上は、米軍基地問題を解決しえても、沖縄が負い続けるであろう地政学的な宿命をも看過しない。

　さらに母・するゑは、もし平板な見方をすれば、「ヤマト」ナショナリズムの尖兵としか映らないかもしれない。が、するゑを沖縄へと駆り立てたナショナリスティックな情熱と似たものが、徳田球一や瀬長亀次郎らにもあったのではないか？　するゑが去って二十年ほど経った頃、若者を中心に吹き荒れたという日本への同化＝沖縄文化否定運動のことなども併せ、ナショナリズムの明暗を想う。「コザ暴動」の二年前に書かれた村上の文章は、いろいろな思いを誘うのだ。

　この村上の一文は、彼が躁状態のときに書いたのか、講談のような名調子の語り口で、かつ彼の晩年の良い文章には必ず顕れる上質なユーモアに洪れている。それでいて情報量は多く、細部まで読者への気配りを怠らない。後半の提言部分も決して出任せの放言ではなく、読み方によれば、今日から見ても鋭い指摘を拾えると思う。

　そんな文章について、比嘉さんと語り合い、また『脈』への転載をお願いしたかった。

　もう一つ、最後に比嘉さんに報告しておかなければならないことがあります。それは村上一郎日記が『脈』掲載分も含め、東京の現代書館から『試行』期を皮切りに順次刊行が決まったことです。たぶんまだ困難は少なくないでしょうが、必ずやりとげます。どうぞ見守っていてください。

　比嘉さんありがとう。

（二〇二一年四月十九日）

比嘉加津夫さんを思う

松岡　祥男

わたしは比嘉加津夫さんとお会いしたことはありませんけれど、比嘉さんの存在なくして、わたしの「吉本隆明さんのこと」という連載は日の目をみることはなかったと思います。なんの注文もなく『脈』の誌面を提供してくれたのです。

遠いところ（四国の高知）からみていると、比嘉さんはけっこうミーハーでお人好しに映りました。つまり、脇が甘いように感じたのです。きっといろいろ騙されたり、利用されたりして、嫌な目に遇われたに違いないと思いました。でも、比嘉さんはそんなことはおくびにも出しませんでした。それが比嘉さんのおおらかさだったような気がします。そうでなければ、多彩な執筆者を迎え入れ、優れた特集を組むことも、『脈』を存続させることもできなかったでしょう。

そんな比嘉さんの志の在り処をみごとに示してくれたのは松原敏夫さんの追悼文でした。《はるか若いころ、『比嘉さんは、なぜ書くのか』と尋ねたことがある。すると『そんな問いは無意味だよ、理由があろうがなかろうが書くのが一番いい』と応えた》（『沖縄タイムス』二〇一九年一二月）。

吉本隆明さんは勤めを終えて帰ると、毎日机に向い、日課のように詩を書きました。それは「日時計篇」をはじめとする膨大な詩群として遺されています。それと同じように、比嘉さんは読むことや書くことを日常化されていたのでしょう。必要に応じて、本を開いたり、パソコンに向かったりするわたしとは大違いです。その姿勢がさまざまな難事や障害を乗り越える持続的な展開力となったものと思います。

じぶんのことでいえば、『ＬＵＮＡクリティーク』一号に掲載された宮古の東風平恵典とのネット対談において、わたしが自家発行していた『吉本隆明資料集』をめぐって、北川透らとトラブルになったことが話題に上っています。東風平さんの北川透に肩入れする発言に対して、比嘉さんは話の流れに同調することなく、その意見には同意し難いといいました。その客観的な態度をみて、わたしの比嘉さんへの信頼は揺るぎないものとなったのです。

いま比嘉さんのご厚意に応えるとしたら、わたしは「吉本隆明さんのこと」の続稿を書くことだと思いました。それが比嘉さんの追悼になると信じて。

世の中には「俺は吉本隆明を超えた、親鸞も、マルクスも超えた」と自負する凄い人もいます。親鸞は「善人なをもて往生を遂ぐ、いはんや悪人をや」と説き、カール・マルクスは労働者の解放を唱え、『資本論』を書きました。また吉本さんは「僕は、生れ、婚姻し、子を生み、育て、老いたる無数のひとたちを畏れよう。僕がいちばん畏敬するひとたちだ」と初期に記して、思想の基礎に据えました。それらを超えるものとなれば、われら具足凡夫はさぞかし救われることでしょう。ぜひとも、その世界観を開示していただきたいものです。そうでなければ、主観的な思い込みにすぎません。もちろん、開示の方法は言語表現に限りませんが。

わたしはもともと出来がよろしくなく、知力から体力までにわたって、他に優越するものをもっていません。それでも時代の波にもまれながら生きてきました。その経験を拠り所に考えることだけはつづけてきたような気がします。

ボーダーインクの宮城正勝さんとともに、比嘉さんと『脈』がわたしに与えた大きな影響のひとつは、沖縄への穏やかな関心を開いてくれたことです。全共闘運動の末端にいたわたしは「沖縄奪還」とか「沖縄解放」とかいった政治スローガン的な関心しか持たず、その心情といえば、大江健三郎の『沖縄ノート』の偽善的なレベルを出るものではありませんでした。沖縄がどんなところか、アジア的地勢のなかのポジションなど殆ど知ろうとも、考えようともしていなかったのです。まあ、こんなことはありふれた列島の住民からすると、沖縄の人たちが四国などに興味がないように、琉球諸島を知らなくても何の不都合も生じないでしょう。でも、少なくとも政治的な動きに引きずられたものとしては、みじめな気がします。

早い話が、吉本さんの『全南島論』のなかの「イザイホーの象徴について」を読んで、その祭儀の様相と歴史的な意味は如実に浮かび上がるのに、その舞台である久高島がどこにあるのか分からないのです。日本地図を引っ張り出して探したけれど、うーん、久米島とは異なるはずだ……と考え込む始末だったのです。しかし、この疑問はＮＨＫの「ブラタモリ」の再放送を見て、いっぺんに氷解しました。ああ、こんな島だったのか、小さな小屋に狭い広場、ここで祀りは執り行われ、ひとびとの心のふるさととして悠久的な趣を持っていたんだと分かりました。そして、これは四国の山々で伝承される神楽などの神事と連結していると感じました。

比嘉さんは真摯な人でした。それは『脈』九〇号の「特集　吉本隆明の『全南島論』に発表された「沖縄の意味」を読めば、誰でも分かるでしょう。比嘉さんは吉本隆明の『母型論』や「南島論」に迫るため、関連の文献を読み、接近を試みています。

比嘉さんにならって、いま接近を試みると、ミシェル・フーコーの《それにしても、人間は最近の発明にかかわるものであり、二世紀とたっていない一形象、われわれの知のたんなる折り目にすぎず、知がさらに新しい形態を見いだしさえすれば、早晩消えさるものだと考えることは、何とふかい慰めであり力づけであろうか》（『言葉と物』）という言説は衝撃でした。

「人間」という概念は二世紀もたっていない一形象にすぎず、世界史的現在においてもっとも普遍的な「人間性（ヒューマニティ）」など、世界が新しい形を見だせば消えさるものだと言われているのです。

わたし（たち）は深いとまどいのなかに置かれたのです。マルクス主義の良い側面をたどれば「平等」は実現されると思ってきたものにとって、その根底を突き崩すものでした。むろん、わたしは「神」も「天国」も信じていません。死ねば終わりだと思っています。けれども、少し変化したところがあります。大島弓子さんが言っていたことですが、彼女は小さい頃お堅い考えの持ち主で、みんなが「霊がどうの」「来世がどうの」というのに浮かない感じを持っていたそうです。でも、今はそれを「素晴らしい想像力だわ」とおもうようになったとマンガのなかで書いていました。

わたしの兄は、交通事故に遭い、意識不明の重体です。兄は乱暴者で、刑務所帰りの知人と酒を飲んでいて、口論になり、挙げ句に掴み合いになって、アパートの前の田圃に叩き伏せたり、隣の犬がいきなり噛みついたのに怒り、その場で叩き殺して、警察に連行され、姉が引き取りに行ったりしました。もし、そんな兄が死んだら、浄土の蓮のうてなで、娑婆苦を逃れ、安楽に過ごしているとおもうとなんだか救われます。また地獄に堕ちたとしても、閻魔大王を相手に酒を酌み交わしている図を想像すると愉快です。そんな空想よりも、煩悩の現世に存在することが大切なのは言うまでもありません。

「人間」とその痕跡が消去された世界とはどんなものでしょう。このフーコーの提起に吉本さんは呼応しました。それは先駆的な「世界視線」という概念の導入です。いまやグーグルの衛星画像ですっかり馴染みのものとなっていますけれど、それをはるかに超えたものとして設定されています。

ほんとは、わたしたちのいう世界視線は、無限遠点の宇宙空間から地表に垂直にさしてくる視線のことだ。しかもこの視線は雲や気層の汚れでさえぎられない。また遠方だからといって、細部がぼんやりすることもない。そんな想像のイデアルな視線を意味している。遠近法にも自然の条件にも左右されない、いわば像（イメージ）としての視線なのだ。この視線は無限遠点からみても一〇メートル上方からみても、はっきりとおなじ微細なディテールまでみえる架空の視線だ。そのうえこのイデアルな視線は、雲や気層の汚れで遮られないだけでない。遠近によってわずらわされないだけでもない。赤外や紫外の、どんな波長の光にも感応する視線でなくてはいけない。この視線はもっとイデアルだとみなすこともできる。たんに光だけでなくどんな種類の電磁波にたいしても、さらにいえば素粒子にもクォークにも感応し、さらに真空そのものの本質にも感応する視線でなくてはならない、というように。

わたしたちは近畿地方のランドサット映像を眺めながら、ある地質学的な過去の時期に、都市大阪を含む大阪平野が海底にあり、京都盆地も海底か湖底であり、奈良盆地もまた和泉山脈と生駒山脈と吉野山系を水面上に残して、紀ノ川沿いと大阪湾の両方から海水に浸入されて、海底あるいは湖底にあり、琵琶湖の水と通じていたときがあったと、すぐに空想してみたくなってしまう。これは色彩の区別や等高線によって地層の起伏がすぐわかるように記載されてあっても、ふつうの地図をみながらでは決してすぐには生じない空想だ。ここには宇宙空間からの世界視線のもつおおきな未知の特性があるようにみえる。それを仮りにひと口で要約してみれば、人間ははじめて、自己の存在とその営みをまったく無化してしまいながら、しかも自己存在の空間を視る視線を獲得したのだということだ。それは感性の歴史にとって、はじめてのおおきな意味をもつもののようにおもえる。

（吉本隆明『ハイ・イメージ論』）

吉本さんはこの「世界視線」を行使し、「地図論」で大和朝廷の成立にまつわる神話や推論を確定的に解体しています。東征伝説の実際的な経路や奈良盆地における偏狭な小競り合いなども含めて、日本列島の住民は「万世一系」などでは断じてなく、いろんな要素の重層と複合で形成されたこと。これに『共同幻想論』や『初期歌謡論』を重ねれば、おのずと初期王朝（天皇一族）によるアジア的専制の確立とその観念的収奪の構造もみえてくるはずです。

また世界の列強各国は宇宙軍の創設などといい、宇宙空間の占有とその支配権の獲取に躍起になっていますが、イデアルな世界視線から透視し、この動向を無効化できれば、権力の死滅にいたる方法のひとつとなるかもしれません。そこにひととひとびとの全的な自由、つまり歴史の奪回が示唆されているといえるでしょう。フーコーの考えを具体化し、さらに反転させる地平を吉本さんが目指していたことは明らかです。

その構想が都市論の拡張となり、那覇における講演「南島論序説」になり、ヘーゲルの『歴史哲学』やマルクスの『資本主義に先行する諸形態』などを踏まえた、人類の初源である「アフリカ的段階」の措定へとつながっていったのです。この営みを、比嘉さんは「壮大な論理のロマン」といいました。

もうひとついえば、吉本さんの主要な著作を歴史年代順にならべると、文芸を基軸にした〈通時的な列島史〉にもなるのです。それを書名（主な対象書物および人物・年代）で呈示すると、次のようになります。

『共同幻想論』（『古事記』七一二年・『遠野物語』一九一〇年）
『全南島論』（『古事記』・『日本書紀』七二〇年・『おもろさうし』一五三一〜一六二三年・『アイヌ神謡集』ほか）
『初期歌謡論』（『万葉集』三一三年〜七五九年の歌を集成〜『新古今和歌集』一二〇五年・『梁塵秘抄』一二世紀後半）
『源氏物語論』（紫式部、一一世紀初めに成立）
『西行論』（一一一八〜一一九〇）
『最後の親鸞』（一一七三〜一二六二）
『源実朝』（一一九二〜一二一九）
『良寛』（一七五八〜一八三一）
『夏目漱石を読む』（一八六七〜一九一六）

『柳田国男論』(一八七五〜一九六二)
『高村光太郎』(一八八三〜一九五六)
『宮沢賢治』(一八九六〜一九三三)
『島尾敏雄』(一九一七〜一九八六)

これらに『言語にとって美とはなにか』や『思想のアンソロジー』などを加えると、必然的にみえてきます。『吉本隆明全集』(晶文社)のキャッチフレーズにあるように「長く深い時間の射程で考えつづけた」人なのです。その中心に、大衆の生きる姿が位置していることは申すまでもありません。

ひとは歴史にその名を刻むことなど問題でなく、家族に愛され、友人たちと葛藤しながら、確かに結ばれ、やれることをやれば、申し分のない人生だったといえるでしょう。これ以上のものはこの世にないとわたしは思っています。

比嘉さん、お世話になりました。ほんとうにありがとうございました。

「比嘉加津夫追悼集　走る馬」によせて
比嘉さんと吉本思想

松島　朝彦

　比嘉加津夫さんと初めてお会いしたのは吉本隆明講演会の後の懇談会の席だったと思う。一九八八年の事だから、だいぶ昔の事である。私は講演会の舞台裏で仕事をしていたが、その時、吉本さんと一緒に講演に来た若い人が、たまたま指を切って出血したので、止血したり治療したのを憶えている。その若い人が誰だったかは憶えていない。

　懇親会はタイムス近くの居酒屋と波の上近くの会場で、食事を共にしながら、吉本さんと膝をつき合わせて話をしたのを憶えている。その時比嘉さんとは初めてお会いしたが、その頃から、比嘉さんは詩や評論など活発な文学活動をされていたと思う。

　私は大学時代から吉本さんの「試行」の定期購読者の一人で、終刊号まで購読していたが、その後、四国の松岡祥男さんが発行する「吉本隆明資料集」を定期購読していた。残念ながら比嘉さんの「脈」や、沖縄の同人誌の同人になったことはなく、私と比嘉さんの接点には松岡祥男さんや宮城正勝さんがいたり、吉本さんの思想があったと思う。

　比嘉さんが平敷屋朝敏や島尾敏雄や沖縄の作家に関心があり、旺盛な執筆意欲で書くのを私は横目で見ながら、自分の仕事や身内の看病や介護の多忙さもあって、吉本さんの本以外あまり読まなかった。「平敷屋朝敏」論も読んでいない。

　比嘉さんが「大城立裕」論を書いたとき、比嘉さんが「脈」を一冊贈呈してくれた事がある。私はすぐ返事を出すべきであったが、少し遅れて大城立裕論を二度ばかり読んで、比嘉さんの大城像の解釈に対して私なりの大城像の分析を書いたことがある。もちろん大城さんが私小説を書く前の話である。晩年の大城さんの私小説は読んだことはない。私の返事にすぐ比嘉から葉書をいただいた。その葉書は短文で、公開しても差し支えないと思われるので、字句もそのままにして掲載してみる。

「前略、お手紙拝見しました。ありがとうございます。適格にとらえ、さらに私の考えを大きく発展させるすばらしい論考だと思いました。これを次号に掲載してもよろしいでしょうか。それから次号は「吉本隆明と沖縄」です。締切日は一月十日とさしせまっておりますが、何枚でもよろしいですのでご寄稿よろしくお願いします。早々」

私への過大評価はともかく、私は比嘉さんの「私の考え」という字句が気になって、私の吉本思想の解釈の何が、比嘉さんに受け入れられて共感されたのか、もっと比嘉さんにお聞きするべきだったと思う。比嘉さんも私も社交的なやりとりは苦手で、いつも短い葉書や電話ばかりだった。ちなみに『大城立裕』論を読む―作家、大城立裕の誕生、作品以前から作品へ―によせて」と「吉本隆明と天皇制論―南島論から共同幻想の解体へ」という私の文章は比嘉さんの好意で「脈」七九号（二〇一四年、二月）に載っている。いずれも短文である。

後日談だが、私の『大城立裕』論を読む」という短文を読んで下さった方から、大城さんが書いた「父　昌隆のこと」という文章のコピーをいただいた事がある。（沖縄県立農林学校同窓会編・刊『沖縄県立農林学校同窓会誌』第一号、一九七九年三月三一日）。私はこれを読んで、比嘉さんと私のやりとりが、あながち的を外れた言い方では無いと改めて思った。ただ私の短文に、吉本さんの文章「江藤淳についてのメモ」から、数行無断借用した字句がある。これは別に他意は無く論旨に影響を与えない筈である。

ついでに一つつけ加えると「江藤淳についてのメモ」を引用して、私の論考の骨格の一つにしたのは、これまた比嘉さんが好意で掲載してくれた「脈」七六号（二〇一二年、十一月）の文章である。「吉本隆明『母型論』『大衆の原像』とその思想体系」―阿手川飄（阿多川と誤記―松島）「人怖がり（ちゅ・うとぅるぅ）」を手がかりに―」。これは阿手川氏が同人である季刊詩誌「あすら」二八号を私に一冊贈呈してくれたので、それを読んで、阿手川氏への返事と私の解釈を兼ねて書いたものである。吉本「心的現象論」の了解論の一部を勝手に引用したり、我流の解釈の範囲を広げて「母型論」は阿手川「人怖がり（ちゅ・うとぅるぅ）」の解釈に、それが私には不可欠だと思われたので引用し、比嘉さんの大城立裕論の根底にもそれを感じたので家族歴や生育歴に興味を持った。阿手川氏には後日、会う機会があったので、私の文章に何か不満や訂正や要求があるのかお聞きしたら、格別に無いと言って下さった。

「吉本思想」と私は簡単に言うけど、それは多岐にわたり、硬質で表面的な解釈も杓子定規になりがちである。その硬質な文章と人物像がガラッと変わったのは、だいぶ昔の話になるけど、ブントの書記長だった島成郎氏と一緒に酒を飲んでいたら、「よし、吉本さんに電話してみよう」と言い出して、吉本さんに二度ばかり電話した事がある。電話の向こうには吉本さんの包み込むような穏和な人柄が現れて、たちまち私は魅了されて島さんと酔ってしまった。

しかし、「共同幻想論」の序文にもあるように「対幻想」も「共同幻想」も一本の軸の周囲は幅広い分野の専門家にも通用するような骨格と本質論があると思う。情況への発言や個人の心理分析にまで激しい言葉を使っているが、本質論は揺るがないと思う。比嘉さんの「大城立裕」論と私の解釈が一致するところがあるとしたら、個人幻想の一つの見方に重なる部分があったのだろう。

比嘉さんが病になってからの経緯も知らず、四国の松岡祥男さんからの便りでその詳細を知ることができた。比嘉加津夫さんの追悼集に文章を書くとは思いもしなかった。しかし、私と比嘉さんぐらいの年令になるとそういう想定も必要になる。比嘉さん、長い間の執筆活動ご苦労さまでした。

比嘉加津夫追悼集

Ⅱ 作品・日記・年譜

「春は風に乗って」より

平敷屋朝敏の謎⑮
謎は解けた

比嘉　加津夫

　ぼくらの中で、謎は解けかけていた。先人たちの言い残したことには耳を傾けるべきである。

　一方、傾けるべきではないと言われたり聞いたりしたりするが、あれは信じるべきではない。自分が先行者であるとみんな強がったりするが、そうなると目はその方向にしか向かず、その方向にあるものしか見えなくなったりするらしいのだ。

　十数名の人が処刑され、家族は二度と士族になれないように百姓に落とされた。これは明らかに彼らが衆を抱き込んで仇討のできないように追い込んだのである。ようするに手足をもぎ取ったも同然ということ。

　それだけではない。これも肝心なことだが王府は、これらのすべてを記録文書に記載することはなかった。

　すべて抹消したのだ。

　王府は王府なりにそうしたほうがいいという必要性に追い込まれていたわけだ。王府にとって謎というのはなかったし、たまさかあったとしてもこの謎は永遠に解き明かされたくなどなかった。

　ぼくらは話し合ったものだ。何時間もかけて。

「突然、十数名ほどの人が闇討ちにあったとか、盗みを働いたということであれば不幸な事件として扱われただけだったかもしれない。そして国書にはもちろん記載されなかったであろう。そうならそうで十分に納得したであろう」

　ぼくらが処刑にいたる真実を解き明かすということは王府の考えとは真逆な方向に向かうということであった。王府は重大なことを隠している。ポイントはこれであった。

「これでは、どうも納得できない」

「納得できないどころでないよ。どんどん疑問が出てくる。するとどうなる？」

「どうなるんだ」

「彼ら十五人は国政に背き、捕えられて牢に入れられ、手ひどい拷問を受けて詮議され、処刑を言い渡され断行されたのがこの事件のあらましとなると」

「そうであるなら、最低限、裁判記録は残っていなければならない。常識的に」

「最低限の常識さえも守られていない」

「これがおかしいんだ」

「確かに、国が国の体を成す裁判記録さえ残さない、記録を一切封じ込めるとは何事なのか。国の体を成していなかったと言われても不思議でない謎とフゥヒティフゥヒティ、五分五分になる事件とは何だったのか。こう考えると、ひとつしか思い当たらない」

「王府にとって、隠しおおせたいこと、表にでては困ることは何か」

「クーデターだ」

「そう、クーデターだよ。それ以外考えられない」

　ぼくらはクーデターであったと結論づけた。それ以外考えられなかった。いわば戦争状態である。王府は取るに足りない「落書き」程度のものであると抑えにかかっているが、決してそうではない。その程度の犯行で、十五名規模の処刑、家族の島流し、百姓おとしめはありえない。ありえないばかりか、これじたいが犯罪に該当するものであるのかどうか、出てきた家譜資料からはわからない。しかもこの家譜資料はすべて口裏を合わせたようにして書かれている。事件はかなり規模の大きなものであったことは、こぼれ落ちてくる穂のまとまりで分かる。。

「ああ、そうか。家譜資料は口裏を合わせるように書かれたわけだったか」

「そうだね。王府吟味の上の最終撤退線として仕方なかった」

「偶然に出てきたんじゃなかった」

「たまたま出て来たんじゃなかった。かなり意図的に出てきた」

「王府は王府でかなり真剣だったということ？」

「まったく文字通りに真剣。生きるか死ぬかがかかっていた」

　一五八九年、島津義久は大慈寺の龍雪を琉球に遣わしたことがある。薩摩の指令として豊臣秀吉に入貢するよう命じたのであった。

「薩摩の琉球侵攻は僧侶の派遣から始められたということか」

「それだけ琉球は仏教に力をこめているとみたか。それとも外交の手段として僧侶はどこでも力を持っていたのか」

「両方でしょう」

「恐らくそうかも知れない」

「琉球はその時、古文書を持っていなかった」
「これは国の体を成していなかったということ？」
「そうだよ、そのため仏教から知識を得ようとした」

明治四十年に初めて平敷屋朝敏について書いたと言われる歴史家の眞境名安興は、

《尚敬の治世中《ちせいちゅう》に友寄平敷屋《ともよせへしきや》事件として政治上の大波瀾が起こったことは何人《なにびと》も能《よ》く知る所であるがその真相は深く秘密の幕の中に包まれて片言隻句《へんげんせきく》も史上《しじょう》に記《しる》されて居ない。唯《ただ》口から口、耳から耳に伝へられて居るばかりであるから大いに事実に齟齬を来したであろう。故老の談柄《だんぺい》に依れば藩政時代に平敷屋のことを彼是《あれこれ》いふも恰《あたか》も叛逆人のやうに心得られて誰も口外《こうがい》するものは無かったそうである。》

と述べている。

そして眞境名安興は「平敷屋事件の真相を解決するは文献の徴《あらわ》す可《べ》きものが少い。今日に至ってなかなか容易のことでは無いが余は諸種の材料に依って推断し是れは全く日本思想と支那思想の衝突にはあらざるやと思ふ。即《すなわ》ち国学者と漢学者の反目嫉視《はんもくしっし》が政権争奪《せいけんそうだつ》を賭《と》して一大破裂《いちだいはれつ》を来したのではあるまいか」と推論した。

薩摩は複雑な国柄である。洗練されていない灰土に出来るイモを芋侍をもじって薩摩芋と言わしめた国柄でもあった。

ぼくらの結論は、「是れは全く日本思想と支那思想の衝突にはあらざるやと思ふ」と投げかけた眞境名安興はまだまだ抗争の入り口に立っているに過ぎないというものであった。だが、十分に事件の入り口には立っている。

それに親子さえもが気が合わない、兄弟同士が争うということが多かった。家臣にとっては、どの勢力に着くべきかは至難の業であった。それを違えば生涯不幸を背負わなければならない。

いわば薩摩藩との大掛かりな抗争をしむけたものであり、結果として蔡温一派に対して著しい反撃が包蔵されていた。ぼくらは次のように話し合った。

「どちらが優勢であったかというと、圧倒的に平敷屋・友寄側であった。ところが王の力を得ているのは蔡温側。友寄対蔡温だったら明らかに友寄の意向に沿ったであろうが、友寄対尚敬王となると話は別だ」
「王をクサティ森にして蔡温は琉球を動かせていく」
「王の権限は絶対的なもの」
「ところが玉城朝薫が、謎の死に方をしたものだから、あれ以降、波が引くようにサーと声が消えていった」

「踊奉行として、組踊の普及に努めなければならなかった、いや、江戸、薩摩ばかりでなく、朝薫は中国でも高く評価されていた。彼の処刑だけはどうしても避けたかった」

「王府は彼らが中国、薩摩との二重交易を進めていると言い放った」

「これはねどっちも知っていて知らないふりをしていた。隠し通していた最後の刀をこういう時に抜くことになったわけだ」

「それにしては抜き身がおぞましい」

◇－－－◇－－－◇

※平敷屋朝敏の謎シリーズの⑮は『脈』１０４号向けの草稿として未発表のまま残された。追悼集を発行するにあたり収録した。謎のシリーズ⑮が「謎は解けた」と付されていることから「完結」編と一応みなして良いかと思う。本人はちがう形平敷屋朝敏の展開を持っていたかも知れない――。

比嘉　加津夫

短歌作品集

山の辺に訪ねし老人の住みし家とうとうと古代歌三味より
出づる
島離れし心域音もなく限りなく下方沈みゆく肺
親しみをこめて歌へる島うたは果てから果てへ流れる風か
島民の心根に刺す影この道を追うごとに北風は吹け
島ちゃびの心根闇に鳴る風に誰かかがり火ともしておくれ
三味の音《ね》にこめられし韻浜辺から地軸を這う波の響想
乙女らは月に照らされひかる髪風にまかせてどこに行くのか
眼から遠くわが歩み映せし鏡今大地を離れ星にかわれり
処刑の日のごとに一面血塗られし原野はどこまでも花の血痕
疾走を続けて至れしこの場所も底のほうから冷めたく割れる
子供らの吐く息澄みてわが内は清らに洗われ机にむかう
村は今日祭りを迎えてにぎわえり劇の渦中の閉ざされし闇
音から音にぎわう声の和する場所《とこ》村の静けさ戻らぬごとく
婦女子らは円座の前でかしこまり未知の神々の盃《さかずき》を受ける

幾重にも閉ざされし村の夜は暗くめずらしがって群れる若者
許されぬ刑苦のごとき村山に今日本当に神は来るのか
鐃《どら》高く鳴り響いて祭り場一斉に若者それぞれ棒持て立てり
暗い夜、それより暗い音色が海、山、空に高く響きし
神まねく円座の中の婦女らの目フラッシュたかれて黄色に
歪む
もともとは村《そん》立て守護の祭　ことごとく今は破られて踊る
三味の撥《ばち》闇をはじいて高く鳴る群衆も谷間で打たれて躍る
村祭り屋根、山、空の高きより誰か見る如くして見上げる
鳴り響く祭りの鐘も前夜からなぜか病身の人にはむごし
海山がはりつけられた壁さとき村人と一こん杯くみかわす
笛を吹きし青年前で秩序よく後から続く者ら指揮する
海面すれすれまで来し婦女の足に今日咲きし浜ゆう踏まれし
この踊り踊る婦女らの目の中はいかなる明日が悽みついて
いるか

円陣を組みし青年男女らに通ぜし言葉おれは持ち得ぬ
時代の波そのまま村に伝われど妊婦の営為村にこそとどむ
まつりの夜村にぎわいて浮き立つも子供らたかる人気番組
円座から離れてその場見し人らいかなる意味でも稀人《まれびと》に
あらず

---◇---◇---

幻視追う表現者ひとり心中《うち》に飼い日頃の労働余剰のごと見ゆ
豊かなる房から出づる感情の幻視内らで湧く身の狂乱
生きられぬ思念抱きて疾走する昔の血管昔の青春
卜占《ぼくせん》の名辞沿岸を覆う日々、 海から遠い巫祝王《ふしゅくおう》
はらからは深い目をして音のごと森の中から鳴りながら来る
坂道を登る足どりそのままの暗い心根われ引き連れて
長い群衆の尾のほうから見える海敗北の悲しい抒情
ここを去りまた欲情の夜を往く龍馬の妻おりようの悲哀
放恣から生れし忘念刃の如くおれの頭《ず》の中に激《たぎ》て逆まく
身ごもりし余剰の思想の音の中われ旗手ならんと空想を
駆ける
椅子に寄り声低くして思想を説く君らの位置の怒涛の祭り
背をこごめ肺から酒を吐きながら酒徒に交じりて己を殺す
銃口をむけられて金網の奥の闇憎しみながらじいっと
凝視める
生きるため葉を散らして迎えいるこの木のようになりたい
と思う
原っぱの小さい集会になびいている僕らのかぼそいたたかい
の旗
平坦な無味乾燥の原っぱにすみれの花が暖く咲く
丘ひとつない平坦の原っぱに春告げるごとすみれ花咲く
その距離のごとに我が位置沈めんとゆたりと労働の手を
休めいる
いかようになるかさだめし遠き肺懸命に駆けて日は暮れん
とす
倒れてもなおも立ちて息をする君らの位置がまぶしく見える
君に問うこの仏暁の足もとが割れて見えるは眼のないせいか
倒壊のみぎわの淵に影を引きゆくりと消える諒闇の人
喫茶室で煙草の煙に身をかがめ君の唇遠くより視る
唇の渇きから発す反戦の声もかれはて気負いだけ浮く
闇を灼き無限に届く肉声に憤怒の肺も癒えてうつろう
街を行く影白日にさらしつつ熱き声消す悲しい時代
ピカソの眼背後の耳で注視する孤独の丘の青のたゆたい
悲しみの盛られし砂の宿命をその朝焼けの血の底に見ゆ

風走る日々ちぢまりて没日《いりび》受く青ざめ人の優越を撃ち
風のごと哄笑の矢の乱れ飛ぶ群衆流るはるかなる雨季
風通る無花果《いちじく》の花すき透る君への文はポケットの中
かがまりて星の輝く閑天を注視しつつ羨望を焚く
欨《いた》わりの声掻きむしり狂燥の詩人が作る舞台は病巣
敗北の抒情ひとすじ生存の根源に降りて表現者生きる
苦悩の雲朝から寡黙にふかれてる今日頑強の意志を燃やして
紛れたい！　といいながら日中の陽避けて呪縛の村に逃がれ
て生きる
卓上の透明の龍眼光を水にぬらして冴えわたる血の上《へ》
均衡の悪さゆえ知恵もくもりゆく愛想笑いもはかなく消える
精細な棘に刺され嚔《くさめ》され生存の意を問う晩生《おそな》りの情念
わが往還バスの中にて反芻す今日の仕事今日の団欒
雀躍《こおどり》してひとつの暗喩焼きつける何故表現は闇に行くのか
性急に己《おの》が正統主張せるあわれ単一の内に住む微笑
畜群の道徳高く叫ぶ声悲しきニーチェヨーロッパ彷徨う
夢の中救世主ひとり誕生し強制に軌道等価し逆倒す
矮小の形式くぐって東洋の〈永遠〉遥けく眼前を舞う

◇　◇

遠くより聞ゆる声に耳立てており今おれの「場」に誰も近づくな
前線を愛で型どる神話色みぎわまで君は至ってしまったか
花求め意識ふくらむ死の色のまぶし過ぎる淵欲情溢れて
勝利なき王の寂し目見て一瞬画布に近づく
静寂のひととき鳥のごとに舞う言葉は高き頂きに行く
〈遠い朝・眼の歩み〉詩集ふところに廃墟のごとき街を
往来《ゆきき》す
王冠を地平に投げて狂う王その目に住めし須臾《しゅゆ》の力
言葉失い花眼《はな》に入れて空を行く君の白い乳房はどこだ
眼球抜く雉子《きぎす》の群れに声沈め我遠くから短歌《みじかうた》うたう
歌わねば心枯れゆく寒暁の文字にうつぶす暗き世界
像《かたち》から遠視する足　沈む肺　言葉の原基こぼれる欲情
ヴァン・ゴッホ　ローソクの炎燃ゆる耳　画布から抜けて
眼球いれこむ
言葉から離れて昨夜《きぞ》の夢を追うあの淫乱の底まで行きたし
今日のうち君のところまで行きたいと虚空に虹の線長く引く
漁港行く思念ひつこく追う風に俺吹かれながら君に近づく
何時までも賢者のごとく道に立ち人の変りようすまし視る
電柱

◇　◇

淫欲の目は逆さまに流れ来て俺の方向狂わす哀憐
対応から位置をづらして夢を追うはかない青年はかない思想
民衆の声悲しい眼我らが掌に無限の重さのせてひた走れ
面と辺　点と線の末尾まで情念のひだよ無言に映せ
顔のない男らの手に抱《いだ》かれてひたすら生を耐えると言うのか
夜を待つ暗き情念の火をもやし身体くぐめて酒場さまよう
夜を越え刺す惰年の横たわる一杯の珈琲紅《べに》さす唇
蜘蛛の巣を払う手付きで昨夜《きぞ》の夢消しながら歩く寂しい夜景
不発弾処理で住民避難する棘とげしい警官と終わらぬ戦後
紙を漉く老境の背に光刺す鋭い手付きの阿部栄四郎
雁皮紙を天に透かして像《かたち》見る鋭き眼光炎えている手付
歴史から一度は消えし芭蕉紙を今日あきらかに蘇らせり
闇のまたその奥の扉開けるごと琉球和紙の像《かたち》あらわれ
琉球の民衆の辿れる記載帖そのもとなる手漉き粒子

◇　◇

飛ぶごとき発想手にして枯葉踏むわが韻律は底のない沼
朝の歌ひとつ抱いて窓に寄り天空駆ける鳥をみつめる
鳥を追う目にとどまる溜息をつつんで投げつけてみる

朝まだき愛誦やまぬ歌数首いだいて果てまで飛びゆきたし
ひえびえと敗北の笑い一つしておれ地に埋もれしミイラ
となりぬ
生きざまを反照と呼んで影になる自己表出の悲しい安堵
一人立つ思想私闘の展開を迫まりて旗ははたはたと泣く
旗の声掌の奥にて形象され遂に消えざる時代を映す
像から像に凝縮される悲し目をどこかいにしへの街に埋める
来る思念去る思念の交錯せる落葉は冷めたき冬を照らす
優しさは愛憎過剰の現在を越えてなかば現象となる
われの位置われらの位置は幾時代か経た現象のひとつの頂き
歌ひとつふところより出し思念焼く思想のみぎわストイック
に立つ
中也の詩焼けるような風ひたすらに優しさ求めし青春の日々
尖鋭に古代掘る手の燠のごとはるか遠くでまだ背を見せて
独断論風波荒《すさ》ぶる坂道でその影かなし時代もかなし

◇　◇

個我の域執心する夢火輪《ほし》のごとわれ紙つぶてとなって街行く
脱皮する戦い遂にひとときの静寂のはて愛も引き裂く
清新は心根ひとつ身を正して己の欲のわがままを撃つ

経過から聞きし集会空間の埋められることなき背中の声

◇　◇

優しさも怒りも意中で準備する組織存立の内的葛藤
活発な意見とびかう状況の扉掘る声悲しい怒声
閉鎖的在野の志士の喪失の深さひたすら掘りゆく幻想
しみまでも我が顔中に溢れ出てそれを火と見て消す消防士
嵐去り光一輪天中に燦然と溢れ暗き心《しん》刺す
葉ひと叢光につつまる音調のその奥のほうに花弁隠れり
心中でたぎる思い渦を巻く何度も寝がえり打つ雨後の夜
哀慕解くごとく辞書をたんねんに開けて字づらの位置を
たしかむ
方法を採る生の物凄さ時代閉塞悲しい淀み
一、二頁と字句をならべて執念の頂きにのぼり肺すき透る
通り魔のごとき目をしてわが傍を通りし青年ポケットは透谷

◇　◇

酔漢の寄り集まれる酒場にて字引のごとく喋舌る青年
杯重ねいくごとに口調空《そら》徘徊す足元の乱れ意識の乱れ
心なく心乱してその翌日《よくび》わが所在するいたらなさ見ゆ
沙漠街見者を夢見酔いでれる若き魂清冽なひと
高き塔聖母マリアに恋を告ぐ痛ましい青春灰色の心根
この書より世界の位置を判定す若かりし頃の学園の窓
終りなき砂漠の風に一輪の花燃ゆるごと見ゆる一生
群れし葉の内にまじりてひっそりと世間を背に生く一輪の花
ムンクの絵激動の祭り通過するこの橋上の悲しい二人
胃の中に風すき通る青春の揺れと一徹の熱き視線
心しずめ飲み重ねいく酒場にて街の荒廃よりわれの荒廃
酔乱の徒わが歩行に重なりて影踏むごとにむなしくなれり
エライを君関係の淵にみなぎをる肺腑つらぬく美麗の仕掛け
紅さす手波のごと揺れ美しく頬を透かして長髪も舞う
トンボ飛ぶ秋に山に陽も沈み行く処《へ》も遠く時殺すのみ
乱れ飛ぶやいますすきの頭《ず》を越えて口笛吹きて帰る子の上

◇　◇

石立ちて人体の心映すごと遂先の古代冴えゆく古代
人頭税心から先読みにけるわれらがくにの古いしきたり
慣習のなじめぬならいさらさらと熱帯の古代反照として生く
古層の邑静かに地中で息《い》を吹き人らの中の内でも生きる

黄金の白米《はくまい》食《は》べる古代びとそのつつましき余剰の忘我
手の中に村ひとつ乗せ清冽に思想詩作る老境の人
モクマオのならびいる浜に蟹這いて社会を憂う男にぞむかう
シャリンバイ陽光の粒子まぶされるポストに文投げし
少女の上《へ》
荒れはてた丘かくすごとギンネムの繁る村すぎて地図見る
少年

黒潮の流れに沿いて南方よりナショナリストら島に至れり
生存の位置高き声地中から湧く心根をつかまえたのか
幾千年泣きつつ空をくもらせりそれでもおれまで至れし血痕
土の生石のわけめに眼を入れて樹のごとく空にむかいて立つ
生命と精霊　詩人と死人　現在と幻視の距離水際たてり
子宮より深き生存の所在、それを載る視座の赤き葉叢
風俗の渉《わた》れる彼岸の眼それを映す古代舞は群れて
煙舞う円卓の会議昼間から決まらぬ方針深夜に入りしも
樹の内に黙する霊魂単子《モナド》の身暗き淵にて芟《さん》除したるに
己れとぶ蝶の身軽るさ身につけてわが手の功利愛のはかなさ
「誠実」を売りものにして虚栄売るギリシア神話の如きその人
呪詛から古代の心域照らし見る遠い果て闇いまだ掌になし
頭髪を摑んで位置をもちあげて見える時代の暗い不遜
真実を握るごと君の口吻《こうふん》にまたひとつの徒党破れ目さらす

峻酷《しゅんこく》に愛受けとめて通例の律法をかざす貧しき奴隷
無知の士　穂は烟《けむ》の中羞恥満ち生れることの無常の重さ
個の中で不器用狂声集団や組織や時代で姿あらわす
身心の無規律の理想測りつつ消えては出づる隔世遺伝
予《あら》かじめ想起されたるこの道を行くは家族の類縁のせいか
半可通の人ら多勢で通る道その影踏んで笛吹くは誰
民衆は潜《ひそ》む複合の視野かりてああまた一人火の海に没す

-----◇-----◇-----

帰謬する君の脚肺遠視して身つまされるたわわな蒼
速《すみや》かに退散せよとはせる声一瞬静穏激越に消さるる
一筋の創を背負いて沈まりに行く集団のひとときの静穏
創として今日立ちどまる意識下に何故かつまらぬ幻想
あらわる
逡《ためら》いが先行する今日創となり衢《ちまた》一刻克己の精神《こころ》
静寂《しずか》なる逆光界隈に生を受けどの顔もやせて生気失い
自閉する意識の秘《ひそ》けき蜜の巣にいかなる温《ぬく》み篤くなるか
君の手に火刑時代の毀傷《きしょう》のるその根本の戦慄の方途
思想掘るその人の手の温かさ吉本隆明「場」からの言葉
関係の構造精緻に終生の問いとしながら思想を生きる

闘技場さながらに生の劇性を関係の中で君は問いしか
対象に悲劇の像を深く見る高次の声埋めんとする君
いとなみの原理鋭く敷きつめて矛盾看過せず命題をとぐ
〈精神〉の根本意志を情況の抒情として視る諫止《かんし》の叫び
己から遠く享楽の盲調投擲し訓致外界で水際たてり
優雅かや醜悪つめし舞台裏幕から外は固陋《ころう》の避門《へきもん》

◇　◇

血に染まる飲み屋の屋根に手をのばし我今日は一人アテラス
をゆく
コップ内《うち》にあらわれし像幾時間も追いながら夢を飲む荒れ男
杯を重ねまだ見ぬ遠き僻境を羽根を頼りに飛んでぞ帰る
くたびれた顔を届けるガラス灰みがいて空に投げて楽しむ
歩道から遠吠し高く響けしは遠くすさりし青春の声
車座の酔いをくぐりて坂道に声を届ける反響同人
研究の葉叢敷きつめ今日明日と海に流るる筆耕を泣かす
柔和な眼火の如くいからし海の中に飛び入りし漁夫像のみ
残れり
さわがしき所《とこ》まで来て指の先粒のつらなる渦にまかれる
円を描《か》きその中点にとじこもる子供の越境革命近し

砂の上言葉から先に狂ってゆくたそがれの街の蜜ある場所で
鳥のよう空の空気をえり分けてとべよ芭蕉の椅子の上から
帰りぎわぽんぽん羽根を叩いてるやられた肺に燈火ただよい
想念のやり場をかこって蟻のごと無限の中心歩行重ねる
暖房であたためられし心根を刺されて今日は血のごと燃える
まりつくようぽんぽん論理を打ちし友今はどこではねて
いるのか

◇　◇

韻律を踏む軽《かろ》き足今はなえ南西諸島は深い海の中
朝から朝へ風のごと疾る夢追いの少年今日は姿を見せず
真むこうの青山にかかる一掃きの虹は革命の喩となり溢る
蝶の翅《はね》文字を刻んで柔らかき花陰に隠れ息吸い寄せる
眼の奥に所在問う声満てりこの雨の中いずこに行くのか
眼から出て眼にこそ至る遠い足せめて伝説の男となりぬ
郷に立つ背高《た》き男《お》の身に水陽刺す伝説の葉叢匂いを染めて
水に立つ真上の月光声ひとつあげて樹に濃い陰を与う
さやさやと風中也の皮膚追いかけて長き線上は狂いやまず
南風《はい》満つ海《み》逆さに流る三昧の音《ね》を人恋歌に合せてうたう
春の人質境内深く坐しおれば暮れる窯辺は赤土《う》になる

焼鳥を丘で頬ばる子らそれだけで一行の韻律となりて消えゆく
吠える男翅《はね》があるのか　よい口に一点を裂いて真直ぐに飛ぶ
空に浮く死体背後に十文字の印《しるし》鮮かに願望遂げる
この虚偽指弾せよ！　風の街のけぶるだみ声空を映す

――――◇――――◇――――

黙々と過ぎ去るものあり橋ケタの中線覆う波は冬の紋章
口塞ぐように岸辺は桃色に一面ぬられて葉らが繁る
ゆうまぐれ短か夜の根のほうに言葉乱してむかしをぞ追う
この日から出発するぞと手を伸ばし嶺にむかって飛ぶ黒鴉
稚魚のまち行く階段に壮年の茂吉微笑《えみ》をたたえて歩く
麦の芽しおらに伸びて宙空に描く未来は先から枯れて
岩肌を覆う黄色の苔たちも道行くわれにほほえみかける
朝嶺に声を届けて舞う緑のごとに景色を盗む眼みがく
君の顔時に顕われにがき過去鞭うつようにひるがえる憂い
夢を断つ意地は文字の背信より鋭き声となりて響けり
親から子へ送る何もなき夕べ千鳥の真似してたわむれ遊ぶ
原稿をかきむしりながら筆すすめる壁の時代がうらやましく見ゆる

◇――――◇――――◇

※短歌の書き付けられたノートがあり、それから収録した。重複したグループは後半のグループから採った。執筆年の書き込みはないが、「しまうた」の採訪、闘争、子たちのことが盛られていることから大学時代～30代と思われる。執筆時期の詳細は今後に委ねたい。

比嘉　加津夫

二〇一九年日記（2019年1月1日〜11月10日）

一月一日（火）晴れ

年賀状届く。何枚か出しそびれていたのがあったため、追加して出す。こうして今年もあわただしくスタートした。小説は一向に進まない。内容がまったくなっていないのである。

一月二日（水）晴れ

午後2時ごろ健治病院へ。寂しくなる。

一月三日（木）晴れ

小説少し。鬱々の状態。こんなこととして一体何になるのだろうという気持がないわけではない。だからどうしてもプロの作家にはなれない訳だ。毎日毎日、それを実感させられている。イッタイ何ニナルノダ！

一月四日（金）晴れ

小説少し。

一月五日（土）雨

伊良波さんから詩届く。今回は詩のみとのこと。小説、やっと一応脱稿する。三十枚。内容はまったく自信がない。

一月六日（日）雨

三木健さんから原稿届く。14ページ分。かなり力を入れてくれている。

一月七日（月）曇り

同人に原稿締切日を15日にすることをメールする。松岡さんから原稿届く。

一月八日（火）曇り

特集原稿少し書く。

一月九日（水）曇り

沖大同窓会紙届く。本橋さん撮影の上野英信の画像届く。これで安堵した。上地さんから賀状。

一月十日（木）雨

中里さんから2日ほど延ばしてほしいとのメール。

一月十一日（金）雨

朝から午後3時まで病院。東郷さんから小説原稿、松本さんからドサッと原稿届く。

一月十二日（土）雨

松本さんから本人の原稿と上野英信さんの単行本未収録原稿届く。仲里さんから改訂データ届く。

一月十三日（日）曇り

特集原稿を少し。

一月十四日（月）曇り

佐伯さんから校正についてのメールがあり、ＦＡＸで送付する。書き足したいのがあるとのこと。19日までには送るように伝える。青柳さんから原稿届く。立派にフォーマットに収めてある。松本さんから上野英信さんの書も送るとの電話。

一月十五日（火）曇り

散髪に行く。特集原稿やっと仕上げる。仲本さんから俳句、詩、小説のタイトル送られる。

一月十六日（水）曇り　雨

川満さんから電話。脈の島成郎特集号、奥さんの島ひろ子さんに送ったかとのこと。送っていないこと伝えると、2部ほど欲しいと電話があったとのことだ。それにしても、なぜ送らなかったのだろう。住所が分らなかったと言い訳をする。1部ならどうにか送れる。失態だった。

一月十七日（木）曇り　雨

松本さんから上野英信の書いた文字郵便で届く。おそらく『眉屋私記』にサインを求められて書いたものであろう。97号出てこない。返却を待つしかない。それともぼくものを送るかだ。決心つけきれない。

一月十八日（金）雨

一月十九日（土）曇り

佐伯さんから修正原稿をＦＡＸでいただく。しかし機器が故障したということでうまく交信ができない。新城さんからはページに狂いはないかしんぱいだとの電話があり、フォーマットに移したのを送る。これで校正して欲しい旨伝えるのだが、添付の仕方がわからないという。こっちは編集後記のこともあってイライラしているのに、このおふた方には悩まされる。午後、健治来る。

一月二十日（日）雨

午後から学新会。森田不参加。上地さんも来る予定であったが不参加。すべての原稿を入稿する。

一月二十一日（月）雨

邦子の車で医療センターに行く。レントゲン、エコー、ＣＴ検査をする。いくつかしこりがあるとのことで、琉大病院への紹介状を書くとのこと。また、不安がひとつ増えた。

一月二十二日（火）晴れ

印刷所から返信がないため電話する。初校の予定は26日としていたが、28日になるとのこと。忙しいのであろう。

一月二十三日（水）晴れ

琉球プロジェクトから12月の売上報告。指定パスワードを貼り付けても開かなかったが、ＦＡＸ転送をお願いしてあとに再試行したらできた。２１、０５０円也。98号２冊分、99号25冊分。

一月二十四日（木）晴れ

漱石の「二百十日」、「高橋昌明の『京都〈千年の都〉の歴史』を読む。漱石の小説の会話は小津安二郎の映画に引き継がれたと思った。会話だけの小説で何の変哲もない単純なものだが読ます何かがある。

一月二十五日（金）晴れ

１００号の送り先名簿を作成する。医療センターから琉大病院検査の連絡（封書）届く。４月10日午前10時で１時間前には行くようにとのこと。

一月二十六日（土）晴れ
午後校正出る。28日だと思っていたが工程表どおりにいった。金城さんの頑張りに感謝。全部で１９０ページ。

一月二十七日（日）晴れ
佐伯さんに校正、島さんに「脈」それぞれ送る。校正すすめる。

一月二十八日（月）晴れ
初校を印刷所へ送る。

一月二十九日（火）晴れ
昨夜遅くから校正直し届く。仲本さん、東郷さん、上野朱さん、仁衡さん、坂口さん校了とのこと。坂口さんから6冊注文。松本さんからもメール。

一月三十日（水）晴れ
那覇市立病院に行く。佐伯さん校正届いたとのメール。4日までには印刷所に送るとのこと。三木さんから校正の連絡はないとのことで、確認のため電話すると届いていないとのこと。メールアドレスに誤りはなかったのだが。

一月三十一日（木）晴れ
三木さんからメール届いたとの返信あり。印刷所に伝え再送お願いする。松岡さんから封書で校正届く。タイトルが付されていて、切り換える、目次も。だいたいの原稿が校了になった旨のメールが印刷所より届く。松島さんから勝連さんの歌集2冊ほど貸してほしいとのメール。
ボーダーインクより宮城正勝句集『真昼の座礁』送られる。ぱっぱっと目を通し、まずはお礼のメールをする。よくもこんなむつかしい用語をひろって十七文字の中に配置して気持をスケッチしたもんだとしきりに感心する。しおりに書かれた各人の文章もいい。

二月一日（金）晴れ
松島さんに勝連敏男歌集二冊送る。高良勉さんに１０１号特集の原稿依頼文を送る。三月書房が１００号の紹介通知をしてくれる。
三木さん無事校正が届いたこと、2日までには印刷所に返送するとのメールあり。

二月二日（土）晴れ
三木さんから校正返送したとのメールあり。3部注文したいとのこと。松本さんから雁研のメンバーの買い取り冊数を教えてもらう。70部ほどにもなっている。感謝にたえない。次号の執筆依頼を松原敏夫さん、新城兵一さん、仲里効さん、仲程昌徳さんにする。
印刷所から印刷費の見積もり届く。（……）紙の2割アップで次号から多少の値上がりがあるとの知らせも。同人に分担金と配分冊数を知らせる。

二月三日（日）晴れ

大城貞俊さんに１０１号の原稿依頼をしたら執筆するとの返信有り。お礼のメールをする。島ひろ子さんから電話。いろいろと思い出を語ってくれる。要件は増刷りできないかということであった。20部ほど欲しいという。１０万円でどうだろうかというので、ともかく印刷所と交渉してみること伝える。（……）
東郷さんから2週間後に詩集の原稿送るとのメール。

二月四日（月）晴れ

松島さんから歌集2冊返送したとのメール。年譜を送る。増刷りの件、印刷所に昨日メールしたのだが返事がない。

二月五日（火）曇り・雨

印刷所から返事がくる。（……）写真ページを4ページ追加を伝えると、その分費用が重なるとのこと。島さんにそのことを伝え8万円でお願いする。
大城貞俊さん、仲里効さん１０１号執筆するとのメール。

二月六日（水）晴れ

奥村華子さんより、昨夜、今日メール有り。《比嘉様　丁寧なご連絡ありがとうございました。名古屋大学の奥村華子と申します。この度は、私の不手際により、ご迷惑をおかけしてしまい大変申し訳ありませんでした。でいご印刷様にいただいていたメールについて、メインとは別のフォルダに配点されていしまっていたようで、比嘉様のメールを受けて、確認いたしました。大変不躾なお願いながら、取り急ぎ修正点を確認し、金城様へ、修正箇所と、まだ修正を受け付けていただけるかどうかお伺いのメールを先ほどご送付した次第です。進行の都合がおありとは重々承知しておりますし、比嘉様にも大変なご迷惑をおかけしてしまい、言葉もございません。本当に申し訳ございませんでした。まずは、お詫びとご報告のみになりますが、どうぞよろしくお願いいたします。　奥村華子》
《比嘉様　早速のご返信ありがとうございます。昨日で校正を打ち切られていたとのこと、承知いたしました。実は、昨日比嘉様よりご連絡をいただいて、金城様に修正原稿をご送付いたしました。午後からのご出勤とのことですので、ひとまずご連絡をお待ちしてみようと思います。ご配慮のほど、ありがとうございました。万一間に合わないことがございましても、自身の不備ですのでどうぞお気になさらないようお願いいたします。それでは、どうぞよろしくお願いいたします。　奥村華子》
島ひろ子さんから電話。写真送ったとのこと。

二月七日（木）曇り・雨
午前中病院で妻と健康診断。97号の写真グラビア校了とする。１００号は8・9日印刷とのこと。三月書房より25冊注文。

二月八日（金）曇り
１９９１年に出した〈平敷屋朝敏上・下〉を一冊にまとめ、その他の朝敏について書いたのを収録した本を出そうと思った。そのため、スキャンして原稿起こしを始める。

二月九日（土）曇り
電話に着信通知があったので、電話する。97号の印刷費振り込んだとのこと。沖縄での島さんの出来事、精神病院の中身などいろいろ説明してくれる。私などが知らなかった病院の実態、人間関係をいくらかは知ることができた。「ただ、ニコニコ笑って対応するしかなかったです。医者の妻はそういうものです。事務長が医者より高給とっているところですから」。健治一泊。

二月十日（日）晴れ
高良勉さんより、１０１号に書けるかどうか、3月まで返事を待ってほしいとのメール受け取る。健治病院に帰る。

二月十一日（月）雨
「平敷屋朝敏」のスキャナー上は完了。

二月十二日（火）雨
発送のための封書への宛名貼りをする。

二月十四日（木）曇り
１００号と79号出来る。さっそく発送準備に。三月書房には注文のあった「川蝉」「Ｍｙａｋｕ」14号2冊、79号、

90号、93号各1冊を3梱包して送る。

二月十五日（金）曇り

午後2時から同人会。3時にすべて発送を終える。

二月十六日（土）晴れ

東郷さんから詩集の原稿送られる。松嶋東洋さんから97号の注文あって送る。今日から「平敷屋朝敏」スキャン再開。できたら3月中には出したい。

三木さんから午前、午後にメール。《比嘉さん　了解しました。本日午後、上野さん没後33回忌（ウワイスーコー）の初の実行委員会がありますので、配達が間に合えば、皆さんにお見せします。

11月に屋部公民館で計画しています。名護では展示会もする予定です。いずれ決まればお知らせします。　三木》。《比嘉さん　本日午後「脈」いただきました（2冊）。早速、上野英信33回忌実行委員会の面々に披露しました。よろこんでいます。さっそく11月の記念展示会で展示・販売しよう、ということになりました。その節はよろしく。実行委は我部政男、新里幸昭、仲程昌徳、島袋正敏、島袋捷子、比嘉久の面々です。　三木》

二月十七日（日）晴れ

午後2時から学新会。平川、具志堅不参加。三月書房に紹介記事出る。《本日入荷。ご予約者には明日発送します。

○「脈　100号　上野英信と筑豊・沖縄」比嘉加津夫・編集

A5判／190頁　定価1300円＋税　脈発行所

※目次は2019／01／31にお知らせ済み

※次号は「勝連敏男という詩人（仮）」で2019年5月刊行予定

本日入荷。

○「脈97号　沖縄を生きた島成郎」第2刷

A5判／214＋6頁　定価1300円＋税　脈発行所

※在庫切れだった97号が少部数重版されました

第2刷には新たにグラビア6頁が追加されましたが定価は変わりません。写真は島夫人の提供によるもので全11葉。この内数葉は佐藤幹夫氏の『評伝島成郎』にも掲載されています。その他の写真が初公開なのかどうかは不明です。吉本氏も写っているのが「島夫妻が吉本隆明宅を訪問したとき」（撮影日時不明）と、「島が開いていた塾で。中央で敬礼しているのは村上一郎。下右は吉本隆明」（佐藤著によれば1962．10．21）の2葉あります。※通販送料

１８０円（2冊でも同じ）》

松本さんからメール。《比嘉さん　本日昼過ぎに22冊、たしかに届きました。で、未読の比嘉さん、三木さん、仲程さん等の論考も読みましたが、それぞれに読ませる文章ばかりで、他と合わせて、真実鮮やかに充実した特集になりましたね。『脈』１００号達成という偉業に華を添えることができたと言ってもいいのではないでしょうか。

3月12日開催の筑豊・川筋読書会では、この特集をテキストにしているので、二次会では、那覇に向けて、１００号到達をねぎらい、お祝いする乾杯！　を坂口さんや小日向さん、仁衡琢磨等と一緒に行なうことになるでしょう。１９７２年以来の脈々とした不抜の刊行努力継続に対して、改めて敬服の意を表します。》

佐伯さんからも届いたというメール。

二月十八日（月）晴れ

上野さんよりメール。《比嘉加津夫　さま　つい先ほど「脈」１００号が届きました。ありがとうございました。記念の号で上野英信の特集をしていただいたこと、御礼申し上げます。

松本さんのほうに10部ほど注文させてもらいました。皆さんの寄稿、これからゆっくりと読みたいと思いますが、まずは受領の御礼まで。　上野朱》

二月十九日（火）曇り・雨

午前、建設新聞の古謝会長、嘉手川専務来訪。社の60周年祝賀会の記念品をわざわざ持ってきてくれる。また、記念誌をつくるので是非取材に応じて欲しいとの挨拶らしい。取材にはおおいに協力したい旨伝える。

上野朱さんから１００号10冊注文、三月書房から4冊注文、発送する。島ひろ子さんへもお借りしていた写真11葉返却する。琉球プロジェクトには16冊納入。

二月二十日（水）曇り

志村有弘さんからハガキ。札幌の嵩さんからメール。

二月二十一日（木）晴れ

小川哲生さん、内田聖子さん、松島淨さんからメール。

二月二十二日（金）曇り・雨

午前、フレアス在宅マッサージの冨名腰さん、安塚さん来訪。波平さんから手紙。

二月二十三日（土）晴れ

松本さんから5冊注文の電話くる。26日東京に行くので持って行きたいとのこと。さっそく発送する。忘れていた島さんにも100号送る。

二月二十四日（日）曇り・雨

午前7時過ぎに妻と県民投票に行く。もちろん基地反対に○。午後松島さんから電話。5月20日ごろ沖縄に行くとのこと。目的を聞くと、もっぱら私の家に行くことだという。30分でいいから時間を作って欲しいという。めずらしいこともあるものだ。きっとガッカリするに決まっている。

二月二十五日（月）晴れ

昨日の県民投票で70％が反対。沖縄の大多数の反対が明らかになったにもかかわらず政府は「辺野古しかない」として強行の姿勢を崩さない。「辺野古しかない」は「他県を考えたことはない」ということなのである。琉球処分以来、沖縄に犠牲のみをおしつけている。差別が構造化されているのである。

間宮幹彦さんから79号の注文。さっそく送る。琉球プロジェクトから100号5冊、90号2冊の追加注文あり。「南溟」6号送られる。詩がいずれもいい。

二月二十六日（火）晴れ

間宮さんから明日振り込むとのメールあり。ということは一日で届いたということなんだろうか。山内幸男さんから100号の注文があり、今日送る。松本さんから5冊追加注文。5冊は厳しいことを伝え3冊とする。

二月二十七日（水）晴れ

新川明さんから手紙。勝連敏男特集への原稿依頼を出したその返事。それほどの付き合いがあるわけではなく、詩集も熱心に読んだわけではないのでお断りせざるを得ないという内容が主だが、和紙に丁寧に書いてくれている。

午後は那覇市立病院へ。ここは良くなっているということで次回通院なし。松本さんへ3冊発送。5冊でも大丈夫だった。現在在庫5冊。

岩手の佐藤通雅さんから購読料（2年分）として8000円送られる。途中で発行停止しても残金はカンパと思って欲しいとのこと。何とも有難い申し出。たおれるわけにはいきませんよ。感謝。

二月二十八日（木）雨・曇り

間宮さんから79号届いた、昨日金は振り込んだとのメール。ということは届くのに3日かかったということになる。これが順当であろう。「平敷屋朝敏」すべてスキャン終える。全部で４９２枚。今日から他の朝敏論考のスキャン開始。

三月一日（金）曇り

佐藤通雅さんに「路上」購読料三千円送る。坂口さんから九千円振り込んだとのメール。四千円は購読料とのこと。樹乃タルオさんからハガキ。

嵩さんにメール。《嵩さん　「麓」７号受取りました。マイペースで進められていますね。

〈産道に　閊《つか》へて見上ぐ　百夜、月〉

百夜月という地名があったということ、素晴らしいじゃありませんか。なぜ変えたのでしょう。暗いイメージが残るからなんでしょうか。それなら「百代月」でも「百世月」にでもしたらパッと明るくなるのでしょうが、きっと別の意味があったのでしょうね。旅しながらイメージを拾っている嵩さんがうらやましいです。現代の芭蕉ですね。

吉田さんの文章で安陪栄四郎さんという名前を見て思いだすことがありました。首里に弟子の勝公彦さん宅に居たころ、お会いしたことがあります。正倉院で不思議な紙を見て、研究の結果、幻の「琉球紙」だと思い、原料を調べ「芭蕉」だと気づいていてらしいです。それを弟子の勝さんを沖縄に行かせ、住まわせ、芭蕉紙に取り組ませ、現在沖縄では定着しております。その勝さんも10数年前若くして亡くなりましたが、ちゃんとひきつがれていますね。なつかしい名前に出合いました。　比嘉》

その返信。《比嘉加津夫様　早速、吉田さんへお伝えいたします。びっくりされるでしょう。〝百夜月〟は地名として、美しすぎて、それを詠み込んだ句ははじめから無理だと思いました。前衛としては、いじってみたくなったのですが、地名に対しては、失礼だったのかな。５７５で、物語をかたりたいと常々思ってゐるものですから、やってしまいまいた。　嵩　文彦》

三月二日（土）晴れ

青柳さんにメール。《望月さん　連絡、遅れてすみません。１００号を出して、気が抜けて、怠惰で過ごしています。あとしばらく続くかも知れません。１０１号の原稿締切日ですが、何時ものようにということで進めたく思います。４月10日ということですね。興味尽きない論考、頑張ってください。　比嘉》

その返信。《比嘉様　今回は節目の号でしたものね。お疲れさまでした。ゆっくりしてください。締切の件、承知しました。またがんばります。実は今年も、３月末に沖縄に行く予定をたてていたのでよかったです。今回は美浜にホテルをとって、もう少し北の方まで足をのばしてみようと思っています。信州の抑圧的な寒さのなかで過ごしていますと、沖縄のあたたかさには、とても開放感があります。今からとても楽しみです。　望月より》

『平敷屋朝敏』スキャン終える。５４３枚になる。次は「脈」61号（２０００年、74号、76号）に発表したのをスキャンしなければならない。探し出すのが問題。

三月三日（日）雨

文学界の同人誌評で「われらが憂鬱な日々」（１９６６年6月号）、「病院へ」（１９８７年12月号）がとりあげられているらしい。「われらが……」は『沖縄文芸』創刊号に載ったもの、「病院へ」は『脈』31号に載ったもの。

三月四日（月）曇り

東郷さんの詩集の件で電話する。３月10日発行であったのを私も忘れていた。全く手をつけていない。版下製作をこちらも当たってみるが、返事がない。

三月五日（火）雨

ボーダーインクの池宮さんから電話。昨日ことづけした元研文堂の仲程ノリエさんの電話を聞く。電話すると私の携帯が登録されていたらしく、即対応。しかし版下は器種が壊れ、今は印字だけの仕事をしているとのこと。残念ながらアテがはずれた。仲宗根さんから電話。渡りに舟。お願いする。

三月六日（水）雨・曇り

妻、邦子につきそわれ病院へ。佐々木さんと会う。東郷さんからメール。状況を知りたいとのこと。仲宗根さんからメール。《比嘉さま　仲宗根です。参考本を送っていただきありがとうございます。確認して、組み方を考えたいと思います。取り急ぎ確認のご連絡まで。　仲宗根》

三月七日（木）曇り

仲宗根さんから、今日か明日には校正出すとのメール。これでひと安心。松嶋東洋さんから電話。５月21日午前10時ごろ訪問するとのこと。「あすら」55号届く。佐藤通雅さんから３０００円受け取ったとのハガキ。

三月八日（金）曇り

午前から病院へ。午後2時に戻ると電話の着信が多い。メールを見ると上野朱さんから西日本新聞の記事がコピーして送られる。10冊追加注文したいとのこと。そのことで松本さんに連絡する。仲宗根さんからデータ届く。見て驚いたのは私の「解説」のページがある。もっと前に直接言ってもらいたかった。そしたら、詩もゆっくり読んでいただろうに。校正しながらの読みになる。

三月九日（土）雨

東郷さんの詩集の解説というか推薦文を書く。いろいろ雑用が重なりうまく筆が進まない。川満さんから電話。沖縄の人物を撮り続けている写真家、東邦定さん（沖縄県写真協会会長）が訪ねて行くからよろしくとのこと。わけはわからないまま何枚か写真を撮って行く。後日ポートレートを無料で撮って上げるとのこと。解説文送る。

三月一〇日（日）雨・曇り

「苔の下」訳文、まとまる。これで一応『平敷屋朝敏』は完了したことになる。健治昨日来て、1泊し今日帰る。

三月十一日（月）曇り

東さんに言われていた文章書いてメールで送る。明日郵送しようと思う。「脈」の注文2件。仲宗根さんからやっと校正出る。仕事が遅い。印刷所には16日ごろまでは出来るようにメールする。

三月十二日（火）曇り

午前は病院。メディカルセンターの泌尿科。左の腎臓がうすくしか映っていないとのこと。20日CT撮るとのこと。会社から電話。60年記念誌取材の為15日午後3時に伺うという。福岡の渡辺広子さんから１００号2冊注文。東郷さんの詩集、なかなかはかどらない。

三月十三日（水）曇り

福岡の古藤さんから注文のハガキ届く。注文のあった計3件発送する。仲宗根さんから三校でる。校了を伝える。今日リハビリの井口さんみえる。ニライ社の代表であった島袋捷子さんから電話。昔の琉球土地住宅新聞の代表の名前を聞く。平良昇次郎とのこと。

三月十四日（木）晴れ

明日の建設新聞取材のためのレジメの作成終える。坂口安吾を読む。なかなか面白い。小林秀雄について書いた

「教祖の文学」を読んですっかりはまってしまった。こんな面白い作家がいたんだ。これまで縁がなかったのが悔やまれる。東郷さんの詩集、まだ印刷所に行っていない。どうやら東郷さんが神経を使っているようだ。

三月十五日（金）曇り

仲宗根さん、でいご印刷にデータ送ったとのこと。金城さんからも受け取ったとのメール。午後、建設新聞の60周年記念誌の謝罪で古謝会長、儀保直也、国梓としひでさんみえる。

でいごの社長からメール。（……）

三月十六日（土）曇り

やっと重い腰をあげ小説に向かう。坂口安吾にかかわらせてみようかと思ったりする。彼の戯作の心。その奔放さ。マカテと合いそう。

三月十七日（日）曇り

午後から学新会。みんな揃う。やはり具志堅は飲みすぎる。しかし楽しそうだ。松岡さんから「吉本隆明資料集」184号送られる。

三月十八日（月）曇り・雨

共和国の下平尾直さんにメールする。《下平尾さま　御無沙汰しております。清田さんの『渚に立つ』はいかがでしょうか。採算ベースにのること祈っております。ところで、前にもお話ししました「詩人　黒田喜夫と南島（仮称）」の特集を『脈』102号で取り組みたく思いました。書き手3、4名ほど探していただけないでしょうか。謝礼は掲載誌1部進呈しかできないのが苦しいところですが、よろしくお願いします。内容は必ずしも「南島」が中心ということではなく、詩人黒田喜夫を深めていくというのが主ですので南島にこだわる必要はないです。枚数は20枚前後、文字数で8、000字前後となりますが、これも「おおよそ」というほどのものです。発行は8月中旬です。原稿締切日は7月1日となります。特集の表2上段には貴社の広告を（もちろん無料で）入れさせていただきたく思います。上記の件、ご協力、よろしくお願い致します。　比嘉》

返信あり。《比嘉加津夫さま　拝復、こちらこそいつもお世話になっております。清田さんの本は、ああいう本がふつうに書店で入手できることが大事だと思いますので、息長く売っていきます。『脈』は毎号充実していますね。すばらしいです。黒田喜夫特集もありがとうございます。執筆者候補に打診してみますので、少々お待ちください。小社から出した『燃えるキリン　黒田喜夫詩文撰』に装画を寄せてくださった田中千智さんというまだ30代くらいの福岡の画家が、その本を契機にかなり黒田喜夫に入れ込んで、7月〜8月に都内で個展をする予定です。昨年末には福岡でも書き下ろし7〜8点で個展を開催したのですが、都内では20点内外を展示するとのことで、いま描いているそうです。うまく連動できればいいのですが。こちらもなんとかそれまでに最初の第1巻だけでも出せればと思っていますが、時間とお金を自分の自由にするのは永遠の（手の届かない）課題ですね（笑）。引き続きどうぞよろしくお願いいたします。　下平尾　直》

仲本さんにメール。《仲本さん　朝敏論を出そうと思っています。何ページになるか分りませんのでレイアウトお願いできませんか。見本は青柳瑞穂さんの「詩人　高木護」ですが1ページの文字配列は19行×46字と考えています。ページがかなり行くようでしたら2段組みも考えたいです。印刷費との関係。急ぎません、時間があいたときお願いします。　比嘉》

返信あり。《比嘉加津夫さん　わかりました。まず、組んでみます。　仲本　瑩》

松本さんから電話。葉室麟の特集を組みたいとのこと。１０１号は勝連敏男、１０３号は黒田喜夫、１０４号になることを伝える。黒田喜夫特集には参加したいという。鈴木次郎さんから原稿寄せられる。寄稿したいとのこと。

三月十九日（火）曇り

午前中、メディカルセンター泌尿科に行きＣＴ撮影。左の肺がきわめて小さく、右が肥大になっているがこれは問題ないとのこと。ただ肺にガン腫がいくつかあるという。腸からのものではないかというが、甲状腺のこと伝えると「これの為かも知れない」とのことだ。午後6時からマッサージ来る。

三月二十日（水）曇り

臼井吉見の「事故のてんまつ」読む。川端康成への嫌悪感むきだしでおもしろい。家族はいたたまらないであろうが。関連の本を数冊注文する。

三月二十一日（木）曇り

園田國昭さんから１００号の注文。正樹が来たのでパソコンの不具合を直してもらう。鈴木さんから「脈」に掲載できないかと小説送られる。

三月二十二日（金）曇り

園田さんに「脈」発送。鈴木さんに電話するが留守電にメッセージ入れる。印刷費として一ページあたり８５０円負担してもらうことになること。仲程さんから特集原稿届く。

三月二十三日（土）曇り

注文していた本五冊届く。鈴木さんから電話。掲載印刷費了解してもらう。小説少し。

三月二十四日（日）曇り

ダイキから電話。墓の草刈りと掃除終わったとのこと。27日清算を伝える。

三月二十五日（月）曇り・雨

午後3時、東木武市さんの詩集できたとして届く。明日送ろうと思う。

三月二十六日（火）曇り

午前、散髪。午後一番で東郷さんに詩集、着払いにて発送。

三月二十七日（水）曇り

仲本さんからメール。先に送った「平敷屋朝敏」は本体19行、46字で３３６頁、題字、目次、あとがきを入れると３４０頁前後になり、言視社の『島尾敏雄』と同じぐらいになるとのこと。

那覇市立病院に行く。帰ると東郷さんからメール。本届いた、近日中に（……）振り込むとのこと。良いのだろうか。佐伯さん、松岡さんから原稿届く。松岡さんからは３冊代と「吉本隆明資料集」１８５集も添えられている。午後5時過ぎ、大城さん集金に来る。

三月二十八日（木）曇り

松島淨さん、高良勉さんから原稿届く。妻と屋上に行き「川端康成全集」12冊2階に降ろす。今回の小説に必要になったため。

三月二十九日（金）曇り・雨

「黒田喜夫特集」執筆者で下平尾さんから紹介のあった河津聖恵さん、鵜飼哲さん、友常勉さん、マニュエル・ヤンさん、それから下平尾さんに原稿依頼文を送る。

さっそく、河津さんと友常さんから執筆するとの返事あり。

三月三十日（土）曇り

園田國昭さんより定期購読の申込みあり。

三月三十一日（日）曇り

マニュエル・ヤンさんからメール。執筆してくれるとのこと。これで下平尾さんから紹介いただいた全員が応諾してくれたことになる。高橋秀明さんにも依頼文送る。

四月一日（月）曇り

新元号は「令和」とのこと。出典は「万葉集」らしい。朝日新聞ネットニュースは《新元号「令和（れいわ）」の典拠となった万葉集は20巻から成り、約350年間にわたって詠まれた約4500首を集めている。額田王（ぬかたのおおきみ）、柿本人麻呂、山上憶良らが代表的な歌人だが、天皇から防人、無名の農民に至るまで幅広い歌人が含まれ、地方の歌も多くある。安倍晋三首相は「幅広い階層の人々が詠んだ歌が収められ、わが国の豊かな国民文化、長い伝統を象徴する国書」と説明した。

引用したのは「初春（しょしゅん）の令月（れいげつ）にして、気淑（きよ）く風和（やわら）ぎ、梅は鏡前（きょうぜん）の粉（こ）を披（ひら）き、蘭は珮後（はいご）の香（こう）を薫（かお）らす」（書き下し文）。首相は「厳しい寒さの後に、春の訪れを告げ、見事に咲き誇る梅の花のように、一人一人の日本人が、明日への希望とともに、それぞれの花を大きく咲かせることができる。そうした日本でありたいとの願いを込め、令和に決定した」と語った。》と報じた。さらに出典についてこう説明している。

《■「令和」（れいわ）の典拠

〈出典〉

『万葉集』巻五、梅花（うめのはな）の歌三十二首（うたさんじゅうにしゅ）并（あわ）せて序（じょ）

〈引用文〉

初春令月、気淑風和、梅披鏡前之粉、蘭薫珮後之香

〈書き下し文〉

初春（しょしゅん）の令月（れいげつ）にして、気淑（きよ）く風（かぜ）和（やわら）ぎ、梅（うめ）は鏡前（きょうぜん）の粉（こ）を披（ひら）き、蘭（らん）は珮後（はいご）の香（こう）を薫（かお）らす

〈現代語訳（中西進著『万葉集』から）〉

時あたかも新春の好き月、空気は美しく風はやわらかに、梅は美女の鏡の前に装う白粉のごとく白く咲き、蘭は身を飾った香の如きかおりをただよわせている。》

川満さんから電話。勝連特集もう少し待ってほしいとのこと。仲里効さんは書けないとのメール。「黒田喜夫特集」

の依頼をする。

四月二日（火）曇り

仲里さんからメール。《比嘉さん　『脈』１００号への小川哲生さんのコメント、ありがとうございます。若かりし頃（今もそうですが）の愛読書の編集者としてその名は忘れ難い存在でしたが、その小川さんの目に止まったことは光栄です。また、１０２号の「黒田喜夫と南島」特集へのお誘いも重ねて感謝です。心ときめく企画です。ですが、その頃は「越境広場」６号（7月末発行予定）の編集・執筆作業と重なることもあり、悩むところです。スケジュール調整して執筆可能かどうか考えてみたいと思いますので、しばらく返事は待ってくれませんか。１０１号のように迷惑かけることになっては申し訳が立ちませんので。一週間ほど後に答えを出したいと思っています。遅れましたが、１００号発刊お疲れさん!!です。たいへんな持続力と創造力だと思います。私に出来ることは協力を惜しみませんので、今後ともよろしくお願いします。　仲里》

私が昨日、仲里さんに送ったメールは以下のとおり。《仲里さん　残念ですが、いたしかたございません。１０２号の特集の依頼文も送ってみます。よろしくご検討をおねがいします。それから、原稿が届いたらお知らせしようと思っていたのがあります。小川哲生さんからのメールです。関連部分をコピーいたします。

《１００号記念に恥じない、力作ばかりで、『脈』の健在を寿ぎたく存じます。わたしにとっての今回の力作のベスト３は以下のようになります。

１　三木健　『眉屋私記』をめぐる人々

２　上野朱　地の底から美ら海へ

３　仲里効　たった一つの〈此処〉、幾つもの〈彼処〉

いずれも甲乙つけがたいものです。20代に上野英信さんの本を二冊（『骨を噛む』『火を掘る日日』）出したころが懐かしく思われます。》　比嘉》

四月三日（水）曇り

松原さんから「黒田喜夫特集」に書くこと、勝連敏男についてはは近日中に送りたいとのこと。松島さんから追加の原稿届く。勝連さんが関わった詩誌『新・現実』のことがわかったので年譜に付け加える。

四月四日（木）曇り・雨

松原さん、松岡さんの原稿データ届く。川満さんから電話があり、神谷さんに渡したとのこと。

四月五日（金）雨

金原甫さんから原稿送ったとのメールあり。メール転送をお願いすると届いた。川満さんデータ持って来る。

四月六日（土）曇り

川満さん、昨日ＵＳＢになかったデータが見つかったとしてメールで送られる。それをフォーマットに移す。午前から午後にかけてお墓に行く。シーミー祭。

四月七日（日）曇り

健治帰る。良くなっているようなのが嬉しい。小説少し。特集原稿も。しかし、内容はいずれも不可。

四月八日（月）曇り

高良勉さんよりメール。黒田喜夫特集でお願いしていた返事。《比嘉加津夫さま、メール、ありがとうございました。ベン@沖縄のタカラです。

原稿依頼も、ありがとうございました。ただし、「最終返事は6月末まで」待ってもらえますか？　現在、大きい仕事をかかえているため「書けそうもありません」。6月末に結論を出したいと思います。よろしくお願いします。

２０１９／04／08　ベン　拝》

勝連さんの詩集『島の刺はやわらかく』が出てこないので注文する。国文社に在庫はあった。南西医療の小禄さんみえる。新しいシーパップ置いていく。

四月九日（火）曇り

勝連さんの詩集の件で国文社より昨日メールがあった。《この度は小社の書籍をご注文下さり誠に有難うございます。大変申し訳ございませんが、ご注文の『島の棘はやわらかく』は品切になっております。また近々の重版予定はございません。せっかくのご注文にお応えできず心よりお詫び申し上げます。何とぞご了承下さいますようお願い申し上げます。平成31年4月8日　国文社》

じのんから購入する。伊良波さんから詩の原稿届く。

四月十日（水）曇り・雨

午前、琉大病院へ。肺にガンが転移しているかも知れないが、まだ小さいとのこと。5日入院して検査することも考えられるというが、5日といえども入院はイヤだ。しかもこの期間は本人以外の人は入室できないという。妻がいない生活はできないのであきらめざるを得ない。

青柳さんから原稿届く。黒田喜夫、芹沢俊介の勝連敏男にかんする論考をスキャンしてフォーマットにおさめる。

四月十一日（木）曇り

　東郷さんから小説の原稿データ届く。最終回で16頁分。仲本さんから原稿の状態を知らせるメール。小説は13ページで詩は見送るとのこと。これでおおよそ計算すると170ページほど。理想的だ。

　昨日、でいごに工程表を出していたが、このとおりに進めたいとのこと。つまり、初校は24日（遅れることもありうる）、5月8日にすべて校了とし、9日印刷、13日発行の段取りだ。金城さんが「脈」は22日以降にしか取りかかれないため。外部からの原稿を1日に締め切ったのは正解であった。

四月十二日（金）曇り

　松嶋東洋さんから電話。5月21日来沖するとのこと。その日の午前に来訪するらしい。南部医療センターには5月10日午後3時ということになる。この日は午前中、大浜病院のため、1日中病院ということになる。

　勝連静子さんに勝連さんのスナップ写真5、6枚ないかどうかメールする。目次も添付する。

四月十三日（土）曇り

　図書新聞送られる。みると志村有弘さんが同人誌評で「脈」100号を少しだけ紹介している。（4月20日号）
　田中さんからメール。かなり病んでいるみたいで気になる。《比嘉加津夫さま　過日のメールありがとうございます。このところ体調がおもわしくなくしかも気鬱が続いていて、だれからのメールも受けつかない日々がつづいておりました。ひさしぶりにメールを開いてみたところ、思わぬ比嘉さんからの連絡がありました。喜びです。有象無象の小生に連絡がありましたから。しかしPCを操作してみましたが、文章の縦書きがおこせない状態になっています。操作のミスもしくは手違いがあるとは思いますが時間がかかりそうです。原稿の締め切りは7月初旬だということですね。それまでびっこをひきながらすすめていきたいとかんがえていきたいと思っています。　田中眞人拝》

四月十四日（日）雨・曇り

　北野さんと奥原さんに請求書を再送する。勝連静子さんからスナップ写真はないとのメール。川満さんにも当たってみるがないとのこと。繁雄さんにメールでお願いする。

四月十五日（月）曇り・雨

　午前中は病院。11日たりから両手の甲に水疱瘡のようなものが出て、右手は腫れ上がってきたので病院に行かなければと思っていた。しかし、このところ病院に行き過ぎるし、自然に直るのではないかと控えていた。しかし、ほっておくわけにはいかず、邦子にたのんで行く。血液注射され、薬もらってくる。

四月十六日（火）曇り

仲本さんから特集原稿のタイトル届く。鈴木さん、安里さんに電話し、今回はどうするかと聞く。二人とも次回にということになる。仲本さんにメールする。《仲本さん

特集のタイトル受取りました。金城さんが脈を手掛けるのは22日からとのことです。初校は24日〜27日ごろで、24日に努力するとのことでした。鈴木さん、安里さんは次回という確認がとれました。最終目次を送ります。特集73ページ、レギュラー78ページの計１５３ページとなりました。（プラス２は目次と後記）発行は15日ごろです。あくまでも予定と希望。　比嘉》

四月十七日（水）曇り

勝連繁雄さんからメール。《比嘉加津夫様　メール見ました。敏男のスナップ写真、探してみましたが僕のところにはありません。妹達にも聞いてみましたが、彼女たちも持っていないそうです。静子さんが持っているかもしれないと電話してみたが持っていないそうです。小さい頃のものがあったらよかったのにと思っていたが残念ですね。ご要望に応えられず申し訳ありません。　勝連繁雄》

四月十八日（木）曇り・雨

松原さんに使えそうな写真２枚都合つけてくれる。

四月十九日（金）曇り

大浜病院に。午前中かかる。採血検査、心電図、エコー、心臓のレントゲンなどし、異常は認められないという。しかし、息切れは良くなっていない。

午後、特集と一般データを印刷所に入稿。

四月二十日（土）曇り

カットならびにアキ処理の写真、広告原稿等入稿する。これですべて入稿。

四月二十一日（日）曇り

今日の学新会は休む。みんなもそれぞれ都合があるということで中止になる。今日はヤンバルで文男叔父さんの７回忌。正純に行かす。

四月二十二日（月）曇り

　邦子が南部医療センターに行って甲状腺の薬を取ってきてくれる。印刷所の金城さんからすべてのデータ受け取ったとのメール。いよいよこっちの作業にはいるわけだ。佐伯さんから校正の問い合わせがあったため、24日ごろにはＦＡＸで校正行くはずであること伝える。

　兼子利光さんより『パゾリーニの生と〈死〉　生きられた映像の詩学』送られる。装幀のしっかりした本だ。パゾリーニは懐かしい。しかしおどろおどろしい。そんな感じで映画を観たことがあった。宮城英定さんが完全に惚れ込んでいた。

四月二十三日（火）曇り

　送ったつもりでいたのに松原さんの原稿データ送られていなかった。急いで送る。

　琉球プロジェクトより売上報告が届く。30日に２万９４０７円振り込むとのこと。兼子さんに本のお礼のメール送る。１０３号特集の執筆者に住所を教えてもらいたい旨メールする。

四月二十四日（水）曇り

29度という暑さ。午後初校出る。１５４ページ。

四月二十五日（木）曇り

初校出る。

四月二十六日（金）曇り

仲本さん二つ、大城さん、青柳さん、金原さん、比嘉二つ、黒田喜夫、芹沢俊介校了。

四月二十七日（土）曇り・雨

　１０２号の特集執筆者の住所すべて分かった。１０１号送ろうと思う。今日から10日間の大型連休。校正が心配。大城さんから論考集『抗いと創造――沖縄文学の内部風景』送られる。

　大城さんにメール。《大城貞俊さま　論考集『抗いと創造――沖縄文学の内部風景』受け取りました。ご恵贈たまわり感謝申し上げます。それにしましても、２段組で３００ページをゆうに超える、新たな論考集に驚きました。頭が下がります。読み応えがありますし、また資料集としても意義があり、感無量ですね。私についても触れられていて、「ほめ過ぎ」とも思いましたが、大城さんの人柄しみじみ感じ入りました。とりあえずお礼を申し上げます。有難うございました。「脈」１０１号の校正も届いているかと思います。校正終了日は５月８日ですので、こちらのほうもよろしくお願いいします。また、１０２号は「黒田喜夫と南島」を特集するのですが、もし書けるようでしたらお願いできませんか。締め切りは７月１日となります。比嘉》

四月二十八日（日）曇り・雨

１０１号の発送先の宛名書きを整理する。

四月二十九日（月）曇り

大城さんよりメール。《比嘉加津夫　様　メール、有り難う。

１『抗いと創造』、目にとめてくれて嬉しいです。貴殿の営為には、いつも敬意を持って拝見していました。もっと注目され、評価されるべきだと思っています。

２「脈１０１号」の校正済みました。　でいご印刷さんから連絡があり、返信しました。

３「黒田喜夫と南島」執筆依頼は、ご辞退します。黒田喜夫は、学生時代に共感を持って読んだ詩人です。「荒地」の詩人たちに共感して現代詩文庫を買ってむさぼるように読みました。黒田喜夫もその頃に出会った詩人の一人です。懐かしく感じました。

４「脈」の特集にできるだけ協力したいと思います。特に沖縄の作家・詩人・思想家たちの特集、或いは沖縄を巡る特集などがある場合は僭越ながら、お声がけください。喜んでご協力致します。

それではますますの活躍を期待し、応援しています。有り難うございました。

４月29日　大城貞俊》

四月三十日（火）曇り

平成は今日まで。明日からは令和。何とも言いにくい元号だ。幽霊のれい、零点のれい、命令のれい、無礼のれい、それに輪をはめられたらという言葉自体の響きがよくない。三月書房に目次を送る。紹介欄に載る。川満さんに校正のことで電話。案の定、パソコン見ていないとのこと。校正はまかせるというので、その旨印刷所に伝える。

五月一日（水）大雨

テレビは天皇の即位と令和の大パレード。この盛り上りは戦前の盛り上がりに地続きである。見えない天皇が見える天皇になっただけ。今の北朝鮮の民衆の姿にオーバーラップする。マスコミや知識人層に多くの責任はある。

五月二日（木）曇り

松岡祥男さんから校正と『吉本隆明資料集』186号届く。校正はスキャンして印刷所に送る。どうやら印刷所は6日まで休みのようだ。校正の終了が気になる。

五月三日（金）曇り

豊田穣の『寂光の人』を読む。川端康成についての小説。小説も写真と似ているところがあるのだろうな。対象が良ければそれで良し。あとはどのように切り取り、どのように書くかだ。盛りつけをするか、と言えば料理にも似ているかもしれない。

五月四日（土）曇り

豊田穣の「寂光の人」に親鸞の『教行信証』を引用してこんなくだりがあった。

《「仏道の働きを回向（えこう）となす。回向に往相あり、還相あり」という言葉があったことは、僧侶の解説を聞いたので、おぼろげながら、記憶に残っている。往相とは己の功徳を一切の衆生に施して、共に浄土に往生出来るように願うことで、還相とは浄土に往生したものが、再びこの世に生まれて衆生を教化する姿を言う、となっている。》

印刷所から何らかの連絡があるだろうとほのかに期待していたのだが無しである。本当に10日間休みをとっているわけだ。

小原佐和子さんより「記録文学作家の仕事を一挙紹介・上野英信の坑口」が5月22日から6月9日まで催されるとのメール。

鎌田慧（ルポライター）・上野朱（古書店主）・本橋成一（写真家・映画監督）のトーク（5月24日（金）18：30　料金：予約2、000円　当日2、500円）、三木健（ジャーナリスト）・上野朱（古書店主）のトーク（5月25日（土）18：30　料金：予約2、000円　当日2、500円）もあるとのこと。

五月五日（日）晴れ

3日から始まった那覇祭りは天気にもめぐまれているようだ。3日とも午後8時過ぎから花火でにぎわっている。窓から見ることができ、令和の影響なのか何時もより盛大に感じられる。今、豊田穣の小説にはまっている。まったく知らなかった作家。海軍関係の戦争ものが多いが、その辺には関心がない。記者でありながら伝記じみた人物小説を書く才に長けている。おもしろい作家である。

五月六日（月）曇り

豊田穣の「小説・高見順」を読む。ほとんど知らなかったと言っていい高見順なる作家のアウトラインがつかめた。癌で亡くなったのは六十八歳だったとか。

五月七日（火）曇り

印刷所から川満さんの校正とどく。午後3時には校正を送り返す。三月書房から24冊の注文。単発注文も7冊。1冊は在庫なしであった。

五月八日（水）曇り

印刷費決まる。本文154頁　表紙4色×1色200冊（……）すべての校正終る。

五月九日（木）曇り

午前、旭川の松嶋さんから電話。21日午前10時半ごろ訪問するとのこと。金城さんから101号ができるのは15日との連絡があり、仲本さんに知らせると同人会は18日が都合いいとのことなので、全員にメールで通知する。通知したのは安里さん、西銘さん、宮城さん。オブザーバーとして新城さん、松原さん。

五月十日（金）曇り

新報の記者、宮城さんに同人会のメールをしたら、取材に行きたいという。文化部に移ったらしい。16日午前11時に約束する。

今日は一日中病院。午前は大浜の循環器内科、午後は南部医療センター。それから18時からはリハビリ。

五月十一日（土）曇り

高良勉さんの修正、今日終了したらしい。金原さん、佐藤さんの紹介を受け東京で「脈」を置いてくれる書店をさがしていたら模索舎が10冊受けてくれるとのこと。三人様にお礼のメールをする。

五月十二日（日）曇り

川崎長太郎の短編読む。

五月十三日（月）曇り

印刷所に15日は午後2時から病院のため、午前中か、午後5時以降に納品して欲しい旨メールする。

五月十四日（火）曇り

散髪に行く。印刷所より返事がないため電話すると金城さん、印刷工の職員が風邪で休んでいるとのこと。他にふたりがインフルエンザに罹っているため15日の納入は流動的だという。16日の午前11時までにはお願いしたいと伝える。

五月十五日（水）曇り

八時過ぎに印刷所の内海社長より電話。17日にしか出来ないとのこと。そのことを新報の宮城記者にメールする。16日午前11時取材の為来られるということだったため。できたら１０１号を手渡ししたいという節約を考えて。伊良波さんから振込みしたとのメールがあったため、その旨伝える。

午後は大浜病院へ。

五月十六日（木）曇り

三月書房より１０１号は出来ただろうかとのメール。印刷所にメールすると、今製本に入っていて、今日中には出来るという。

昨夜、上野朱さんに１００号をおたがい４万円出して１００部増刷りしたいこと伝えるが、50部裁くことは不可能「父に怒られるだろうが」と断られる。こっちも一人で負担できないための申し入れだったので気持ちよく断念する。

午後６時、今日届けるのだろうかと印刷所に電話すると、夜は予定が入っているので明日午前10時までに持っていくとのこと。

五月十七日（金）曇り

午前９時半、脈届く。11時、新報の宮城記者、取材でみえる。１００号になったことでの遅れた取材らしい。この４月から文化部に配属されたとのこと。午後から発送の準備。午後６時には発送。

五月十八日（土）曇り

午後２時から脈同人会。仲本さん、安里さん、オブザーバーとして新城さん、松原さん参加。植民地問題、社会主義リアリズム論など議論沸騰。伊良波さんから「脈」届いたとのメール。

五月十九日（日）曇り

午後２時学新会。平川、具志堅、平山、新里参加。途中早退する。よって来月の集まりはおまかせに。

金原さんから「脈」が届いたとのメール。三月書房の新刊紹介に載る。《通販予約送料１７４円。ご予約ください。「脈」はすぐに売り切れる号も少なくないので、お早めにどうぞ》と書いてくれる。

五月二十日（月）曇り

三月書房から4冊の追加注文があり発送する。波平幸有さんから詩集『遠回い』送られる。相次いで出された詩集の6冊目。奥さんの死が痛々しい。

五月二十一日（火）曇り

午前、旭川の松嶋東洋さん来訪。昨日の夕方、那覇に着いたとのこと。１９８５年に発刊した詩集『水と水』をいただく。なかなかの詩集だ。ある時期、清水昶を愛読したという。

三月書房からさらに4冊の注文、土居さんからも直接購読の申し込みがあり、それぞれ送る。

五月二十二日（水）晴れ

午後、那覇市立病院に。中尾務さんからハガキ。

五月二十三日（木）晴れ

新報に「脈」紹介の記事載る。スキャンして仲本さんに送る。沖縄市の方から「脈」のバックナンバー10冊ほど欲しいとの電話。ＦＡＸで住所などお願いする。ファミリから二度ほどＦＡＸあるが途中で受話器を取ってしまったため「送信できません」とのことだったという。嵩さんからハガキ。棟方志功の板画を印刷したもので、図柄に圧倒された。私もまねて昔の絵をはりつけて波平さんにお礼のハガキ出す。

五月二十四日（金）曇り

沖縄市の比嘉さんからＦＡＸ。在庫本を教えて欲しいとのこと、とりあえず99号と１０１号送って欲しいとのことで、それを発送する。勝連繁雄さんから5冊ほど欲しいとの電話があり、発送する。

志村さんからハガキ。

五月二十五日（土）曇り

共和国の下平尾さんに１０２号の件などについてメールする。知念共男さんから１０１号の注文があり、発送する。国梓さんから建設新聞に印刷部があったころのことが知りたいとの電話。ほとんど交流が途絶えているため知らないが比嘉俊のことを思いだす。彼は「だるまおこぜ」という同人誌を出しているが、この同人誌がみつからない。

五月二十六日（日）曇り

松島淨さんから分担金振り込んだとのメールがあり、101号5冊発送する。旭川の松嶋東洋さんから電話。沖縄旅行は自分にとって意義のあるものとなったとのこと。うれしい限りだ。

五月二十七日（月）曇り

三月書房から43，902円入金したとのFAX。また101号4冊追加注文があり、発送する。比嘉俊さんの連絡先、神谷さんと松原さんに尋ねていたが、神谷さんのは古くすでに移転、松原さんの連絡で彼と会話ができた。知っている限りは話せるというので、そのことを国梓さんに伝える。山口さんから購読料振り込んだとの連絡あり。

五月二十八日（火）曇り・雨

松島さんに送った101号5冊、郵便追跡すると今日正午に届け済みとのこと。2日では届くことを確認。

五月二十九日（水）曇り

山崎勝美さんから5000円。102号から106号までとする。薩摩藩の調所広郷のことが気になっていたので関連本3冊注文する。現在3階では山崎豊子の「白い巨塔」、2階では小谷野敦の「江藤淳と大江健三郎」、田中伸尚の「大逆事件」を読んでいる。多くは次の作品のため・

五月三十日（木）曇り

川満さんより電話。「脈」2部欲しいとのこと。1日、正純に家に持たせると伝える。謹呈しなければならないだろう。沖縄教員塾の上高徳弘さんから次号の「脈」に広告のせられないかと問い合わせがあったという。《比嘉加津夫さま　こんにちは。はじめまして。上高徳弘（かみたか　とくひろ）と言います。末尾署名のように、教員選考試験の対策の塾を一人でやっています。『脈』は買ったり、仲本さんからいただいたりして、5冊手元にあります。塾で講演していただいた川満信一先生の特集号は、『脈』の売れ行きを知らず、買いそびれてしまいました。面識があった上間常道さんの特集は、ジュンク堂の店頭にはなかったのですが、注文を出して、何とか買えました。

このたび広告を掲載していただけるということで、ありがとうございます。

原稿提出の書式・大きさ、提出方法、掲載料など、ご連絡いただけると助かります。

お時間ある時に、返信よろしくお願いします。》

《上高徳弘さま　広告のご連絡有難うございます。「脈」

は2段組が主流ですので、広告は1ページの下段使用ということになります。値段ですが掲載誌2部添えて5、000円となります。(掲載誌不要でした3、000円です)
提出は版下つくってもらえるなら助かりますが、掲載文字を打ち込み、メールで送ってもかまいません。締切日は7月1日です。
それから「脈」の川満信一特集号(94号)は京都の三月書房に2・3冊あるようですよ。三月書房は「脈」を40冊～60冊売ってくれる有難いお店です。101号からは東京の模索舎でも取り扱うようになりました。地方小出版に委託していますから、全国の本屋からも入手はできます。しかし94号はすべて売り切れ、三月書房にある程度です。(……)比嘉》
《比嘉加津夫さま　返信ありがとうございます。掲載誌2部で5、000円でお願いします。
版下をデザイナーに作成してもらいます。jpgなどの文書形式の指定、縦・横の大きさの指示をお願いします。
94号について三月書房に問い合わせました。ご教示ありがとうございます。》
《上高徳弘さま　有難うございます。サイズはタテ8センチ×ヨコ11センチです。
2ミリほど大きくしてもかまいません。締切日は7月1日となります。よろしくお願いします。なお、発行は8月20日を予定しています。比嘉》
三月書房が注文。《101号またまた4冊　お願いします。勝連という人人気があるようです。》
《三月書房さま　有難うございます。珍現象ですね。最初は宍戸さんが「脈は品切れの場合もある」と書いてくれたから、それに誘導されたのでは？　と思っていました。あるいは松岡さんの論考、佐伯さん、金原さんの論考のせいだとも思いました。どちらにしても嬉しいです。今日発送します。比嘉》
梱包して発送する。
後田多敦さんから『救国と真世』(Ryukyu企画刊)送られる。

五月三十一日(金)曇り大雨・雷
川満さんから電話。「脈」101号2部欲しいとのこと。正純に持たせること伝える。
仲本さんから清田政信研究会編の「あんやんばまん」(小舟舎刊)送られる。仲程昌徳さんから「ハワイと沖縄」(ボーダーインク刊)送られる。このところ仲程さんは矢継ぎ早に本を出している。驚くばかりだ。

六月一日（土）曇り

正純に、謹呈と封筒に書いて「脈」を預ける。夕方届けたとの電話あり。調べたいと思っていた薩摩の家老、調所笑左衛門広郷関連の本届く。健治来る。

六月二日（日）雨

午後健治帰る。

六月三日（月）曇り

川満さんから電話。「脈」のおれいと名護のカメラマン東さんの電話を知りたいとのこと。嵩さんから「ＲＯＫＵ」5号送られる。松嶋東洋さんから沖縄に行き、比嘉宅を訪ねたとの電話があったとのこと書かれている。

六月四日（火）曇り大雨・雷

午前、嵩さんにメール。《嵩文彦さま　「ＲＯＫＵ」5号拝受しました。有難うございます。

松島東洋さん、知り合いだったのですか。この前、訪沖なされ初めてお会いしました。

せっかく沖縄に来られたのに、何もできず、あるいはがっかりさせたであろうと悔やみました。今度の号では蘇東坡の詩「洗児」を知り、調べますとややラ・ボエシの引用とは違いますが意味はそのとおりなので悦に入りました。さっそく文庫本の「自発的隷従論」を注文しました。「人類は古近東西、最も政治家になってはならぬ人間こそがそれになりたがり、民もまたそんな人間に自発的に隷従する」という言葉を、古い時代に言った人がいると感じたからです。あらたな知を得た気分でした。《泡立てる発酵体を餐の燈に》取り急ぎおれいまで。　比嘉》

嵩さんより返信。《比嘉加津夫様　以前、旭川を訪れたときに、こども富貴堂に案内されたときにお店に『脈』が並んでいて、松嶋さんがお店に依頼して並べているのを知りました。それで、松嶋さんが比嘉さんを応援しているのだと。沖縄に思い切っていってきてよかったという雰囲気が電話で、伝わってきました。彼とは若い時からの知り合いです。帯広と旭川の劇団が連携して活動していた頃からですから40年来の付き合いでしょうか。比嘉さんも、体に気を付けて頑張ってください。　嵩　文彦》

六月五日（水）雨・晴れ

昨年11月ごろから呼吸障害を感じるようになった。病院に行く時、カネヒデの駐車場に行くのに途中、休憩しなければ行けない状態。もっともひどくなったのは4月の清明祭のころだ。今はうめき声をあげて歩行している。家族には知られたくない。本当の闘病がつづいている。負けてたまるか。

六月六日（木）晴れ

屋上に本を探しに行くが、目的の本は出てこない。そのため仲田清英の「伊平屋列島文化誌」と沖縄郷土文化史研究会の「辻情話史集」をもって来る。「あすら」56号届く。次号の原稿依頼文も入っている。

六月七日（金）晴れ

昨晩は3時から目ざめ、息苦しさもあってなかなか寝付かれなかった。苦しいたらありゃーしない。しかし入院はしたくない。仲里哲雄さんから詩集「このつぎの夏」送られる。松岡さんから資料集１８７号。

六月八日（土）晴れ

昨日は結局眠剤を飲んだ。1時まで寝られなかったが7時に起きるまで一度も目ざめなかった。しかし、今日は昼間も冴えない。午後から仲本さんみえる。クリックポストの手続きしてくれる。助かった。

六月九日（日）雨

昨夜はシーパックが作動しなかったので、まったく寝付かれなかった。それで南西機器に電話する。午前中に問い合わせるが応答がない。昼になってやっと電話連絡できるようになったものの、明日行くとのこと。しばらくして、明日まで待てない、もうあの苦しみは嫌だと再々お願いする。

しぶしぶ来て、「あ、これはおかしい」といって原因究明をする。結局、底のほうのフタがはずれていた。ああ、助かった。

六月一〇日（月）曇り

昨日も眠剤を飲む。ぐっすり寝ることができた。シーパックがないと眠れない、眠剤を飲まないと眠れないでは問題が大きすぎる。

波平さんより手紙。かなり気落ちしている様子。男は女の人に比べ、いかに気弱かということが伝わってくる。波平さんの奥さんは格別にといっていいほど気の強い人であった。そのバランスが絶妙であったのに。人のことを言ってはおられないのであるが。

六月十一日（火）曇り

昨晩は眠剤なしで就寝。妻が肩や首に異変があるとして病院に。結果、異常は見当たらないということで安堵。京都の土居さんから購読申込みがあって発送する。

六月十二日（水）晴れ

工藤美代子の「もしもノンフィクション作家がお化けに出会ったら」から川端康成の部分をスキャンする。彼女は友人から「ミヨコ、ノンフィクションを書くのなら、まず絶対に嘘は書いては行かないよ」と言われたという。また「カナダでは一度、盗作したら、その作家は完全に葬り去られるのよ」とも言われたという。

注文していた石原慎太郎の「わが人生の時の人々」をぺらぺらめくる。すると、川端康成の両目のうちの一つは完全に失明していると書かれていた。あの不気味な目はそのためだったのかと思ったものだ。

六月十三日（木）晴れ

１０２号執筆者に、締切日通知のメールをする。田中眞人さんより原稿届く。松本さんは断念、坂口さんが書くことになる。

六月十四日（金）雨

松原さんからメール。《比嘉加津夫さん　先週、前立腺ガンの状態をみるために生研を受けました。肛門の直腸から前立腺めがけて、平均より多々の18本の採取針を刺して細胞を取る手術です。生肉と神経を通るので、血管から尿道に血が出るのです。直腸は治まっていますが。退院して1週間過ぎましたが、まだ血尿がでるのです。それに座がきつい。長く座っていられない。執筆にも支障をきたすありさまです。田中さんは早いですね。彼は視力が衰弱して大変とは聞いています。

私は入院前まで、「うらそえ文芸」の「星雅彦特集」の文章をやっとかきあげて送ったばかりです。黒田喜夫の本を読み続けていますが、うまい切り口がみつからず、書くのに四苦八苦しています。あまりいいものは書けそうにありません。ｆｒｏｍ　松原敏夫》

《比嘉加津夫さま　あ、7月1日でしたね。がんばります。「南島」とはあまり関係ないかもしれませんが、なんとかしてお送りいたします。どうぞよろしくお願いいたします。　下平尾　直》

《比嘉様　ご連絡ありがとうございます。締め切りとプロフィールの件了解です。よろしくお願いします。　河津ｉＰｈｏｎｅから送信》

《比嘉さま　リマインダーありがとうございます　清田政信も参照したものを考えています　友常》

《比嘉加津夫様　そちらはまもなく梅雨が明けるのでしょうか。こちら北海道も少し初夏めいた気候になってまいりました。メールありがとうございます。了解致しました。　髙橋秀明　拝》

六月十五日（土）晴れ

＊＊さんが乳がんの手術で入院しているとのこと。それで学新会は取りやめの予定であったが妻に、様態はどうか、聞くためにもやるべきではないかと言われ、みんなに電話を入れる。反応がよくて、みんな「それがいい」ということになる。

六月十六日（日）晴れ

仲本さんがタイムスの詩時評で「脈」のことを取り上げてくれている。有難い。１０１号が新報、タイムス両紙に紹介されたことになり、そういうことはめったにあることではない。いずれにせよ仲本さんに感謝。

午後から学新会。参加できないと思っていたが、妻にたしなまれ決行する旗振りをしたため出席。しかし、気分がすぐれず結局、途中で帰るはめになった。

六月十七日（月）雨

石原慎太郎の「私の好きな日本人」（幻冬舎文庫）、「三島由紀夫の日蝕」（新潮社）、「わが人生の時の人々」（文藝春秋）をぱらぱらと目を通す。三島のこと、川端とのこと、おんなじことをそれぞれに書いている。ちょっとひどい。小説少し。

六月十八日（火）晴れ

三島由紀夫について少し調べる。祖母は異常な人だが、父親の平岡梓も普通の感覚をはるかに超えている。三島の誕生の謎はそこらにあるのかも知れない。ニーチエを読みながら父梓は、三島と重ねたりする。《「私は私の運命を知っている。いつの日か私の名にはある巨大なものに対する思い出が結びつけられるであろう。かつて地上にはなかったほどの危機、もっとも深い良心の戦いに対する思い出が」

「私は人間ではない。ダイナマイトだ」

「私は聖者であることを欲しない。道化者である方がまだましなぐらいだ」

「これまで聖者以上の嘘っぱちはなかったのだから」

「そのとき政治という概念はまったく一種の精神の戦いにとけこんでしまい、古い社会のあらゆる権力組織は空中にはねとばされているのだ。それらはすべて嘘の上に立っているからだ」
「私以後、はじめて地上には大いなる政治があるのだ」》
この三島論、凄いというべきだろう。

六月十九日（水）晴れ

高良勉さんからメール。《比嘉加津夫さま、メール、ありがとうございました。ベン＠沖縄のタカラです。御多忙の毎日だと、拝察しています。さて、「脈」１０２号「特集・黒田喜夫と南島」の締切日が迫ってきました。しかし、残念ながら体調等、諸般の事情により、原稿が書けていません。そこで、今回の特集への「寄稿」を断念したいと思います。まことにかってながら、ご寛恕をお願いします。なお、「脈」１０２号「特集・黒田喜夫と南島」は1冊購入しますので、請求書と共ども送って下さい。いろいろと、よろしく御願い申し上げます。２０１９／06／19
ベン　拝》

返信する。《高良さん　執筆かなわないとのこと、まことに残念です。からだが一番大事、十分に養生してください。１０２号出来上がりましたら贈呈致します。　比嘉》

六月二十日（木）雨

小説少し。どうもおもしろくない。引用の多い小説とならざるを得ないのがおもしろくない。勉強のつもりで小説を書いているのかと言われそうだ。そうなんですと応えなければならないのがおもしろくない。

六月二十一日（金）曇り

午前9時に病院に行き、午後3時に家につく。あきらかに様子がおかしいのに「異常なし」とのこと。来週、１日心電図モニター検査をすることになる。島尾伸三さんから「脈」１０１号落手したとのハガキ。

六月二十二日（土）雨

３階のクーラーが壊れたため長浜さんに頼んで新しいのに入れ替えてもらう。１４５，０００円。

六月二十三日（日）雨

今日は慰霊の日。小雨降る中式典が催されているのがテレビに映される。合掌。

六月二十四日（月）雨

体調悪い。小説すすまない。昨日からネットも開かないし、メールも使えない。

午後、仲本さんと新城さん来訪。「あんやんばまん」の印刷費を支払ってきたとのこと。新城さんは沖大文研が出した清田政信の「流離と不可能性」が欲しいとのこと。出てきたら贈呈するとして後日、仲本さんが探すということになる。仲本さん用と2冊でてきたらいいのだが。

六月二十五日（火）曇り

午前、沖縄ケーブルの方がみえてインターネットが使えるように直してくれる。モデムが使えなくなっていたらしい。その取り替えをして機能が回復した。そのことを仲本さんにも通知する。仲本さんから、俳句と詩は仕上げた、小説に取りかかるとのメール。

六月二十六日（水）大雨

体調おもわしくない。注文していた水上勉の『心筋梗塞の前後』（文春文庫）届く。水上勉も死ぬか生きるかの大変な心臓の手術をしたことが書かれている。訪中作家団のひとりとして中国に行き、たまたま出くわした天安門広場での事件を見、帰国したあと心臓が悪化したのだという。救急車で運ばれた時はすでに三分の二の心臓が壊死していたらしい。病院では点滴中に針が外れて手がパンパンになりベッドを血の海にしたこともあった。読むのが辛い。それにしても水上勉は強い精神力の持ち主だ。石原慎太郎によると、呑みながら小林秀雄が水上勉に説教して泣かせていたらしいが、噴飯ものだ。

六月二十七日（木）晴れ

ゆっくりゆっくり平岡梓の『倅・三島由紀夫』に目を通している。

六月二十八日（金）晴れ

午前10時前に嫁の車で病院に行き、不整脈、狭心症を調べるためホルター心電図を装着して正午過ぎに帰る。午後2時メールを開けると佐伯さんと坂口さんからメール。佐伯さんは締切日を延ばしてほしいとのこと、坂口さんからは原稿データ。

六月二十九日（土）晴れ

午前10時過ぎ病院へ。24時間心電図検査を終了し装着した計器をとりはずす。帰ると松原さんから原稿届いている。坂口さんからは昨日頼んでいたプロフィール届く。松原さんにフォーマットに移したデータ送る。小川さんから吉本隆明の『ふたりの村上』（論創社）、石井洋詩さんから『群系』42号送られる。島尾敏雄の「出孤島記」について割と長く書いている。

六月三〇日（日）晴れ

河津聖恵さんより原稿データ届く。

七月一日（月）晴れ

午前、伊良波さんと川満さんから電話。伊良波さんは短編を近く送るとのこと。川満さんは特集原稿を読み直してから明日には送るとのこと。両氏に感謝。ぼくはというと、小説やっと30枚になったが、まだまだ添削必要。

午後から南部医療センターに。ものすごく悪くなっている。昨夜は午前2時過ぎに目ざめてしまって、床でもがいてばかりいた。おそらく入院しなければならないのではないか。１０２号は発行こぎつけたいのだが。

七月二日（火）晴れ

薬の効果はすぐにきた。昨夜はぐっすり寝れた。息切れもなかった。今日も順調だ。考えられない。むしろこの即効力の副作用もつよいのではないかという不安がないでもない。薬はＭＳコーチン錠10ｍｇ（一日2回）。

高橋秀明さんから原稿届く。

七月三日（水）晴れ

川満さんから原稿届く。佐伯さんの原稿も届く。新報の宮城さんから電話。東郷さんの携帯番号しらないか、とのこと。「貘賞決まったか」と聞くと、審査はこれからで、有望だからとのこと。調べて教えると、暫くして東郷さんから電話。胃がんで入院しているのだという。手術はこれからで、身体を整えているのだという。15日には退院できるのではないかとのこと。あとはお互いに励まし合う。寂しいもんだ。

七月四日（木）曇り、雨

8日医療センターだったが明日、5日にしてもらう。鈴木さんの作品メモリーで届く。松岡さんの原稿も届く。下平尾さんは8日までには表紙写真を含め送るとのメールあり。

七月五日（金）曇り、雨

午前は体がだるく、何もする気にならない。午後は何部医療センターに行く。次は10日とのこと。帰りは大雨。新城さんから電話。原稿、明日届けるとのこと。

七月六日（土）晴れ

新城さんから原稿届く。《比嘉様。　パソコンは、買ったところへ持っていてみせると、再起動するだけで、すぐもとの状態に回復しました。原稿を送ります。7月10日から、8月下旬まで宮古に行きます。連絡は、向こうへお願いします。パソコン環境も在ります。》

松島さんからメール。《比嘉さん　こんにちは。脈102号のタイトルと締切日を教えてください。また9月3日から6日まで那覇に行きます。仲本さんによろしくお伝えください。　松島》

返信する。《松島淨さま　102号の締切日は7月1日で、一応、7月10日（水）に延期したところです。それ以後になる場合は、次号へお願いします。次号は松本輝夫さんが推挙した小説家で「葉室麟」です。私は全くしりませんので、編集のすべてをおまかせしようかとも思っているところです。　比嘉》

七月七日（日）雷雨

松島さんからメール。《比嘉さん　返信ありがとうございました。うっかりして締切日を失念していました。「黒田喜夫ノート」10日までに書き上げたいと思います。特集は「黒田喜夫と沖縄」でいいのでしょうか。よろしくお願いします。　松島》

返信する。《松島淨さま　10日まで大丈夫ですか。よろしくお願いします。　比嘉》

ヤンさんから書けそうもないとのメール。友常勉さんから原稿届く。

七月八日（月）雨、曇り

下平尾さんから原稿と表紙写真届く。《比嘉加津夫さま

前略、このたびはお世話になります。とりいそぎ以下ですが、1）下平尾の原稿を添付で送ります。ご確認ください。1度でもいいのでゲラがほしいですが……。2）写真を1点添付します。『黒田喜夫全集』の内容見本などに使っている写真ですが、これでもよいでしょうか。ほかにもあることはありますが、黒田憲一郎氏から借りたものなので、「全集」以外では無断で使いづらい感じです。黒田喜夫の著作権継承者である黒田憲一郎氏の連絡先は以下の通りです。もし添付の写真を使うのであれば、書面でもいいので許諾は得ておいたほうがいいかと思いますが、小生の名前は出さずにお願いします。『全集』の内容見本からスキャンして使いたい」といえば問題ないと思います。初めての人にはふつうに対応してくれるはずです。

＊連絡先は『文藝年鑑　2019年』に記載があります。

黒田憲一郎

（……）もしほかに写真があれば、カメラマンの許諾さえ

とれば、それを使ってしまってもいいかもしれませんね。
３）鵜飼さんのメールアドレスの件は……わたしもわかりませんが、そのアドレスから原稿を書いてくださるむね返事が来たのであれば、届いていると思いますが……
４）表２の広告は明日の夜ないし明後日までお待ちください。ちょっとこのかんバタバタしていて急ぎの仕事から片付けています。
とりいそぎですが、どうぞよろしくお願いいたします。》

返信。《下平尾直さま　原稿と写真拝受しました。有難うございます。「脈」のフォーマットに移してみました。2、3行余ってしまいますが、どうにか調整できないでしょうか。このフォーマットで第1次の校正お願いします。印刷所からは17日〜24日に正式な校正が行くと思います。これは印刷所に行く前の校正、もしくは確認となります。ふりがなについては入稿時に印刷所はお伝えいたします。写真の件、全集からスキャンして使いたい旨、連絡致したく思います。　比嘉》

黒田憲一郎さんに「脈」１０１号送る。お願い文を同封する。《黒田憲一郎様　はじめまして。

沖縄で「脈」という同人誌を出している比嘉というものです。

実は来月発行となりました１０２号は「黒田喜夫と南島」として編集も終盤に入りました。

貴殿のことは北海道の豊島勉さんを通じ知ることになりました。うかつでした。

もっとはやく知ることができればと悔やむばかりです。もう、原稿のお依頼は叶わないですから、お願いは表紙を飾る「黒田喜夫」の写真を、書斎で本棚をバックにして撮影されたものを使いたいのですがお許しねがえないでしょうか。よろしくお願いします。

謝礼は３００部発行ゆえ、１部進呈しかできなく大変恐縮なのですが、よろしくお願い致します。

脈発行所　比嘉加津夫》

七月十四日（日）曇り

無為に過ごしてきた。「脈」をいつまで続けられるか。夢もあるのはある。沖縄にこだわらず、たまたまこだわり、全国区に翼を広げること。どのような雑誌が求められているのか、売れるのかを第一に考え抜く事。手始めに「荒川洋治の日記」、「島尾伸三・ハルノ宵子　父を語る」、「宝島と沖縄アンダーグランド」などの特集を組む。幸い次号は松本さんが指揮をとって直木賞作家「葉室　麟」特集をすすめているので、いいチャンスである。

七月十五日（月）晴れ

東郷毅一さんが第42回山之口貘賞を受賞したことを今日の新聞に載った。うれしいかぎりだ。何もしきれぬのが口惜しいけど。さっそく新聞を切り抜きスキャンして本人に送った。

七月十六日（火）曇り

朝から南部医療センターへ。午後2時過ぎに戻る。気管支検査、異常なし。息苦しさは続く。仲本さんは在宅酸素吸入について医師は言わないのかという。確かに植田先生はその方法もあるとは言っていたが出張中で帰りを待つしかない。

七月十七日（水）曇り、雨

でいご印刷に表紙のレイアウトＦＡＸで送る。台風５号発生。小川さんにメールする。《小川さん　体調のほうはいかがでしょうか。私は息切れ（肺疾患？）で悩んでおります。ところで来年２月発行の「脈」１０４号で「ふたりの村上」を取り上げさせていただけないでしょうか。この一冊ができるまでの様々なことを小川さんに書いてもらいたいのです。その時つけられた日記、メモのたぐい、小川さんの思い全部を吐き出して欲しいと思いました。これで結構枚数がいくと思いますがお願いできないでしょうか。

私の腹積もりは、「脈」を全国区に乗せられたらいいな、小川哲生さんという編集者を「ふたりの村上」から覗き、同時にこの本が注目されたらいいなというためです。そして同書を編集した小川さんについて何人かに書いていただきたいのです。その書き手も５人ほど紹介して欲しいのですが。ご検討のほどよろしくお願いします。特集のメーンはやはり小川さんの文章になるのですが。是非ともお願いします。　比嘉》

小川さんからメール。《比嘉加津夫さま　ご無沙汰しております。『ふたりの村上』の見本出来上がりの日、版元の社長と担当者と前筑摩書房社長の山野浩一さんと４人で打ち上げをしました。今回の本は筑摩～出してもらえないかと思い、山野さんにだれに連絡を取ればいいかと尋ねたところ、編集部長を紹介してもらい、その人間に連絡（企画書およびオビコピー・目次案を添えて）を取ったところ、態度は至って低姿勢ながら、結論まで３週間ほど時間が欲しいといわれ、３週間ほど経過したのち、当該編集部４者に検討させた結果、どこからもこの企画に反応するものなしなので却下と伝えられた経緯があります。山野氏に伝えたところ、自分が辞めた後では吉本氏をわかる編集者がいないとうすうす感じていたとのことで、新たに論創社社長の森下紀夫さんを紹介してもらいようやく出版に至りました。その打ち上げで、したたかに酒を飲み、深夜帰宅途中に転倒。瞼の左上にけがが、左目は真っ黒でパンダ状態に。眼科、脳神経外科。整形外科と診療を受け、左肋骨へのひびが判明。痛み止めと胸部固定帯でようやく日常を送るさまです。酒はほどほどにと反省しきりです。『ふたりの村上』は「編集後記にかえて」で書いたように、わたしの編集生活最後の本になるものです。大和書房時代に全集撰を未完に終わらせたことが「しこり」となって残っていたのを、松岡祥男さんが、材料があるので送ります。仕事を完結してくださいとの手紙で、後押しをしてくれたものです。

彼がいて初めて可能になった本です。比嘉さんがおっしゃられる《この一冊ができるまでの様々なことを小川さんに書いてもらいたいのです。その時つけられた日記、メモのたぐい、小川さんの思い全部を吐き出して欲しいと思いました。》ような日記、メモなど存在しないのです。さてどうしたものでしょう。

この一冊ではなく、わたし自身の編集生活をふりかえったのに『生涯一編集者』がありますが、それとかさならないものにしなければなりませんね。何かいい方法はありませんでしょうか。はかばかしい返事が書けなくて申し訳ありません。《小川哲生さんという編集者を「ふたりの村上」から覗き》という点をアドヴァイスしていただけませんか。まだ時間はあるので、よろしくお願いします。　小川哲生　拝》

七月十八日（木）雨、台風5号

午前、琉球プロジェクトの仲村渠さんみえ、東郷さんの詩集15冊、「脈」99号5冊持っていく。

七月十九日（金）曇り

新里さんから学新会のお知らせ。参加できないこと伝える。酸素ボンベをすすめられる。新城さんから電話。宮古に来ているとのこと。24日校正のこと伝える。彼は来月20日に帰るので、「脈」は帰ってから受け取るとのこと。

七月二十九日（月）晴れ

印刷所より１０２号の印刷費届く。《見積額は以下になります。（……）

八月一日（土）曇り

仲本さん来訪。パソコンをみてくれる。「脈」の今後について話し合う。次の同人会は17日（土）がいいとのこと。

八月三日（月）曇り

東さんから電話。８日（木）お昼前後に撮影で行くとのこと。

八月六日（火）曇り

鈴木さん、伊良波さんに連絡とれる。

八月七日（水）曇り

鈴木さんよりどうしても19日に送ってくれとのメールあり。

三月書房より26冊の注文。97号（島成郎特集）も４冊注文。さっそくでいご印刷に梱包冊数を知らせる。

ＯＣＮさんが来てパソコンを二階から三階に移す。

八月八日（木）曇り

昼過ぎに名護から東さんご夫妻、写真撮影の為みえる。

八月九日（金）雨

午後、南部医療センターへ。甲子園、沖尚対習志野戦病院でみる。残念。

でいご印刷の内海社長から「脈」届けたいとの電話。出来あがるのが早すぎる。明日持ってくるようお願いする。

八月十日（土）曇り

午後３時過ぎ、１０２号届く。発送準備に入る。仲本さん来る。３階のパソコン配置手伝ってくれる。

八月十四日（水）曇り

午後１時すぎ、１０２号発送。

八月十五日（木）曇り

共和国の下平尾さんから受け取ったとのメール。《比嘉加津夫さま　さきほど本を拝受しました。今回の表紙は書棚がそのまま大きく掲載されていて、とても美麗だと思います。すぐに完売になるのではないでしょうか。さっそく小社のサイトから販売したいと思います。定価の件は差し出がましくて申しわけありません。もちろん一読者としては安い方がありがたいのです。早ければ週明けにでもお振り込みできると思いますが、納品書もしくは振込用紙が入っていなかったようです。巻末（「編集後記」の頁）のゆうちょ銀行に入金しておきます。いろいろお世話になっておりますが、どうぞ懲りずによろしくお願い申し上げます。

下平尾　直》

八月十六日（金）曇り

佐伯さんからメール。《比嘉さま　昨日、『脈』１０２号27冊を受け取りました。

少し、どうしたかと心配になりかけていました。透析だったので、携えてゆき、黒田喜夫特集を卒独。故松永伍一邸は、近所にありますが、ついに本人にはお目にかかりませんでした。青柳瑞穂さんの徴兵拒否のはなし、面白く読みました。また、改めてご連絡しますが、仲本さんに印字をお願いするエッセイの件、日記より先にお送りするつもりでおります。また、村上の「樋口一葉小論」の件も、よろしくご検討ください。編集後記にあったお体のこと、くれぐれもお大事になさってください。（川端と三島のすこしホラーな話、楽しみにとっておいて読みます）残暑お見舞いに代えて…　佐伯拝》

東郷さんからメール。《比嘉さん　脈１０２号届きました　有り難う御座いました　体調は如何でしょうか　私の方は順調です　良い息子さんが居まして羨ましい限りです暑さが続きますのでお体を大切にしてください　東郷》

八月十七日（土）曇り

午後３時同人会。松原さんにも呼びかける。安里さん不参加。山口さんに「脈」と佐伯さんからの資料送る。川満さんから10冊注文。模索舎より8、３９２円近く入金するとのメール。佐藤幹夫さん、佐々木薫さん、内田聖子さん、松島淨さん、小川哲生さんからメール。

八月十八日（日）曇り

村上一郎の「一葉女史小論」印字打ち終了。３日要したことになる。知られていなかった村上の母と一葉の関係から、いろいろと一葉のことが探索されていて興味深い。新たな一葉像が浮かび上がってくる。

田場さんからメール。《比嘉さん　こちらこそご無沙汰しております。ボーダーインクの宮城さんから電話をいただき、急いでメールを拝見しております。私でよければ喜んで校正のお手伝いをさせていただきますね。発行の目途がたち、ゲラが上がってきましたら、また改めてご連絡くださいませ。私はメールチェックがマメでないので、ご面倒でも携帯電話で、メールしたので見てくれ、と一報いただければ確かです。（……）まとまって読める朝敏論楽しみですね。校正は一回と言わずに最後まで面倒見させて下さい。いずれにせよ、大いに「可能です」と喜んでご返事いたします。まだまだ暑い盛りくれぐれもご自愛ください。用件（返事）のみにて失礼いたします。　田場由美雄拝》

八月十九日（月）曇り

佐藤幹夫さんからメール。《比嘉加津夫様　『飢餓陣営』です。いつもお世話になっております。『飢餓陣営』今号「編集後記」でも触れておりますが、この度の加藤典洋さん逝去の報には、大変に驚きました。『9条入門』を刊行され今後いっそうその発言が重要になる、と感じていた矢先であり、これからのお仕事を拝見できなくなったことに、痛恨の念を覚えています。残念でなりません。そこで、『飢餓陣営』次号では加藤さんへの哀悼と敬意を込め、総特集を組みたいと考えました。つきまして、比嘉さんのご健康を案じながらの依頼になりますが、ご寄稿をお願いできないでしょうか。基本的にはどのような内容でも結構ですが、『アメリカの影』から始まる加藤さんの戦後論について、「沖縄」という地で文学活動をしてこられた比嘉さんが、どう読んでこられたか。そのような観点で論じていただければというのが編集側の意図になります。お任せいたします。御承諾いただけるようでしたら、枚数４００字20枚以内で。（8ページ以内）

10月下旬をしめきりとさせていただきます。いつものようにノーギャラでのお願いとなりますが、どうぞご海容ください。まだまだ暑い日が続きます。くれぐれもご自愛ください。（50号をもって終刊、という宣言を撤回し、もう少し続けることにいたしました）では、よろしくお願い申し上げます。ご返信、お待ち申し上げます。　飢餓陣営・佐藤幹夫》

返信。《佐藤幹夫さま　終刊宣言の撤回、うれしい限りです。特集執筆についてのご返事は9月20日ごろまで待っていただけませんか。せっかくの機会ですから逃がしたくない気持ちは山々ですが、事情が少しありますので。すみません。よろしくお願いします。　比嘉》

西銘さんからお礼の電話。中尾務さんから封書。小川哲生さんへのインタビュー開始する。

八月二十日（火）晴れ

志村有弘さん、島尾伸三さんからハガキ。松原さんから101号、102号の注文。発送する。

八月二十一日（水）晴れ

１０４号の「ふたりの村上」を中心とした小川哲生特集のためのインタビューを19日から開始しているが、かなりのスピードで進行している。車椅子届く。高橋さんから注文のあった6冊発送する。

八月二十二日（木）晴れ

琉球プロジェクトの仲村渠さん、「脈」15冊持っていく。

八月二十三日（金）曇り

小川哲生へのインタビュー記録終える。原稿用紙にして52枚分。

三月書房より売上計算書メールで届く。１０２号は23冊売れたらしい。

八月二十四日（土）曇り

黒田憲一郎さんからお菓子送られる。お礼の電話するが留守電になっている。田場さんからプリントされたデータが欲しいというので、印刷所にお願いする。

田場さんからメール。《比嘉さんへ　あれから電話の後、五時過ぎ頃、デイゴ印刷着きゲラ受領。ＰＤＦのときには気づきませんでしたが、紙にして３６０ページ超の分量には、圧倒され改めてビックリ。目次を眺めると面白そうな内容展開を予想させ興味津々。何も知らない家の細君に、タイトル名を示すと、朝敏にしては、物語作家、ではインパクト弱いのではないかと、これは、ご参考までに。電話では、火曜日渡し（戻し）と告げましたが、実は私、水曜日から日曜日にかけて野暮用で奄美まで出掛けて沖縄を留守にするので、その前にと思ってそう告げたのですがゲラの分量といい、奄美行きまでにこちらで片付けねばならない別件などで時間が割かれ、ゲラ校正完遂できるかどうか、自信がないので、出来る限りの分を、お渡しするということで、未完の分は、帰って来てから、ということで勘弁（了解）していただければ幸いです。お急ぎのところ申し訳ございません（奥付けゲラを見ると刊行は九月中とありますからね）。ということでお願いです。これから校正作業に入りますので、あとよろしく、これにて失礼。　田場由美雄拝》

お礼の電話する。

八月二十五日（日）晴れ

佐藤幹夫さんに頼まれていた「加藤典洋」についての文章が書けるかどうか、『アメリカの影』を読みはじめる。文学と政治が問われていた時の評論である。先見の目があると言うべきであろう。なかなか面白い。だが、書けるかどうか。

八月二十六日（月）晴れ

東風平糸子さんから「脈」が欲しいとのメールがあったため贈呈する。山口さんからもメール。《比嘉加津夫さま先日「脈」と「一葉女史小論」と佐伯さんのお手紙のコピーとご依頼を頂きながらお返事が遅くなり、申し訳ありません。「解説」などと言うものが書けるだろうかと不安で佐伯さんにご相談し、エッセイのつもりで書いてみたらというアドバイスを頂きました。それでも良いのであれば、書いてみます。特にこういう点をなどとご希望があれば、ご指示くださいませ。横浜も酷暑が続きましたが、昨日今日、やっと風が涼しく感じられ、エアコンをつけずに過ごしています。　山口弘子》

八月二十七日（火）晴れ

田場さんに電話。奄美行きが延びたため29日午後3時ごろに、校正全部持っていくとのこと。午後、田場さんに送った「脈」が戻ってくる。住所の間違い。住所録の下の玉城朋彦さんの住所に送っていた。玉城さんはすでに故人である。

地方小より『若い頃のメモ帳より』5冊注文、発送する。

八月二十八日（水）晴れ

東風平さんよりメール。前回同様、午前2時に送っている。《今日届きました。贈呈だとのことで恐縮しています。ありがたく読ませていただきます。詩・評論の重厚な雑誌が何十年も続いて１０２号にまで達し本当にすごいことだと思います。お元気だとばかり思っていました。甲状腺・心房細動両方とも手術したんですね。酸素ボンベの生活大変つらいでしょうけど、でも頑張ってくださいね。私も心房細動持ちです。血液サラサラの薬と細動を抑えるという薬を飲んでいます。普通に生活しています。比嘉さんは手術をなさったのなら相当の重傷だったんですね。どうか無理をなさらずにスロースローでこれからもいいお仕事をなさってくださいね。東風平がいなくなっても相変わらずの真夜中主義です。それではおやすみなさい。　東風平糸子》

今日は午後は那覇市立病院。

八月二十九日（木）晴れ

田場さん、校正を持ってきてくれる。

八月三十日（金）晴れ

朝から大浜病院。田場さんの校正をみる。すごい能力の持ち主だ。改めて感じる。三月書房から１０２号2冊追加注文があり、発送する。

八月三十一日（土）晴れ

田場さんからメール。《比嘉さんへ　先日は、ちょっと急いでいたので、校正に関して舌足らずのところがあったので補足します。比嘉さんのところに、出典の原本がありましたら、私の方で、照合校正します。それ以外にも、完璧を期して校正できますし、させて下さい。と言っても、こうせいおそるべし、ですけどね。二階に待機してもできますし、本を持ち帰ってもできます。二階の空間は仕事に好都合です。で、よろしければ、二稿の折でもそこで作業していいのですけど。タイトル、メインは平敷屋朝敏論、でいいのですけど、読者フレンドリーで、サブタイトルで例えば、消された死の謎と甦る文学、のようなものがつくといいのでは、参考までに。いただいた御本（脈）はいづれも欲しいものでした。ありがとうございます。ともあれ、いい本を作りましょう、内容は申し分ないのですから、読者が手に取るような本作りを、ということで。最後までお手伝いしますので遠慮なくお申し付けください。　田場由美雄拝》

　校正を正純に頼んで印刷所に戻す。

九月一日（日）

　三月書房より90号、99号各1冊、１０２号2冊注文あり。早速送る。

九月二日（月）曇り

　ＦＡＸつながる。佐伯さんから発信され、無事着信。

　新報文化部の宮城久緒さんから電話。東木武市詩集の書評のせたいので1冊送ってくれないかとのこと。早速発送する。宮城隆尋さんの後任として文化部に着任したとのこと。彼は中部担当になったらしい。

九月三日（火）曇り・雨

　台風13号、14号発生。13号は5日、沖縄に接近とのこと。そのあとを追って14号が来る。あとがき、印刷所に送る。

　新城貞夫さんから本2冊送られる。

　松岡さんにＦＡＸする。《松岡祥男様　何時もお世話になっております。吉本隆明資料集１８９集、有難うございました。反して『脈』１０２号表2の広告ミス、すみませんでした。お許し下さい。１０３号特集の葉室麟ですが、私もほとんど知らないといっていい作家です。これは松本輝夫さんの声掛けで進めることになりました。筑豊に詳しい直木賞作家ということです。１０４号は『ふたりの村上』と小川哲生」の特集を予定しております。来年の2月発行・原稿締め切り1月6日ですが、その際はご執筆よろしくお願いします。さらにお願いですが、5月発行の１０５号で『吉本隆明資料集』と松岡祥男」（仮題）を企画させていただけませんか。まだまだ先のことですから、

ゆっくり考えていただきたいと思います。９月からＦＡＸを入れました。（……）２０１９／９／３　比嘉加津夫》

九月四日（水）曇り・雨

松岡さんより返ＦＡＸ届く。《比嘉 加津夫 様　ＦＡＸ、届きました。「脈」１０４号および１０５号の件、分かりました。殊に１０５号（『吉本隆明資料集』と松岡祥男）には驚きましたが、全面的に協力致します。現在『資料集』最終号（１９１集）の校了に向けて作業中です。それが終わりましたら、次号（１０３号）の連載（「吉本隆明さんのこと」）に取りかかりたいと思っております。くれぐれもご自愛ください。２０１９・９・４　松岡祥男 拝》

九月五日（木）曇り・雨

田場さんからメール。《比嘉さん　先に工程表、拝見させていただきましたが、念のため、私の方の都合も前もってお知らせしておきます。予定の入っている時間帯です。（……）比嘉さんの工程表では、10日火曜日に2校戻しとなっておりますが、無論極力それに沿うよう努力しますが、それが叶わない場合、10日火曜日の昼時、比嘉さんの所へゲラを届けます。そして翌11日水曜日の午後から、私が比嘉さん宅をたずねて二人で最後の調整を行い、その日のうちに印刷所に入校する、ですから10日火曜日午後から翌11日水曜日の昼時までが比嘉さん単独でご検討いただく時間となり、ちょっとタイトなスケジュールになるかも知れないことご高配いただければ幸いです。遅くなれば印刷所入校は11日水曜日夕方も翌12日木曜日の朝イチも同じですので、二人の検討は11日水曜日は午後から夜に入ることもあり、で翌12日木曜日朝イチ戻しとなります。当初予定の10日火戻しが、11日水夕刻か12日木の朝イチ戻しになり、１、２日遅れることになります。それから16日月曜日の印刷は、当日が敬老の日で祝日で印刷所は休みかな。で17か、18日に印刷で19か、20日納品ということになります。初校ゲラの戻りの直し具合を見てからではありますが、２校の比嘉さん判断分の仕事量をなるたけ軽減する方向で、比嘉さんへの2校戻しゲラのアカ入れをしますので、単独の検討時間が１日あれば大丈夫なようにしますのでご心配なく。とまあこんな具合で、舌足らずの説明ご容赦のほどを。　田場拝》

仲本さんから表紙レイタウトのメール。

九月六日（金）曇り・雨

台風13号、いよいよ去る。宮古島には大きな被害を与えたようだ。午前、田場さんより電話。時間があいたので、これから印刷所に行くができているだろうかとのこと。印刷所に電話するが担当の金城さんはまだ出勤しておらず、他の社員に聞くと出来ているというのでその旨伝える。

高良さんからメール。《比嘉加津夫さま、こんにちは。ベン@沖縄のタカラです。先日は、『脈』１０２号・特集『黒田喜夫と南島』を御恵贈いただき、ありがとうございました。御礼が、遅くなりました。すばらしい執筆陣と、レベルの高い内容になっていると思います。じっくりと読んでいきます。また、よろしくお願いします。深謝。２０１９／09／06　ベン　拝》

九月七日（土）曇り

先々日あたりから奥の虫歯の欠片が欠け、歯茎が腫れ、物が噛めなく歯痛がつづいていた。我慢は出来るのだが、妻にすごまれ、邦子を呼んで近くの歯科医院に行った。麻酔をほどこされ、神経を抜き、掃除して穴を埋めてもらうと普段のようになった。妻や邦子や医者にありがたやありがたや、である。

九月八日（日）曇り、雨

川満さんから電話があり、14日のシンポジウム参加できないこと新城さんに連絡とってほしいとのこと。歩行が困難になり外出できないこと、新城さんの電話がわからないとも言う。午後、やっと新城さんと連絡できる。「困ったな」「そんなこと言っていたの、ぼくの電話知らない筈ないけどな」ともいう。

九月九日（月）曇り

ようやく太陽がのぼる。佐藤英二さんから購読料１年分振り込んだとのメール。１０２号発送する。車椅子の契約すます。佐伯さんから15日には仲本さんが打つ原稿ＦＡＸで送るとのこと。村上一郎日記は10月５日までに送るようにするとのこと。

九月十日（火）曇り

田場さんに電話する。今日は行けそうもないという。明日午前11時半に訪問するとのこと。森岡さんにハガキだす。

九月十一日（水）曇り

昼前に田場さんゲラ持って来る。「こうせい、恐るべし」という。やはり見逃しがあったとのこと。昼、彼が帰ってから点検するが、さすがである。普久原恒勇さんから『ぼくの目ざわり耳ざわり』送られる。

九月十二日（木）晴れ

午後1時、市役所の方がみえる。介護認定調査のため。午後3時、田場さんみえる。最終校正して、ゲラを印刷所に届けてくれる。あと1回は校正したいとのこと。そのためには20日発行の線をはずして欲しいという。了解する。消費税が上がる前に発行したかっただけだから。

九月十三日（金）晴れ

午前9時過ぎ、歯科医に連れて行ってもらう。これで終了。

九月十四日（土）晴れ

今日は清田政信研究会主催のシンポジウム。やはり気になる。森岡さんからハガキ。地方小出版から17日に18、533円振り込むとの封書。

九月十五日（日）雨

午後3時過ぎに婿の杉山さん、来訪。正純夫婦も顔をみせる。夜は正樹も来る。昼から杉山さんと正健はビール。5時過ぎ、正純夫婦が杉山さんを空港まで見送る。

九月十六日（月）曇り

朝早く健治から電話。「敬老の日、おめでとう」という。そうか、今日は敬老の日か、と気づく。毎日休みなので時の移りも薄くなっていく。

九月十七日（火）晴れ

午後、田場さんから電話。校正が今日おりたので、見ているとのこと。明日11時半、最後の確認のため来るという。感謝。

九月十八日（水）曇り

田場さん「校正恐るべし」と言いながら来訪。見逃しが何か所かある。お互いで確認しあう。それにしても「田場さん恐るべし」の気分。14日のシンポジウム、盛会であったとか。新川明さんや新城貞夫さんらも来ていたという。それに宮城正勝さんが、これまで書いてきた論考をまとめているとのこと。

松島淨さんからメール。《比嘉さん　その後いかがお過ごしですか。過日仲本さんたちとお会いしました。「清田政信研究会」のお誘いをいただきましたが、東京の若手のメンバーが社会文学会のメンバーでもあり私個人は参加できそうにありません。仲本さんによろしくお伝えください。私はいま大学の論叢の論文を書いています。それができ次第「葉室麟ノート」も書きたいと思っています。短くて、やや批判的な文章ですが、よろしくお願いします。加藤典洋や桐野夏生などもお考えいただければ幸いです。お元気でお過ごしください。　松島》

返信、《松島　浄さま　メール拝見しました。有難うございます。葉室麟ノート期待しております。加藤典洋についてですが、『飢餓陣営』が特集するらしく、その執筆に四苦八苦しております。15枚程度なら沖縄を絡ませて書けるだろうと、高をくくったのが誤りでした。「脈」の予定は

１０４号『『ふたりの村上』と小川哲生」

１０５号が「『吉本隆明資料集』と松岡祥男」

１０６号？　で進めている所です。　比嘉》

九月十九日（木）曇り

九月二十日（金）曇り

新城さん来訪。「平敷屋朝敏」ができたと仲本さんから聞いたとのこと。印刷所に電話すると田場さんが出張校正しているとのこと。29日ごろ出来るという。仲本さん来訪。パソコンのデータ収録してくれる。（……）

九月二十一日（土）台風

昼過ぎ台風17号通過。松本輝夫さんより葉室麟の写真送られる。《比嘉さん　『脈』「１０３号表紙写真、標記大矢和世さんより添付にて送られてきたので、そのまま転送しておきます。これで使えれば好都合というもの。使用に際しては、この写真全体をそのままということに限らず川の部分を大幅にカットする等自由に処理して可、ただし目次に提供者の名前を入れる際は、葉室麟（撮影／提供・大矢和世）とのみ記して、西日本新聞社の名は一切出さないでください。これで表紙写真は可能かどうか、一言お知らせください。それともう一点。この大矢さんを含めて、当方関連の今回執筆者は計７名で、各自の原稿が今月末までにまずは当方宛に送られてくることになっていますが、ぎりぎりの比嘉さん宛入稿期限は（以前電話でお聞きしたことのある）来月10日で、よろしいでしょうか？　他のメンバーの文字数等も確認した上で小生原稿の文字数等決めて仕上げなければならないので、小生分と（超多忙な）仁衡琢磨分が来月上旬にかからざるをえない見込みにつき、10月10日が最終期限ということであれば大助かりです。他の原稿５編は小生が各自と必要なやりとりを経た上でそれぞれ決定稿を仕上げて、おそらく10月３日までには送信できるはず。以上２

点のご返信、よろしくお願いします。》

九月二十二日（日）曇り

午前、健治来て、夜帰る。佐伯さんからメール。《比嘉さま　仲本さんにお願いする原稿、いま書いています。（お陰様で、調子はすっかり回復しました）明日、透析などであまり作業できませんが、24日中にはお送りできると思います。仲本さんによろしくお伝えください。日記のほうも平行して進行しております。　佐伯拝》

九月二十三日（月）曇り

午後、正純がＦＡＸのリボン買ってきてくれる。パソコンも買ったとのこと。27日か28日仲本さんと来るという。

九月二十四日（火）曇り

普久原恒勇さんにメールする。《普久原恒勇さま　とんだ失礼を致して居りました。『ぼくの目ざわり耳ざわり』を早めにいただいていながら、お礼がものすごく遅れてしまいました。言い訳をさせてください。こんな喜ばしいこと、メールでのお礼では失礼、手書きの封書で送るべき、と思いつつ、しかし日の流れるのは早く、とうとう身体がついていけなかったのです。こうなると失礼も何も、初心とは言えませんが、メールにてお礼をさせていただきます。それからもう一つ。私の仕事場は2階で午前10時から午後6時まで、2階に居ましたが、7月から酸素ボンベをするようになって、8月、2階から3階に移りました。3階は生活空間で本も何もありません。殺風景です。そこの狭い所にパソコン、電話、ＦＡＸを移し日々ぼんやりとしています。長々と言い訳が過ぎましたが、普久原大兄の本、大変すばらしいです。カデカル二等兵のことがありましたよね。今の韓国問題、やはり日本人も国も全然なっていないと思いました。日本は韓国の言語を奪い、文化を奪い、教育を変え、アイディンティティーを踏みにじった歴史があるのです。謝りつづける以外ないでしょう。昔、山中貞則という鹿児島出身の国会議員がいました。彼は過去の歴史を謝り続けたのでした。わたしは自民党は嫌いですが、山中貞則は好きでした。今、彼のような政治家がいないのが問題です。またしても横道にずれましたが、大兄のウチナー満杯の御著は、いろんなイメージをひろげてくれます。それに最後にはクスッとわらわせる。すべて技あり一本の文章です。お礼かたがた。　比嘉加津夫拝》

返信届く。《比嘉加津夫　様　ご丁重なメールありがとうございます。七月から「酸素ボンベ同伴」のことギクッとした。且つて老生が入院中、酸素の値が低いときは、腹式呼吸をすることで直ぐに90～99に上がりました。この呼吸法は訓練ですぐに身につきますから、是非試してみて下さい。先ずは取り急ぎ、心暖かい寸評への御礼まで。感謝♪　普久原恒勇》

九月二十五日（水）曇り

今日大浜病院だったが、無呼吸のデータを紛失し取りやめになる。佐伯さんからＦＡＸ10枚届く。これをスキャンして仲本さんに送る。鈴木さんから原稿の問い合わせのメール。

北野辰一さんにメール送る。《北野さん『戦後思想の修辞学――谷川雁と小田実を中心に』受け取りました。有難うございます。凄い本ですね。長年かかわり続けてきた二人を対象に、鮎川信夫、井上光晴、中上健次などを配し、比較文学論としても貴重なものと推察しました。私などが触れることのできなかった対談等、雑誌からの引用もおもしろく、改めて勉強させてもらいました。これからゆっくり読みたいと思います。取り急ぎお礼まで。　比嘉》

九月二十六日（木）曇り

鈴木さんからメール。《前略　比嘉加津夫様　メール拝見しました。御厚意ありがとうございます。40枚以下とのことでした。自分の小説のストックに60枚以下の短編がなくて、条件に添えられそうにありません。ただ、数年前に書いた長編がありまして、章立ての構成です。それを何回かに分ければ、１回分40枚以下は可能です。個人的にはとても気に入っている長編です。しかし、あまり理解は得られそうにないものです。できれば連載みたいな形ででも載せて頂けたら有り難いのですが……。参考までに、28日までに着くよう郵送したいと思います。御検討下さい。草々２０１９年９月26　鈴木次郎》

松嶋東洋さんから電話。原稿は次号にして欲しいとのこと。妻、大浜病院に。仲本さん明日午後パソコン入れ替えで来るとのこと。

九月二十七日（金）曇り

九月二十八日（土）曇り

九月二十九日（日）曇り

九月三十日（月）曇り

午前、『平敷屋朝敏』出来上がる。午後、田場さんみえる。宮城正勝さんに会うというので、１部進呈する。３部持っていく。
松岡祥男さんが印刷させていた印刷所が閉めたとのこと。原稿、並びに「資料集」１９０号、ならび脈の3冊分代金のほかに、脈の事情を尋ねる文書がある。それえの返信。《松岡祥男様　いつもいろいろとお世話になっております。原稿たしかに受け取りました。有難うございます。印刷所の件、ショックです。手助けできるなら何でも致しますので遠慮なくおっしゃってください。「脈」の状況をお知らせ致します。（……）
「脈」の場合特集形式は取らず、同人だけの作品を発表していた70号あたりのものは謄写版印刷をしておりました。おそらく「資料集」がそれではないかと思われます。もし、必要でしたら印刷所にきいておきますけど。ページと部数が分かれば見積りはすぐ出せると思います。
２０１９．９．30　比嘉加津夫》

十月二十一日（月）曇り
南部医療センターの大嶺看護師から電話。呼吸器検査、血液検査が必要ということで二五日か二八日病院に来るようにとのこと。邦子とも連絡とって二八日とする。

十月二十二日（火）曇り

十月二十三日（水）曇り

十月二十四日（木）曇り

十月二十五日（金）曇り

十月二十六日（土）曇り

十月二十七日（日）曇り

十月二十八日（月）曇り
午後三時、南部医療センターへ。

十一月六日（水）
でいご印刷の代表、内海正三さんから見積額届く。脈102号と大差ないので同額にするとのこと。（……）

十一月十日（日）
澤宮さんよりメール。
《拝啓　秋も深まって参りました。お忙しいところ、失礼いたします。

以前、「脈」で、高木護さんについての対談でお世話になりました澤宮と申します。そのおりは大変お世話になりましてありがとうございました。

さて高木護さんが、先月半ばに逝去されました。葬儀などはご家族でなされましたが、昨日（11月8日）、喪主であり、長女の高木由《ゆい》さんから、メールが来まして、四十九日の法事を兼ねたお別れの会を12月1日に行うとご連絡がありました。

高木さんのお知り合いの皆様に伝えてほしいという依頼を由さんに依頼され、取り急ぎ比嘉さんにもご連絡致しました。私のほうで、私の知る限りの高木さんのお知り合いには連絡しましたが、念のため、「脈」でも高木さんの特集をなさっておられましたので、連絡もれを懸念してお知らせしました。

久保田一さん、岩本勇さん、青柳瑞穂さんはご存知です。この方々以外で、「脈」関係で、高木さんのお知り合いいらっしゃるようでしたら、お手数ですがご連絡していただくことは可能でしょうか。このメール転送でもOKです。

以下、長女の由さんから「お別れの会」のご連絡事項

〈12／1ですが、12：00から天祥院本館（京急蒲田駅にあります。（……））で、四十九日法要兼ねたお別れ会を行いたいと思います。供養が終わったあとに、同じ場所で簡単ではありますが皆さんでお食事もできるようにしています。

11：50分までを受付をお願いしたいです。

会費ではなく、香典にしようかと思ってます。かしこまらず、平服でもかまわないかと。

最寄り駅は、京急の蒲田駅です。徒歩で行ける距離にあります。

東急やＪＲの蒲田駅と間違えないようにお願いします。

〈恥ずかしながら、私もこれ以上のことは存ぜず、もしご不明な点がございましたら、下記までお問合せお願い致します。私も彼女の電話、住所を存じません。（……）

以上、簡素ではございますが、お知らせいたしました。

敬具

澤宮　優（さわみや・ゆう）　ノンフィクションライター

（……）

◇――◇――◇

※『脈』94号の「甲状断録」を仮に（Ⅰ）とすれば、これはさしずめ（Ⅱ）と位置付けられるものである。本人の中では闘病

の過程の区切り区切りに書き綴る構想を持っていたのだろうか。11月10日以降の経緯の概略は年譜参照。

比嘉加津夫　略年譜

比嘉加津夫・仲本瑩編

比嘉加津夫（本名　比嘉勝男）

比嘉松栄・カナの次男として生まれる。長女晴美、長男勝（享年十六歳）。詳細は比嘉家の家系図参照。

１９４４年（昭和十九）

12月12日久志村久志に生まれる。

※小学校にあがる半年ほど泡瀬の叔父のところに預けられる。学校は大道小学校、久辺小学校、壺屋小学校、楚辺小学校、安謝小学校、安謝中学校、沖縄高校（現沖縄尚学）、沖縄大学と進む。高校時代は美術部。沖縄大学では新聞部。沖縄大学中退。大学に至る生活史についいて比嘉加津夫に作成を求めて順次年譜化作業をめざしていたが未完に終わった。比嘉加津夫文庫⑧『河岸で』は幼少期のことに触れられている。

１９６４年（昭和三十九）二十歳

『作品集』1号（短編「叫ぶ羊群」「頽唐せる青年」「山椒魚の青年」／エッセイ「槐会の発足とその活動」）

１９６５年（昭和四十）二十一歳

『作品集』2号（短編「不満足な時代」、詩6篇／エッセイ「ぼく自身の体験」）／『作品集』3号（「跳ぶ仔達の群れ」／エッセイ「玉那覇正吉氏の頌」）

１９６６年（昭和四十一）二十二歳

沖縄文芸会立ち上げて『沖縄文藝』創刊号（短編「かれらが憂鬱な日々」）［たいら　しのぶ・上原道子・金城敏夫・勝連敏男・高宮城宏・仲村清・多和田辰雄・仲地裕子］1号で廃刊。

１９６７年（昭和四十二）二十三歳

『作品集』4号（「無償性の反抗」「一指導者の衝撃」）

１９６９年（昭和四十四）二十五歳

沖大文学研究会立ち上げ（４月）。『発想』創刊号（ガリ版）、２号（ガリ版）、３号（活版・12月）。３号（短編『時間が魔物のように脅かす』）［清田政信「帰還と脱出」、勝連繁雄「詩と現代詩論」、勝連敏男「何に以て自滅すればよい？」、川満信一「詩と思想」］

１９７０年（昭和四十五）二十六歳

６月『発想』４号（短編「死者埋葬簿」）。清田政信特集（勝連敏男、清田政信対談）。執筆者：岡本定勝・東風平恵典・宮里安男・新城兵一・新川明／７月清田政信評論集『流離と不可能性』発行。

１９７２年（昭和四十七）二十八歳

２月（株）沖縄建設新聞入社。３月『発想』７号（「島尾敏雄論の試み」）、８月個人誌『脈』創刊号（掌編「血」「脈」「妖精」、エッセイ「断片・島尾敏雄と小川国夫にふれながら」）。

１９７３年（昭和四十八）二十九歳

４月『脈』２号（詩「海への道」、掌編「川の淵」）

１９７６年（昭和五十一）三十二歳

東風平村の神谷巖の長女神谷恵子と結婚。１月12日婚姻届。

１９７７年（昭和五十二）三十三歳

12月『脈』３号（短編「事件」、エッセイ「松原敏夫詩集『那覇午前零時』を読んで）

１９７８年（昭和五十三）三十四歳

２月詩集『記憶の淵』（解説・勝連敏男）。３月『脈』４号（「島尾敏雄論の試み」六、「詩人の体験・川満信一詩集を読んで」。

１９７９年（昭和五十四）三十五歳

「海南研究の会」結成（喜納正信・山口恒治・比嘉加津夫）し、４月『海南』創刊号（「琉球文学私註―異化を越えて」

１９８１年（昭和五十六）三十七歳

２月『脈』５号。印刷所活用し季刊発行とする（詩９篇、掌編「犀」「島尾敏雄風に島尾敏雄を一」）／５月『脈』６号（詩10篇、掌編「巡礼者」「島尾敏雄風に島尾敏雄を二」）／８月『脈』７号（詩10篇、掌編「走る馬」「島尾敏雄風に島尾敏雄を三」）／11月『脈』８号（詩10篇、掌編「夏かぜ」「島尾敏雄風に島尾敏雄を四」）

１９８２年（昭和五十七）三十八歳

第16回沖縄タイムス芸術選賞奨励賞／２月『脈』９号（詩10篇、掌編「浮沈」「島尾敏雄風に島尾敏雄の原世界一」／５月『脈』10号（詩10篇、掌編「朝子」「島尾敏雄の原世界二」。10号より個人編集誌他原稿も掲載／８月『脈』11号（詩６篇、掌編「決潰」「島尾敏雄の原世界三」／11月『脈』12号（詩６篇、「島尾敏雄の原世界四」）

１９８３年（昭和五十八）三十九歳

２月『脈』13号（詩４篇、掌編「朔太郎の夢」、「島尾敏雄の原世界五」／５月『脈』14号（詩８篇、掌編「虚壊」、「島尾敏雄論一」／八月『脈』15号（詩７篇、掌編「細胞」、「島尾敏雄論二」／９月『通信・零地』（私家版・13部）［１９８２・４〜１９８３・９（１号〜１０１号）脈定期購読者配布通信を縮刷版風に合本」／11月沖縄文学アンソロジー『廃光と影』所収に「走る馬」／11月『脈』16号（詩12篇、掌編「診療室にて」、「島尾敏雄論三」）

１９８４年（昭和五十九）四十歳

１月〜12月短編小説同人誌『環』（毎月刊、同人：金城哲雄・高安昇・照屋全芳・比嘉加津夫、表紙&カット大浜英治・屋冨祖盛美）／２月『脈』17号（詩９篇、掌編「虚空」、「島尾敏雄論四」／５月『脈』18号（詩４篇、掌編「らいてう」、「神谷厚輝との往復書簡・上」）／８月『脈』19号（詩３篇、「神谷厚輝との往復書簡・下」）／11月『脈』20号（詩20篇、「島尾敏雄論五」）

１９８５年（昭和六十）四十一歳

２月『脈』21号（詩７篇、掌編「旅愁」、「島尾敏雄論六」／５月『脈』22号（詩５篇、「島尾敏雄論七」、「岩谷征捷との往復書簡一」／５月南海日日新聞に書評（「南海の海と民俗」）」／７月詩画集『流され王』（画・永山信春画、解説・芹沢俊介）／８月『脈』23号（平敷屋朝敏特集）（詩、「岩谷征捷との往復書簡二」）／８月３日『脈通信』１号（編集責任者比嘉加津夫。第２号９月５日〜第32号１９８８年４月16日の編集責任者は仲本瑩。バックナンバー一覧は『脈』60号に掲載／11月『脈』24号（同人誌とする。同人：又吉洋士、仲本瑩、西銘郁和、比嘉加津夫。「岩谷征捷との往復書簡三」）

１９８６年（昭和六十一）四十二歳

２月『脈』25号／５月『脈』26号／８月『脈』27号／11月『脈』28号／４月『脈通信』（１９８５・８〜１９８６・４までの10号分仲本により合本化）／８月評論集『喩の水源』／８月

～１９８７年７月『月刊症候詩』（編集仲本瑩、同人：勝連敏男、仲本瑩、比嘉加津夫、全13巻）

１９８７年（昭和六十二） 四十三歳

2月『脈』29号／5月『脈』30号／8月『脈』31号／11月『脈』32号／2月『島尾敏雄』発行

※『脈』23号～59号の特集名、目次は『脈』60号（１９９９・12）に掲載（整理：仲本瑩）

※『脈』1号～１０３号のバックナンバー詳細一覧を整理中（整理：仲本瑩）

１９８８年（昭和六十三） 四十四歳

2月『脈』33号／5月『脈』34号／8月『脈』35号／11月『脈』36号

１９８９年（平成元年） 四十五歳

2月『脈』37号／8月『脈』38号／12月『逆光の画家田中一村』

沖縄現代詩文庫①～⑩。①勝連敏男詩集(1989)、②伊良波盛男詩集（１９８９）、③与那覇幹男詩集（１９８９）、④新城兵一詩集（１９８９）、⑤あしみね・えいいち詩集（１９９０）、⑥幸喜孤洋詩集（１９９０）、⑦高良　勉詩集（１９９１）、⑧大城貞俊詩集（１９９１）、⑨西銘郁和詩集（１９９２）、⑩佐々木薫詩集（１９９４）

１９９０年（平成二） 四十六歳

2月『脈』39号／5月『脈』40号／9月『脈』41号／12月『脈』42号

１９９１年（平成三） 四十七歳

5月『脈』43号／12月『脈』44号

『比嘉加津夫文庫』（１９９１年3月～１９９１年12月）①～⑳。①詩集『ゴッホの伝記』、②詩集『溶ける風』、③詩集『アジアの少女』、④詩集『角獣の塔』、⑤詩集『詩はどこにあるか』、⑥詩集『人形の家』、⑦短編集『朔太郎の夢』、⑧短編集『川岸で』、⑨短編集『走る馬』、⑩短編集『葬儀』、⑪短編集『桂林人』、⑫短編集『鬼女』、⑬評論集『島尾敏雄の原世界』、⑭評論集『島尾敏雄ノート』、⑮評論集『書簡・島尾敏雄』、⑯評論集『平敷屋朝敏』(上)、⑰評論集『平敷屋朝敏』(下)、⑱評論集『玉城朝薫・平敷屋朝敏』、⑲評論集『文学私註』、⑳評論集『同人誌の時代』

『沖縄現代俳句文庫』（１９９１年～１９９４年）①～⑩。①石戸志夫句集（１９９４）、②川満孝子句集（１９９３）、③喜屋武英夫句集（１９９２）、④おおしろ建句集（１９９４）、

⑤作元　凡句集（1992）、⑥仲本彩泉句集（1992）、⑦野ざらし延男句集（1994）、⑧夜基津吐虫句集（1991）、野畑　耕句集（1991）、⑩よなは景子句集（1993）

1992年（平成四） 四十八歳
3月『脈』45号／5月『脈』46号

1993年（平成五） 四十九歳
3月『脈』47号／11月個人誌詩画集『春は風に乗って』、『MODEL』、評論集『沖縄の民謡と古謡』／12月評論集『噴射する言葉』

1994年（平成六） 五十歳
1月『脈』48号／6月『脈』49号／10月『脈』50号

1995年（平成七） 五十一歳
7月『脈』51号／12月『脈』52号

1996年（平成八） 五十二歳
6月『脈』53号／11月『脈』54号

1997年（平成九） 五十三歳
6月『脈』55号号／12月『脈』56号

1998年（平成十） 五十四歳
6月『脈』57号／11月『脈』58号

1999年（平成十一） 五十五歳
9月『脈』59号／12月『脈』60号

2000年（平成十二） 五十六歳
9月『脈』61号

2001年（平成十三） 五十七歳
（株）沖縄建設新聞取締役（～2002年）／9月『脈』62号

2002年（平成十四） 五十八歳
（株）沖縄建設新聞常務（～2004年）／3月『脈』63号／6月『脈』64号／9月『脈』65号／11月『脈』66号

2003年（平成十五） 五十九歳
2月『脈』67号／5月『脈』68号／10月『脈』69号

２００４年（平成十六）六十歳

（株）沖縄建設新聞第６代代表取締役社長に就任（～２００８年）／１月『脈』70号／６月『脈』71号（２０１０年12月『脈』72号まで休刊状態となる）

２００８年（平成二十）六十四歳

取締役社長退任。会長就任（～２００９年）。

２００９年（平成二十一）六十五歳

（株）沖縄建設新聞退社。

※仲本瑩と組んで社内ＩＴ化を推進したほか、社内ＬＡＮを整備し、端末配置、ソフト入れ換え、充実を図り記事入稿、組版、印刷所入稿等々、社内作業をシステム化した。これにより切り貼りの紙面作成から脱却。ホームページを開設し入札情報の発信力の向上に努めた。また、公共工事一辺倒の体質から民間を抱きこんだ産業紙への脱却を志向した。出版事業にも力を入れた。国・県・市町村の年度ごとの予算と執行計画を網羅した事業総覧としての『公共事業予算と執行計画』『建設Ｐｉｃｋ―ＵＰ』『おきなわ企業空間』等を発行した。紙面のカラー化を実現。また建設業界紙が三紙競合状態から脱却をめざし三社統合を推進し２００９年実現にこぎつけた。

２０１０年（平成二十二）六十六歳

退社後執筆・発行活動再開。３月個人誌『Ｍｙａｋｕ』創刊。６月『Ｍｙａｋｕ』２号。９月『Ｍｙａｋｕ』３号。11月『Ｍｙａｋｕ』４号。12月『Ｍｙａｋｕ』５号／12月『脈』72号／７月『脈』71号／12月『脈』72号

※比嘉、仲本双方の年譜作業のあくまで仮区分として左記のように『脈』を第１期～第４期とした。

『脈』第１期比嘉加津夫個人誌時期１号～23号

『脈』第２期特集を軸とした同人誌時期24号～50号

『脈』第３期51号～78号

『脈』第４期比嘉加津夫を主宰とした「特集」を軸とした時期79号～（終刊まで）。

２０１１年（平成二十三）六十七歳

５月『脈』73号／12月『脈』74号／６月。

※頸の左部分に瘤のようなものができる。大浜病院に行く。病名がわからず、南部医療センターを紹介されて行くと、甲状腺から発生移転した乳頭状癌ステージ五と診断され入院、手術。

２０１２年（平成二十二） 六十八歳

5月『脈』75号／11月『脈』76号

２０１３年（平成二十三） 六十九歳

5月『脈』77号／11月『脈』78号

２０１４年（平成二十四） 七十歳

2月『脈』７９号『Ｍｙａｋｕ』と『脈』を合併してスタート。5月『脈』80号（「作家・川崎彰彦特集」）／8月『脈』81号（「沖縄の詩人　清田政信」特集）／11月『脈』82号（特集「谷川雁　永久革命者の言霊」）

※6月、大浜病院にＳ状結腸軸捻転の手術直前に心房粗動を発生（非閉塞性肥大型心筋症のため）薬物コントロールが困難とされ急遽カテーテルアブレーションを行う。その後人口肛門造設手術をし、睡眠時無呼吸が認められＣＰＡＰ治療を続ける。頸髄猩手術はしないことを決める。7月手術。

２０１５年（平成二十七） 七十一歳

2月『脈』83号（特集「内田聖子の渋澤龍彦　一度きりの夢魔」）／5月『脈』84号（特集「中尾　務の『島尾敏雄　富士正晴』」）／8月『脈』85号（特集「谷川健一と沖縄」）／11月『脈』86号（特集「車谷長吉の文学世界」）

２０１６年（平成二十八） 七十二歳

2月『脈』87号（特集「谷川雁幻の論考・エッセイ拾遺」）／5月『脈』88号（特集「村上一郎の未発表日記と『試行』Ⅰ」）／5月『脈』89号特集「村上一郎の未発表日記と『試行』Ⅱ」）／6月評伝選『島尾敏雄』（言視舎）刊行／8月『脈』90号（特集「吉本隆明『全南島論』」）／11月『脈』91号（特集「森崎和江の歩み」）／12月胃腸炎腎機能障害で入院

２０１７年（平成二十九） 七十三歳

1月退院。2日後に消化管出血で再入院。22日退院／2月『脈』92号（特集「島尾敏雄生誕一〇〇年　ミホ没後一〇年」）／5月『脈』93号（特集「鶴見俊輔の世界」）／6月25日、甲状腺癌手術後にリンパ節に再発したため、悪性腫切除手術のため県立医療センターに入院。7月31日退院。その後琉大病院でヨード治療を受ける／8月『脈』94号（特集「沖縄の詩人・思想家　川満信一」）／11月『脈』96号（特集「火野葦平と沖縄」）

２０１８年（平成三十） 七十四歳

2月『脈』96号（特集「芥川賞作家　東峰夫の小説世界」）／5月『脈』97号（特集「沖縄を生きた島成郎」）／8月『脈』98号（特集「写真家　潮田登久子・島尾伸三」）／11月『脈』99号（特集「今氏乙治作品アンソロジー／名編集者・上間常道さん追悼」）／11月頃より呼吸障害を感じるようになる。

２０１９年（令和元年）七十五歳

2月『脈』１００号（特集「上野英信と筑豊・沖縄」）／5月『脈』１０１号（特集「勝連敏男という詩人」）／7月ＭＳコンチン使用（一日20mg）。在宅酸素療法開始／8月1日仲本さんと脈の今後について話し合う／8月『脈』１０２号（特集「詩人・黒田喜夫」）／9月『平敷屋朝敏』／11月『脈』１０３号（特集「薬室　麟」）

※数日容態悪く、12月9日南部医療センターへ午後救急搬送。12月10日2時5分死去。

◇　◇

※提供した雛型を比嘉さんがメンテしていく形で年譜作成作業は始まった。『作品集』から『脈』への流れは概ね埋めて行ったが、一読してわかるように比嘉加津夫の個人史の部分が未着手で、比嘉加津夫がその作業に入る予定だった。わたしは『脈』の総目次（1～）、及び紙面や他媒体への発表作品の収集というのを当面の分担として進める段取りだった。とりたてて急ぐのでもなく進めていた。それでも骨格らしきものはできているので、たたき台として提供に踏み切った。比嘉加津夫研究の流れの中で、年譜もより充実したものになっていくことを望みたい。

『脈』バックナンバー一覧

号数	「特集」名、作品等	区別	発行年月	「脈」期別（仮）
1	断片（島尾敏雄と小川国夫に触れながら）	個人誌	1972. 8. 20	脈第１期（個人誌）
2	寄稿・「幻滅」清田政信／小品	個人誌	1973. 4. 20	脈第１期（個人誌）
3	短編「事件」／「日録断片」	個人誌	1977. 12. 4	脈第１期（個人誌）
4	寄稿・「孤独な愉楽」清田政信	個人誌	1978. 3. 5	脈第１期（個人誌）
5	詩／小品／エッセイ	個人誌	1981. 2. 20	脈第１期（個人誌）
6	詩／小品／エッセイ	個人誌	1981. 5. 20	脈第１期（個人誌）
7	詩／小品／エッセイ	個人誌	1981. 8. 10	脈第１期（個人誌）
8	詩／小品／エッセイ	個人誌	1981. 11. 20	脈第１期（個人誌）
9	詩／小品／エッセイ	個人誌	1982. 2. 20	脈第１期（個人誌）
10	短歌・勝連敏男／詩／小品／エッセイ	個人誌	1982. 5. 20	脈第１期（個人誌）
11	短歌・勝連敏男／詩／小品／エッセイ	個人誌	1982. 8. 20	脈第１期（個人誌）
12	短歌・佐藤通雅／詩／エッセイ	個人誌	1982. 11. 20	脈第１期（個人誌）
13	短歌・幸喜孤洋／詩／小品／エッセイ	個人誌	1983. 2. 20	脈第１期（個人誌）
14	詩／小品／エッセイ	個人誌	1983. 5. 20	脈第１期（個人誌）
15	詩／小品／エッセイ	個人誌	1983. 8. 20	脈第１期（個人誌）
16	詩／小品／エッセイ	個人誌	1983. 11. 20	脈第１期（個人誌）
17	詩／小品／エッセイ	個人誌	1984. 2. 20	脈第１期（個人誌）
18	詩／小品／エッセイ	個人誌	1984. 5. 20	脈第１期（個人誌）
19	詩／小品／エッセイ	個人誌	1984. 8. 20	脈第１期（個人誌）
20	詩／エッセイ	個人誌	1984. 11. 20	脈第１期（個人誌）
21	俳句・伊志嶺茂／詩／小品／エッセイ	個人誌	1985. 2. 20	脈第１期（個人誌）
22	詩／エッセイ	個人誌	1985. 5. 20	脈第１期（個人誌）
23	特集・平敷屋朝敏	同人誌	1985. 5. 20	脈第２期（特集中心の同人誌）
24	特集・大城立裕「嵐花―朝薫と朝敏」	同人誌	1985. 11. 20	脈第２期（特集中心の同人誌）
25	特集・沖縄文学表現への視点	同人誌	1986. 2. 20	脈第２期（特集中心の同人誌）
26	特集・おんなの文学	同人誌	1986. 5. 20	脈第２期（特集中心の同人誌）
27	特集・マンガ	同人誌	1986. 8. 20	脈第２期（特集中心の同人誌）
28	特集・琉球芸能への視点	同人誌	1986. 11. 20	脈第２期（特集中心の同人誌）
29	特集・画家　金城真常の世界	同人誌	1987. 2. 20	脈第２期（特集中心の同人誌）
30	特集・島尾敏雄の文学	同人誌	1987. 5. 20	脈第２期（特集中心の同人誌）
31	特集・映画	同人誌	1987. 8. 20	脈第２期（特集中心の同人誌）
32	特集・現在詩眺望	同人誌	1987. 11. 20	脈第２期（特集中心の同人誌）
33	特集・吉本隆明と南島論	同人誌	1988. 2. 20	脈第２期（特集中心の同人誌）
34	特集・香港・広州・桂林	同人誌	1988. 5. 20	脈第２期（特集中心の同人誌）
35	特集・沖縄の活字文化	同人誌	1988. 8. 20	脈第２期（特集中心の同人誌）
36	特集・孤高の日本画家田中一村	同人誌	1988. 11. 20	脈第２期（特集中心の同人誌）
37	特集・泡盛	同人誌	1989. 2. 20	脈第２期（特集中心の同人誌）
38	特集・書評	同人誌	1989. 8. 20	脈第２期（特集中心の同人誌）
39	特集・園原咲也	同人誌	1990. 2. 1	脈第２期（特集中心の同人誌）
40	特集・告発＝沖縄特殊学校の現場から	同人誌	1990. 5. 15	脈第２期（特集中心の同人誌）
41	特集・画家と私・私と画家	同人誌	1990. 9. 30	脈第２期（特集中心の同人誌）
42	山特集・之口貘賞受賞者の詩とエッセイ	同人誌	1990. 12. 15	脈第２期（特集中心の同人誌）
43	特集・島尾敏雄	同人誌	1991. 5. 30	脈第２期（特集中心の同人誌）
44	特集・沖縄戦	同人誌	1991. 12. 25	脈第２期（特集中心の同人誌）
45	特集・「辻の華」上原栄子／辻の文化	同人誌	1992. 3. 10	脈第２期（特集中心の同人誌）
46	特集・越境者たち（宮城与徳の場合）	同人誌	1992. 5. 1	脈第２期（特集中心の同人誌）
47	特集・関広延追悼	同人誌	1993. 3. 10	脈第２期（特集中心の同人誌）
48	特集・普久原朝喜	同人誌	1994. 1. 10	脈第２期（特集中心の同人誌）
49	特集・清田政信／小特集―夢小説	同人誌	1994. 6. 11	脈第２期（特集中心の同人誌）
50	特集・勝連敏男追悼	同人誌	1994. 10. 12	脈第２期（特集中心の同人誌）
51	特集なし	同人誌	1995. 7. 1	脈第３期（同人作品中心の同人誌）
52	特集なし	同人誌	1995. 12. 15	脈第３期（同人作品中心の同人誌）
53	短編小説	同人誌	1996. 6. 28	脈第３期（同人作品中心の同人誌）
54	特集なし	同人誌	1996. 11. 29	脈第３期（同人作品中心の同人誌）
55	特集なし	同人誌	1997. 6. 18	脈第３期（同人作品中心の同人誌）

56	特集なし	同人誌	1997.12.5	脈第3期（同人作品中心の同人誌）
57	特集なし	同人誌	1998.6.30	脈第3期（同人作品中心の同人誌）
58	特集なし	同人誌	1998.11.20	脈第3期（同人作品中心の同人誌）
59	特集なし	同人誌	1999.9.10	脈第3期（同人作品中心の同人誌）
60	特集なし／脈23～59号総目次	同人誌	1999.12.24	脈第3期（同人作品中心の同人誌）
61	平敷屋朝敏生誕三百年特集	同人誌	2000.9.30	脈第3期（同人作品中心の同人誌）
62	小特集・玉栄清良	同人誌	2001.12.22	脈第3期（同人作品中心の同人誌）
63	特集なし	同人誌	2002.3.30	脈第3期（同人作品中心の同人誌）
64	特集なし	同人誌	2002.63	脈第3期（同人作品中心の同人誌）
65	特集なし	同人誌	2002.9.30	脈第3期（同人作品中心の同人誌）
66	特集なし	同人誌	2002.11.30	脈第3期（同人作品中心の同人誌）
67	特集なし	同人誌	2003.2.28	脈第3期（同人作品中心の同人誌）
68	特集なし	同人誌	2003.5.9	脈第3期（同人作品中心の同人誌）
69	特集なし	同人誌	2003.10.15	脈第3期（同人作品中心の同人誌）
70	特集なし	同人誌	2004.1.31	脈第3期（同人作品中心の同人誌）
71	特集なし	同人誌	2004.6.30	脈第3期（同人作品中心の同人誌）
72	特集なし	同人誌	2010.122	脈第4期（同人作品中心の同人誌）
73	特集なし	同人誌	2011.5.2	脈第4期（同人作品中心の同人誌）
74	特集なし	同人誌	2011.12.20	脈第4期（同人作品中心の同人誌）
75	宮城松隆追悼	同人誌	2012.5.26	脈第4期（同人作品中心の同人誌）
76	特集なし	同人誌	2012.11.20	脈第4期（同人作品中心の同人誌）
77	特集なし	同人誌	2013.5.30	脈第4期（同人作品中心の同人誌）
78	特集なし	同人誌	2013.11.20	脈第4期（同人作品中心の同人誌）
79	吉本隆明と沖縄	同人誌	2014.2.10	脈第5期（比嘉加津夫主宰）
80	作家・川崎彰彦	同人誌	2014.5.10	脈第5期（比嘉加津夫主宰）
81	沖縄の詩人　清田政信	同人誌	2014.8.31	脈第5期（比嘉加津夫主宰）
82	谷川雁　永久工作者の言霊	同人誌	2014.11.20	脈第5期（比嘉加津夫主宰）
83	内田聖子の渋澤龍彦	同人誌	2015.2.20	脈第5期（比嘉加津夫主宰）
84	中尾務の島尾敏雄　富士正晴	同人誌	2015.5.20	脈第5期（比嘉加津夫主宰）
85	谷川健一と沖縄	同人誌	2015.8.20	脈第5期（比嘉加津夫主宰）
86	車谷長吉の文学世界	同人誌	2015.11.20	脈第5期（比嘉加津夫主宰）
87	谷川雁　幻の論考・エッセイ捨遺	同人誌	2016.2.20	脈第5期（比嘉加津夫主宰）
88	村上一郎の未発表日記と『試行』I	同人誌	2016.5.20	脈第5期（比嘉加津夫主宰）
89	村上一郎の未発表日記と『試行』II	同人誌	2016.5.20	脈第5期（比嘉加津夫主宰）
90	吉本隆明の『全南島論』	同人誌	2016.8.20	脈第5期（比嘉加津夫主宰）
91	森崎和江の歩み	同人誌	2016.11.20	脈第5期（比嘉加津夫主宰）
92	島尾敏雄生誕100年　ミホ没後10年	同人誌	2017.2.25	脈第5期（比嘉加津夫主宰）
93	鶴見俊輔の世界	同人誌	2017.5.20	脈第5期（比嘉加津夫主宰）
94	沖縄の詩人・思想家　川満信一	同人誌	2017.8.20	脈第5期（比嘉加津夫主宰）
95	火野葦平と沖縄	同人誌	2017.11.20	脈第5期（比嘉加津夫主宰）
96	芥川賞作家・東峰夫の小説	同人誌	2018.2.20	脈第5期（比嘉加津夫主宰）
97	沖縄を生きた島成郎	同人誌	2018.5.20	脈第5期（比嘉加津夫主宰）
98	写真家　潮田登久子・島尾伸三	同人誌	2018.8.20	脈第5期（比嘉加津夫主宰）
99	今氏乙治作品アンソロジー 名編集者・上間常道さん追悼	同人誌	2018.11.20	脈第5期（比嘉加津夫主宰）
100	上野英信と筑豊・沖縄	同人誌	2019.2.20	脈第5期（比嘉加津夫主宰）
101	勝連敏男という詩人	同人誌	2019.5.20	脈第5期（比嘉加津夫主宰）
102	黒田喜夫と南島	同人誌	2019.8.20	脈第5期（比嘉加津夫主宰）
103	葉室麟、その作家魂の魅力と源	同人誌	2019.11.20	脈第5期（比嘉加津夫主宰）

同人変遷

〔第2期〕特集中心（23号～50号）比嘉加津夫、又吉洋士、仲本瑩（仲本彩泉）、西銘郁和、山入端信子、照屋全芳（奥武片里）、田井等茂（平良重雄）、佐々木薫、原里海、金城哲雄、瑞城淳、東郷毅一、知念和江

〔第3期〕同人作品中心（51号～71号）比嘉加津夫（安里松栄）、又吉洋士、仲本瑩（仲本彩泉）、山入端信子、原里海、東郷毅一、佐々木薫、謝野洋子、瑞城淳、トーマス・T・奥山

〔第4期〕同人作品中心（72号～78号）比嘉加津夫（アサト・カツヲ）、仲本瑩（仲本彩泉）、東郷毅一、謝野洋子、宮城正勝、親泊仲眞（ローゼル川田）、宮城松隆、宮城隆尋、大石直樹、瑶いろは、安里昌夫、原里海

〔第5期〕比嘉加津夫主宰（79号～103号）比嘉加津夫、仲本瑩（仲本彩泉）、東郷毅一（東木武市）、安里昌夫、伊良波盛男、謝野洋子、青柳瑞穂、宮城隆尋

比嘉家　家系図

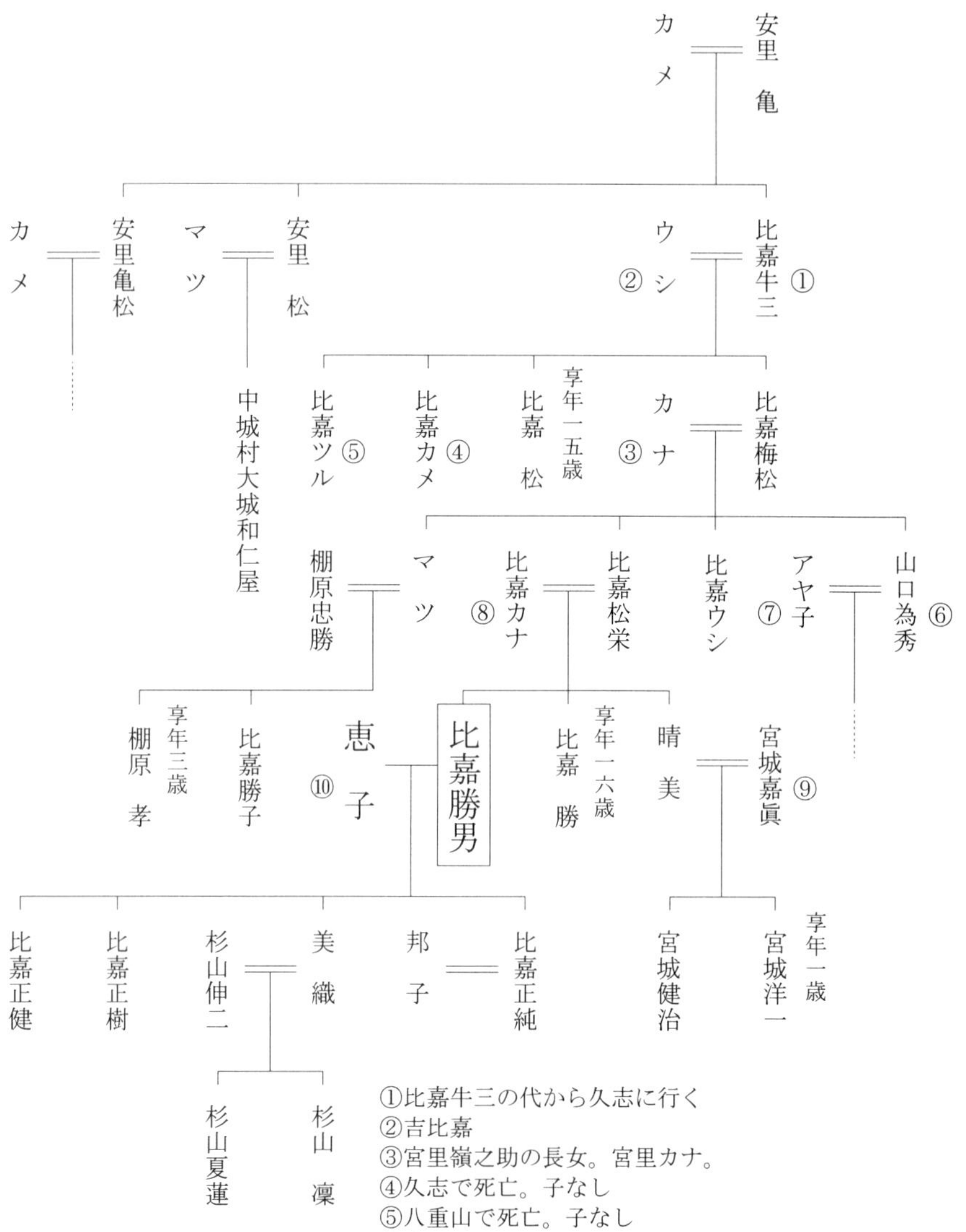

①比嘉牛三の代から久志に行く
②吉比嘉
③宮里嶺之助の長女。宮里カナ。
④久志で死亡。子なし
⑤八重山で死亡。子なし
⑥熊本にて再婚。山口姓になる。1978年(昭和53年)9月11日死亡
⑦原籍山江村山口ナルの三女として生る
⑧比嘉寿宿・カマドの四女として大正6年3月30日久志村で生る。
比嘉梅松の妻・カナとの混同を避け比嘉カナと表記。
⑨西原町棚原に宮城牛・カマの四男として大正二年六月二〇日生る。
⑩東風平村の神谷巌の長女。1976年1月12日婚姻届。

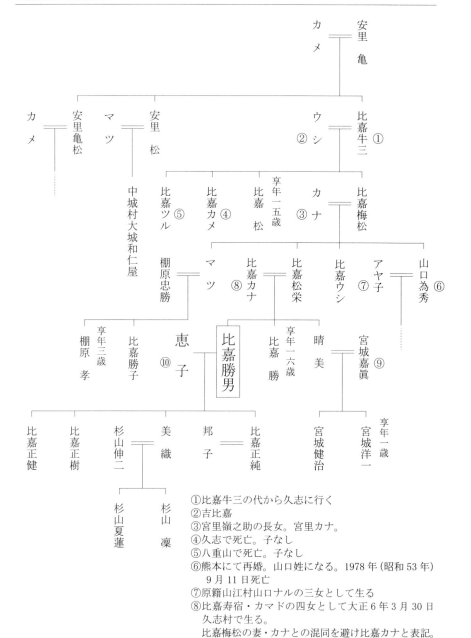

あとがき◆

■二〇一九年十二月十日午前二時五分逝去。告別式はいなんせ会館はごろもの間。二〇二〇年の一年忌に向けた追悼集の発行は無理と判断し、三年忌をメドとして進めてきました。コロナ禍の折、発行委員会にとお願いしたものの、集まって頂く機会もなく、追悼集へのいろんな助言も頂けず申し訳なく思っています。ワイワイ、ガヤガヤいろいろな発想を出し合いながらの遺稿集づくりができなかったことは残念です。二〇二一年四月末を原稿締め切りとして依頼文を発送したところ、承諾の返事を多数いただき、追悼集の発行にこぎつけました。いろいろな思いのこもった玉稿の数々、感謝の言葉しかありません。建設新聞立て直しの功労者、知花成昇氏へのインタビューは体調との折り合いつかず、断念。清田政信氏の絵画論との関係で計画していた（比嘉加津夫の絵画・版画の評価も聞きたかった）城間喜宏氏へのインタビューも逝去により断念。中里友豪氏、大城立裕氏への原稿依頼も実現しなかったことが悔やまれます。比嘉加津夫を失った空白は大きく、茫然とすることが多々あります。息子の比嘉正純さんにも、図書館への寄贈の労、資料その他いろいろ協力をいただきました。挿絵の棟元名美さん、装丁のローゼル川田さん、寄付という形で協力を頂いた各位には心より感謝申し上げます。

（仲本瑩）

■二〇一九年十二月十二日だったと想う。何時もはそれ程、インターネットなど開いた事もないのに、気が騒いだのであろうか。何となく開いてみると仲本さんから比嘉さんが亡くなったとのメールが入っていた。一瞬目が眩んだが、比嘉さんとのこれまでを思い返してみた時。特に最近はだいぶきつそうなどと、自分なりに視ていたつもりだが、これ程急激に来ようとは・・？　告別式は私の母の十三回忌と重なっていて、直接見送る事も出来ずに唯々残念無念と言うしかなかった。それから如何にか在りし日の比嘉さんを偲んで、この様な遺稿集に到達した。私が言うのも変だが、協力を頂いた方、原稿を書き寄せた方々に、心から感謝したい。そして比嘉さんがこれまで通り、私達を温かく見守ってくださる事を祈りたい。

（安里昌夫）

■二〇一九年十月十一日の「沖縄タイムス」文化欄に、「ウチナーンチュの貌⑤」として「比嘉加津夫（74）さん」の写真が載った。東邦定さん撮影。野性に帰っていくかのような、欲得のからむ数値の世海から隔たった貌だった。比嘉さんの短いコメントは「このところ方言がひとつの表現方法としてかなり定着してきている。沖縄の文学が一回り大きくなって再スタートしたのである」と。写真の貌とコメントの、アンバランスを感じた。けど、今は編集者・比嘉さんをして言わしめた、沖縄の文学への最後のエールなのだとも思う。年が明けて一月二二日、仕舞っていた紙面をとり出して、比嘉さんの貌を模写した。絵の苦手な私にしては上出来。その模写の貌をみながら今これを書いている。追悼集の、編集委員会は総てが仲本瑩さんの緻密な労苦によって回っている。比嘉さん、仲本さんがいてよかったね。

（西銘郁和）

■今回の追悼集に関して、色々思う事、感じる事が多すぎて上手くまとめられない気持ちがいっぱいです。追悼集発行に向けて、原稿執筆者にお願いする際も様々な意見が飛び交う中、素人の私としては、父が亡くなった周辺の親しかった方々（故人）が思い浮かんだ――。比嘉加津夫を語るには欠かせない人物として、城間喜宏氏、當間一郎氏、中里友豪氏、大城立裕氏等が挙げられる。この方々の繋がりなくして、走る馬ごとく人生を掛け走った文学少年はいないと、私息子として思う次第である。故人の哀悼の意として改めて、ご冥福をお祈り申し上げます。

追悼集本文では書ききれない事があったので、この場をお借りして、述べておきたい。比嘉加津夫ではなく、主に比嘉勝男についてである。

父勝男は、母・恵子とは、㈱沖縄建設新聞に勤めていた際、職場結婚である。その後長い年月を経て、私自身が㈱沖縄建設新聞に就職するのだが、その経緯として、追悼集発行委員会の主要メンバーの仲本瑩さん（当時沖縄建設新聞編集部次長）が、私の後見人として強く推薦し、当時代表取締役社長であった父が推した格好だ。その父が長年勤めた㈱沖縄建設新聞について触れておきたい。

若くして父は、沖縄建設新聞労働組合委員長として、上部団体の沖縄県マスコミ労働組合協議会（マスコミ労協）の幹事として活動していた。そうこうしているうちに、沖縄建設新聞が、会社の存亡の危機に直面する。当時の代表者が、建設新聞の代表を辞して別会社を発足するに伴い、沖縄建設新聞が存亡の危機に直面したのである。その、存亡の危機に際し、会社の立て直しに尽力していた知花成昇氏から父に提案があった。当時の沖縄建設新聞を株式会社に法人化する方針を打ち出し、法人化する条件に、父に協力を要請し会社経営への参画を求めたのである。それには、マスコミ労協（労働組合）から抜ける事。株主の一角（投資）を担い、会社経営に関わる事が条件としてあった。

打診を受けた父は、株式会社発足にあたり資金調達が必要な事から、すぐさま家族会議。母カナと相談をする。私にとって祖母にあたるカナは、幼い頃から家系・家計等を教えてくれ、私はお祖母ちゃん子であった。祖母カナから聞かされたのは、働き口が困難の時、手助けとして、会社投資した方が良いと聞かされた。当時小学生の頃の私は、家族が路頭に迷う事の意味を教えてくれたのが、祖母である。その後、会社に出資したことから父は編集から総務等を得て取締役、常務、社長と会社経営に携わる事になる。

父は私自身、また今回追悼集にご参加された方々には、知られていない一面が多くあり、色んな形で、エピソードが多く隠された人物である。父の人生は、私の好きな曲〝魂のルフラン〟の如く人生を駆け巡った走る馬そのものだと、改めて父を尊敬する。

（比嘉正純）

編集委員

仲本　瑩、安里昌夫、西銘郁和、比嘉正純

発行委員会

仲本　瑩、安里昌夫、西銘郁和、比嘉正純、
山入端信子、東郷毅一、佐々木薫、宮城正勝、
ローゼル川田、新城兵一、松原敏夫

比嘉加津夫追悼集　**走る馬**

発行日　2021年7月30日
発行者　比嘉加津夫追悼集発行委員会
発行所　脈発行所
発売元　(有)琉球プロジェクト
〒900-0021　那覇市泉崎1-10-3-9F
TEL/FAX　098-868-1141
E-mail:ryukyu-p@ryukyushimpo.co.jp

印　刷　(有)でいご印刷

ISBN978-4-908598-50-0 C0092　¥1800E